Franz Solms-Laubach

Das Ende der Sicherheit

Warum die Polizei uns nicht mehr schützen kann

Besuchen Sie uns im Internet:
www.droemer.de

Umschlaggestaltung: ZERO Werbeagentur. München
Satz: Adobe InDesign im Verlag
Druck und Bindung: CPI books GmbH, Leck
ISBN 978-3-426-27623-5

5 4 3 2 1

Inhalt

Kapitel 4
Was sich ändern muss
213

Schlusswort
In welcher Gesellschaft wollen wir leben?
245

Vorwort des Autors
zum Thema des Buches
»Das Ende der Sicherheit«

Deutschland spielt mit seiner Sicherheit. Grund dafür sind die Kriminalitätsentwicklung und die zunehmende Verrohung der Gesellschaft. Die Gewalttaten im öffentlichen Raum nehmen zu – das belegen sowohl die Statistik als auch die wachsenden Ängste der Bevölkerung vor Straftaten. Allein in Berlin kam es 2013 in Bahnen, Bussen und auf den Bahnhöfen zu fast 3000 Gewalttaten, das sind 3000 Fälle von Körperverletzung, von Raub, von Nötigung und von Sexualstraftaten.

Die Deutschen fürchten sich wegen solcher Zahlen zunehmend davor, selbst zum Opfer einer Straftat zu werden.

Dass ihnen jemand im Fall eines Verbrechens hilft, glauben die Deutschen aber nicht. Und sie haben Grund dazu: Am Alexanderplatz in Berlin wird ein junger Mann zu Tode getreten, der seine Täter durch nichts provoziert hatte. Dieses Verbrechen an einem so zentralen Platz der Bundeshauptstadt schockiert die Bevölkerung bis heute. Auch die Gewalt gegen ältere Menschen nimmt zu, die Aufklärungsquote ist, je nach Statistik und Delikt, hoch bis erschütternd niedrig.

Trotzdem zieht sich die Polizei aus einzelnen Stadtteilen, ja ganzen Regionen zurück, weil die Zahl der Beamten ständig weiter abnimmt – dafür kann die Polizei nichts. Sie kann nur mit dem arbeiten, was sie hat, und das wird immer weniger. Gleichzeitig nehmen ihre Aufgaben zu. Dass die Gewalt in Deutschland auf lange Sicht immer schlim-

mer wird, bekommt niemand so sehr zu spüren wie die
Polizei selbst. Sie muss sich täglich mit Gewalttätern aus-
einandersetzen: In Fußballstadien, auf Großdemonstratio-
nen oder bei Fällen von häuslicher Gewalt in Familien –
fast immer sind im Notfall zuerst die Polizeibeamten vor
Ort. Ihre Aufgaben werden immer schwieriger, und sie
fühlen sich von Politik und Gesellschaft zunehmend im
Stich gelassen. Sie wollen und verdienen mehr Anerkennung.

Die Polizei wird kaputt gespart. Im Osten Deutschlands
sollen in den nächsten Jahren bis zu 10 000 Polizeistellen
wegfallen. Der Sicherheit ist damit nicht gedient.

Denn laut dem Chef der Deutschen Polizeigewerkschaft
Rainer Wendt verabschiedet sich die Polizei vor Ort langsam, aber sicher von der Bevölkerung und überlässt die
Sicherheit in der Fläche und auf dem Land anderen – es
drohen damit beinahe »polizeifreie Zonen«.

An der jährlichen Polizeilichen Kriminalstatistik (PKS)
sind streng genommen nicht die Zahlen das Erstaunliche.
Dabei geben sich Politiker jedes Mal wieder aufs Neue
überrascht vom Anstieg dieser oder jener Verbrechensrate.
Das Erstaunliche ist in Wahrheit, dass nicht noch mehr
Verbrechen passieren! Denn wer die Zahlen richtig liest,
erkennt, dass die in der Statistik enthaltenden Trends eigentlich geradezu eine Einladung zum Verbrechen sind …

Nirgendwo zeigt sich das so deutlich wie bei den Wohnungseinbrüchen. Rein rechnerisch dringen Diebe in
Deutschland alle dreieinhalb Minuten in ein Haus oder in
eine Wohnung ein. Sie müssen sich keine allzu großen Sorgen machen, dabei erwischt oder dafür bestraft zu werden.
Nur jeder sechste Täter wird tatsächlich gefasst!

Mit diesem Zustand kann in Wahrheit niemand in unserem Land zufrieden sein:

- Die Polizei nicht, der es an Personal und der richtigen Ausstattung mangelt, um das Phänomen wirksam zu bekämpfen.
- Die Politik nicht, die Aufklärung fordert, gleichzeitig aber lieber die Polizei kaputtspart, als sie zu unterstützen.
- Und am allerwenigsten die Bürger, die sich auf eigene Rechnung aufwendige Sicherheitssysteme, wie etwa schwere Metallriegel an Türen, teure Alarmanlagen und spezielle Fensterrahmen, anschaffen müssen, um so ihr Eigentum einigermaßen zu schützen.

Wie lässt sich der Anstieg der Kriminalität erklären, und wieso ist die Polizei dagegen offenbar so machtlos? Beides hängt miteinander zusammen. Nur wer die Fakten kennt, ist auch in der Lage, die vorhandenen Lösungsvorschläge einzuordnen. Dieses Buch will einen Beitrag zu der längst nicht intensiv genug geführten Diskussion leisten.

Vorwort von Rainer Wendt, Bundesvorsitzender der Deutschen Polizeigewerkschaft (DPolG) zum Titel des Buches »Das Ende der Sicherheit«

Die Polizei blutet immer mehr aus. Ausgerechnet in Ostdeutschland sind Tausende Stellen vom Rotstift bedroht, ihre Streichung ist längst beschlossene Sache. Mit dem Bevölkerungsschwund soll offenbar auch der öffentliche Dienst aus der Fläche verschwinden. Die Folgen sind fatal: Weil der Staat seinem Schutzauftrag gegenüber der Bevölkerung nicht mehr nachkommt, schlägt der Polizei im täglichen Dienst oft Staatsverachtung entgegen, die sich nicht selten in brutalen Angriffen auf die Einsatzkräfte entlädt. Und wo Menschen sich vom Staat in dieser Weise allein gelassen fühlen, wird offen darüber diskutiert, wie man sich selbst helfen kann.

Wenn die Menschen dem Staat nicht mehr vertrauen, ja, ihn sogar verachten und den Schutz ihres Eigentums und ihrer persönlichen Integrität selbst in die Hand nehmen, gelten bald nicht mehr Recht und Gesetz, nicht mehr das Primat der Politik, sondern das Gesetz des Stärkeren, besser Bewaffneten oder Reicheren, der sich käuflichen Schutz leisten kann. Das ist dann das Ende der Sicherheit. Und im Ergebnis auch das Ende von Rechtsstaatlichkeit und Freiheit.

Kapitel 1

Wo stehen wir gerade?

Das Letzte, was Jonny K. von seinem Vater hörte, waren die Worte: »Junge, pass auf dich auf.« Wenige Stunden später lag Jonny K. auf dem harten Asphalt in Nähe des Berliner Alexanderplatzes. Es war Nacht. Mehrere Jugendliche traten auf ihn ein. Sein Kopf blutete. Sie hörten nicht auf. Auch nicht, als Jonny sich längst nicht mehr rührte. Sie stießen in seine Rippen, trafen ihn von der Seite, von hinten und von vorne. Widerstand leistete Jonny da schon längst nicht mehr. Wenn er Glück hatte, war er zu diesem Zeitpunkt schon bewusstlos. Seine Angreifer interessierte das nicht. Sie waren nicht zu bremsen.

Das Schicksal des jungen Berliners hat nicht nur die Menschen in der Hauptstadt tief berührt. Besucher und Touristen waren verunsichert. Viele wollten wissen, ob es denn am Alexanderplatz noch sicher sei. Denn Jonny K. hatte seine Angreifer nicht gekannt. Sein Verhängnis war, dass er einem Freund helfen wollte.

Nach einer Geburtstagsfeier in einem Club war Jonny K., dessen Mutter aus Thailand stammt, noch mit Freunden unterwegs. Die Gruppe suchte ein Taxi. Einer von ihnen war zu betrunken, um noch stehen zu können. Sie setzten ihn auf einen Stuhl. Da kam eine Gruppe junger Männer auf sie zu. Sie pöbelten den Betrunkenen an und zogen den Stuhl weg. Jonny K. eilte ihm zur Hilfe. Da geriet er selbst in das Visier der Angreifer. Am darauffolgenden Tag starb Jonny K. im Krankenhaus, ohne noch einmal aufzuwachen. Zu schlimm waren die Verletzungen.

Kann man Jonny K. vorwerfen, dass er betrunken war? Nein. Hätte er nachts zu Hause bleiben sollen? Nein. Musste er in Nähe des Alexanderplatzes mit einem solchen Vorfall rechnen? Nein. »Das Schicksal meines Bruders hat mich aus dem Leben geworfen«, sagt Tina K., seine Schwester heute. »Im Krankenhaus lag mein Bruder auf der Intensivstation, ein Polizist erklärte mir, was vorgefallen war. Es fühlte sich so falsch an. Ich kannte alle seine Freunde. Wir lebten in einem behüteten Umfeld. Mir war klar: Wenn so etwas meinem Bruder mitten in Berlin auf dem Alexanderplatz passieren kann, dann kann es jeden treffen.«

Es wäre zu leicht, den Fall Jonny K. einfach nur damit abzutun, dass er zur falschen Zeit am falschen Ort war. Denn von diesen »falschen Orten« gibt es immer mehr in Deutschland. Sie entstehen auf öffentlichen Plätzen, in Bussen und sogar im eigenen Zuhause.

Für die Polizei ist das eine Herausforderung, der sie bald nicht mehr gewachsen ist. Zu schaffen macht den Beamten dabei nicht unbedingt die Kriminalitätsstatistik. Viel schwerwiegender wirkt sich das diffuse Angstgefühl aus, das sich innerhalb der Gesellschaft breitmacht. Als Beleg für dieses Gefühl sei hier auf eine Umfrage des Markforschungsunternehmens Ipsos verwiesen, das die Deutschen nach ihren größten Sorgen befragt hat. Dabei steht die Angst vor »Verbrechen und Gewalt« mit 26 Prozent bei den Befragten an vierter Stelle. Einhergehend mit dieser Angst fürchten sich die Deutschen auch vor einem »moralischen Verfall«, also einer Verrohung der Gesellschaft (Platz acht mit 18 Prozent). (Quelle: Umfrage Ipsos – Dezember 2010).

Gegen dieses Gefühl der Angst ist die Polizei unter den derzeitigen Rahmenbedingungen so gut wie machtlos. Das weiß auch die Bevölkerung. Denn zwei Drittel (67 Prozent) der Deutschen, sagen, dass es »zu wenig Polizei in Deutschland gibt«. Nur 28 Prozent halten die Zahl der Polizisten für »gerade richtig«, und zwei Prozent glauben, es gebe »zu viel Polizei« (Quelle: Umfrage Forsa im Auftrag des Deutschen Beamtenbundes dbb – Juli 2009).

In diesem Zusammenhang wird häufig den Medien eine Mitschuld gegeben. Sie würden die Situation noch zusätzlich anstacheln. Mit detaillierten Berichten von Tathergängen und reißerischen Überschriften würden sie Angst in der Bevölkerung schüren, so der Vorwurf. Dabei ist nach Meinung vieler Polizeibeamter genau das Gegenteil richtig. Ihnen ist eine schonungslose Aufklärung der Bevölkerung wichtiger als eine – sei es auch eine noch so gut gemeinte – Verharmlosung der Umstände. Denn nur dann werden die Polizisten von Politikern auch ernst genommen.

Derzeit ist oft genug das Gegenteil der Fall. Zumindest macht sich der Eindruck unter den Polizisten breit. Wie sonst auch sollten sie sich erklären, dass Stellen in Polizeistationen gestrichen und an ihrer Dienstausrüstung gespart wird. Ganz so, als habe Deutschland nicht mit einer steigenden Zahl von Wohnungseinbrüchen und zunehmender Gewalt auf den Straßen zu tun. Immerhin gab es laut Bundeskriminalamt (BKA) allein im Jahr 2013 184 847 Fälle von »Gewaltkriminalität« in Deutschland. Unter diese Kategorie fällt auch der Fall von Jonny K.

Das Ende der Sicherheit ist erreicht, wenn die Polizei uns nicht mehr schützen kann. Von dieser These geht dieses Buch aus. Ist Sicherheit also ein Grundrecht? Darf, ja muss jeder Bürger erwarten können, dass der Staat ihn beschützt – komme, was da wolle? Die kurze Antwort darauf lautet: »Ja.«

In seinem Artikel zu der Frage »Supergrundrecht Da-

tenschutz« (17. Juli 2013) diskutiert FAZ-Autor Reinhard
Müller, wie die richtige Balance zwischen Freiheit und Sicherheit zu erreichen sei. Dabei wirft er interessante Fragen
auf. »Jede Person hat das Recht auf Freiheit und Sicherheit«, heißt es in Artikel 5 der »Europäischen Konvention
zum Schutz der Menschenrechte und Grundfreiheiten«.
Im deutschen Grundgesetz findet sich der explizite Anspruch auf Sicherheit als Grundrecht allerdings nicht.

Trotzdem legten die verschiedenen Bundesinnenminister Deutschlands in der Vergangenheit immer wieder Wert
auf die Feststellung, dass sie mit der Macht ihres Amtes im
Besonderen für den Schutz und die Sicherheit der Bundesbürger verantwortlich sind.

Eine heftige Debatte über dieses Thema hatte im Sommer
2013 der damalige Bundesinnenminister Hans-Peter Friedrich von der CSU entfacht. Auf dem Höhepunkt der Späh-
affäre um den amerikanischen Geheimdienst NSA (»National Security Agency«) sagte der Minister öffentlich: »Sicherheit ist ein Supergrundrecht«, im Vergleich mit anderen
Rechten sei sie deshalb deutlich herauszuheben. Der Satz
fiel nach einer Sondersitzung des Parlamentarischen Kon-
trollgremiums (PKGr) des Bundestags im Juli 2013.

Friedrich war gerade von einer Reise nach Washington,
D. C., zurückgekehrt. Dort hatte er als zuständiger Vertreter der Bundesregierung um Aufklärung über die Spiona-
ge-Aktivitäten der NSA in Deutschland gebeten, dabei
aber auf Granit gebissen. Die Amerikaner blieben jede Erklärung schuldig. Kurz darauf musste Bundesinnenminister Friedrich den Mitgliedern des PKGr, die die Aufgabe
haben, die deutschen Geheimdienste im stillen Kämmer-
lein zu befragen und so zu kontrollieren, zur NSA-Affäre
zweieinhalb Stunden Rede und Antwort stehen – und
konnte doch nicht viel berichten.

Nach der Sitzung des geheim tagenden Gremiums fiel dann der Satz, der viel über das Amtsverständnis von Innenminister Hans-Peter Friedrich verrät:»Sicherheit ist ein Supergrundrecht.« Nach viel öffentlicher Kritik schränkte Friedrich seine Formulierung später zwar noch einmal ein – denn natürlich dürfe für ein *Mehr* an Sicherheit die Freiheit nicht aufgegeben werden – doch der Satz war nun mal raus und steht seitdem für sich.

»Sicherheit ist ein Supergrundrecht.«

Gut ein halbes Jahr später – Friedrich war bereits nicht mehr im Amt – kam der neue (und alte) Bundesinnenminister Thomas de Maizière zum Antrittsbesuch beim Bundespolizeipräsidium in Potsdam vorbei und nahm Friedrichs »Supergrundrecht«-These wieder auf. An den Präsidenten des Bundespolizeipräsidiums, Dieter Romann, an Führungskräfte und an Mitarbeiter der Bundespolizei gerichtet, sagte de Maizière im Januar 2014:»Es gehört zu den Kernanliegen des demokratischen Staates, die Sicherheit seiner Bürgerinnen und Bürger bestmöglich zu schützen.«

Aus dem »Supergrundrecht« auf Sicherheit war inzwischen zwar ein etwas geschrumpftes »Kernanliegen des demokratischen Staates« geworden, aber die politische Botschaft der Aussage war gleich: Die Sicherheit der Deutschen gilt es bestmöglich zu schützen.

An dieser Aussage wird sich Innenminister de Maizière messen lassen müssen. Er hat es in der Hand, zu verhindern, dass die Polizei uns nicht mehr schützen kann, dass die Verbrechensrate weiter steigt und dass die Polizeibeamten von Bund und Ländern vor lauter Frust über die mangelnde Rückendeckung aus der Politik die Schnauze voll haben von ihrem Job.

Wie es tatsächlich um die Sicherheit in Deutschland be-

stellt ist, geht aus der Verbrechensstatistik allein ohnehin
nicht hervor. Bestimmte Verbrechen haben größeren Einfluss auf das individuelle Sicherheitsgefühl der Bürger als
andere. Sobald körperliche Gewalt angewandt wird, können Bürger einen Diebstahl oder Wohnungseinbruch weniger leicht vergessen, als wenn sie keinen direkten Kontakt mit dem Täter hatten. Auch die Aufklärungsquote der
Verbrechen spielt eine Rolle. Besteht selbst bei Bagatelldе-
likten so gut wie keine Chance, dass der Täter gefasst wird,
sinkt das Vertrauen der Bevölkerung in die Polizei. Manche Fälle werden gar nicht mehr zur Anzeige gebracht, da
sich die Opfer keine Hoffnungen machen.

Doch während die Gewalt im öffentlichen Raum zunimmt, sinkt das Sicherheitsgefühl der Bürger. Das zeigt
die Kriminalstatistik, und das zeigen auch die Rückmeldungen aus den Städten und Gemeinden in Deutschland.
»Angriffe auf Polizisten, Überfälle auf Passanten und der
steigende Vandalismus gehören inzwischen leider schon
zur Tagesordnung und verunsichern die Bürger«, sagt der
Bundesvorsitzende der Gewerkschaft der Polizei (GdP),
Oliver Malchow. »Sie fühlen sich nicht mehr sicher und
büßen dadurch ganz allmählich einen Teil ihrer Lebens-
qualität ein. Dabei ist es völlig egal, ob das subjektive Sicherheitsgefühl auch der Sicherheitslage entspricht, wie sie
die jährliche Polizeiliche Kriminalstatistik in Zahlen fest-
hält.« So mute es zunächst ja zum Beispiel positiv an, dass
die Zahl der unter dem Begriff »Straßenkriminalität« registrierten Taten in zehn Jahren auf den ersten Blick deutlich zurückgegangen ist. Und zwar von 1,75 Millionen Fällen im Jahr 2003 auf 1,36 Millionen Fälle im Jahr 2012. Das
sind aber immer noch 3700 Delikte am Tag und für Malchow daher »mit Sicherheit kein Grund zum Jubeln«.
Denn hierbei geht es um Delikte wie Handtaschenraub,

Taschendiebstahl, Sachbeschädigung und den Diebstahl in und aus Kraftfahrzeugen. Nur jede sechste dieser Straftaten wurde auch in 2013 (1,31 Millionen Fälle) von der Polizei aufgeklärt. »Das macht den Bürgern einfach Angst«, sagt Malchow. Zudem zeigt ein Blick in die Kriminalstatistik auch, dass die Brutalität im öffentlichen Raum deutlich zunimmt. So stieg die Zahl der gefährlichen und schweren Körperverletzungsdelikte auf Straßen, Wegen oder Plätzen in zehn Jahren um rund 24 Prozent – von 51 600 in 2003 auf insgesamt 64 000 Fälle in 2012. Das sind 175 Straftaten pro Tag. Zugleich nahm die Zahl der Tatverdächtigen um mehr als 19 Prozent zu. Von den rund 72 800 Tatverdächtigen waren fast 31 300 unter 21 Jahre alt und ein großer Prozentanteil von Straftätern jugendlich. Das verunsichert die Menschen. Sie fürchten, Opfer einer Straftat zu werden. Malchow ist sich dieser Tatsache sicher: »Diese Kriminalitätsfurcht wirkt sich teilweise gravierend auf die Freiheit der Menschen aus«, sagt der GdP-Chef. »Sie meiden bestimmte Viertel in Städten und Gemeinden und trauen sich zu bestimmten Zeiten gar nicht erst auf die Straße.«

Im Folgenden werden gezielt Fälle aus der Polizeilichen Kriminalstatistik gezeigt, die sich besonders stark auf das Sicherheitsempfinden der Bürger auswirken und die das alltägliche Lebensumfeld der Menschen betreffen. Die Auswahl hätte noch viel mehr Bereiche umfassen können. Doch geht es bei der Bestandsaufnahme für dieses Buch nicht um eine detailgetreue Wiedergabe aller Aspekte der Kriminalstatistik, sondern um die Erklärung, wieso die Sicherheit der Bevölkerung nicht mehr flächendeckend und in dem gewünschten Ausmaß gewährleistet werden kann. Daher wurden bewusst Beispiele herangezogen, die fast jeder selbst erlebt hat oder aber aus Erzählungen kennt.

Wie es oft seinen Anfang nimmt:
Bagatelldelikte

Es ist zwar nur eine symbolische Schranke. Aber in jedem Jahr sind die Beamten im Bundesinnenministerium (BMI) in Berlin erleichtert, wenn bei der Veröffentlichung der Polizeilichen Kriminalstatistik (PKS) die Grenze von sechs Millionen Straftaten pro Jahr nicht überschritten wird. Auch 2013 schrammte die Gesamtzahl der registrierten Straftaten in Deutschland mit 5 961 662 knapp daran vorbei. Doch nach Ansicht der Polizisten auf der Straße ist es nur noch eine Frage der Zeit, bis die Sechs-Millionen-Grenze wieder ganz offiziell genommen wird. Auch wenn die Zahl der registrierten Straftaten sich gegenüber dem Vorjahr erneut leicht um 0,6 Prozent verringert hat.

Doch das sind nur die offiziell registrierten Fälle. Die tatsächliche Zahl der Straftaten – da sind sich die Experten der Polizei sicher – liegt deutlich höher. Vieles kommt nämlich gar nicht erst zur Anzeige und wird daher auch nicht offiziell registriert. In der PKS wird nur das sogenannte Hellfeld erfasst (die der Polizei bekanntgewordenen Straftaten); das sogenannte Dunkelfeld (die der Polizei nicht bekanntgewordenen Straftaten) naturgemäß nicht. »Die Größe des Hellfeldes ist von Delikt zu Delikt unterschiedlich und u. a. vom Anzeigeverhalten abhängig«, heißt es dazu als offizielle Erklärung im PKS-Flyer zur Kriminalität 2013.

Um sich tatsächlich ein Bild von der Sicherheitslage in Deutschland machen zu können, muss man diese Zahlen genauer betrachten. Rund 40 Prozent und damit die Mehrzahl aller erfassten Fälle sind lediglich Diebstahlsdelikte. So ärgerlich das für den Betroffenen auch sein mag, dem die Handtasche oder das Handy geklaut wurde, ist der

Vorfall doch verschmerzbar, solange man dabei nicht körperlich verletzt oder bedroht wird. Die anderen erfassten Straftaten verteilen sich wie folgt: Betrug (16 Prozent), Sachbeschädigung (zehn Prozent), Körperverletzung (neun Prozent), Rauschgiftdelikte (vier Prozent). Der Rest (rund 20 Prozent) sind Sexualdelikte, Straftaten gegen das Leben und alle Fälle, die sich nicht eindeutig einer dieser gängigen Gruppen zuordnen lassen.

Interessant wird es, wenn man sich ansieht, welche Taten im Vergleich zum Vorjahr stark zu- oder aber abgenommen haben. Entspannt hat sich die Lage dabei vor allem bei Ladendiebstählen. Da macht sich die technische Entwicklung ganz klar bemerkbar, denn die Installation von Überwachungskameras in den Geschäften hat erheblich dazu beigetragen, die Zahlen weiter zu senken. Auch die Zahl ausländerrechtlicher Straftaten ging zurück.

Deutlich weniger gut sieht es dagegen bei Wohnungseinbrüchen und dem Diebstahl aus Wohnungen aus. Zusammengenommen gab es hier 2013 rund 12 372 mehr Fälle in Deutschland. Auch beim sogenannten einfachen Diebstahl registrierte die Polizei einen Anstieg um insgesamt 17 246 Straftaten. Der Taschendiebstahl erhöhte sich um 18 340 Fälle. Doch am deutlichsten haben die Fälle von Waren- und Warenrechtsbetrug zugenommen, hier verzeichnet die Statistik ein Plus von 18 567 Straftaten.

Damit haben laut der offiziellen Statistik ausgerechnet diejenigen Fälle an Bedeutung gewonnen, die sich besonders auf das Sicherheitsempfinden der Bürger auswirken. Während die meisten Opfer den Diebstahl eines Portemonnaies in der Straßenbahn vergleichsweise gut verarbeiten und verkraften, empfinden sie den Einbruch in die eigene Wohnung als einen weitaus gravierenderen Vorfall. Selbst wenn sie dem Täter dabei gar nicht begegnen oder dieser

ebenfalls »nur« Geld und kleinere Wertgegenstände ent-
wendet hat, so hat er doch ihre Intimsphäre verletzt und
dafür gesorgt, dass sie sich in den eigenen vier Wänden
nicht mehr sicher fühlen – und dieses Gefühl sitzt tief.
Auch die vielen Fälle von Sachbeschädigung (2013:
621 699 Fälle) führen dazu, dass sich Bürger insgesamt
nicht mehr sicher fühlen. Ein besonders extremes Beispiel
sind die brennenden Autos in Berlin. 2012 wurden in
der Hauptstadt insgesamt 297 Autos angezündet. Am
schlimmsten erwischte es die Bezirke Pankow, Friedrichs-
hain-Kreuzberg und Mitte. Dort brannten jeweils mehr als
30 Wagen. Zwar ging die Zahl politisch motivierter Brand-
stiftungen in Berlin zurück. Doch die Zahl angezündeter
Autos ist geradezu absurd hoch. CDU-Innensenator Frank
Henkel gab sogar offen zu, dass es nicht als Normalzu-
stand angesehen werden könne, »dass fast jede Nacht ein
Auto brennt« (BILD, 13. 3. 13). Die Gründe für diese spezielle Tatform sind meist Sozialneid, politischer Extremis-
mus oder Mutproben. Dass in manchen Fällen die Halter
ihr Auto selbst angezündet haben, um Geld von der Versicherung zu erschwindeln, mindert nicht die Bedeutung
dieses Phänomens.

Brennende Autos sind ein extremes Beispiel. Doch auch
Graffiti an Hauswänden (2013: 36 767 Fälle) und einge-
schlagene Schaufenster verursachen enorme Kosten für die
Betroffenen – und sie stärken das Gefühl der Sicherheit
beim Bürger ganz sicher nicht. Sie sind ein sichtbares Zeichen des von den Deutschen befürchteten »moralischen
Verfalls«. Insgesamt wird der dadurch entstehende Sach-
schaden in Deutschland auf rund eine Milliarde Euro pro
Jahr geschätzt.

Und ein eingeschlagenes Fenster kann ein ganzes Stadtviertel in den Abgrund reißen. So zumindest argumentie-

ren die amerikanischen Sozialwissenschaftler James Q. Wilson und George L. Kelling. In ihrem Artikel »The police and neighborhood safety: broken windows« aus dem Jahr 1982 stellten sie die These auf, dass ein einzelnes eingeschlagenes Fenster in einem Haus, das über längere Zeit nicht repariert wird, Auswirkungen auf die Sicherheit eines ganzen Stadtviertels haben kann.

Der Grund dafür ist, dass die zerbrochene Scheibe eine Kettenreaktion in Gang setzen kann. Erst werden von Jugendlichen weitere Fenster des Hauses eingeworfen, dann folgen Graffitis und Vandalismus – auch an anderen Häusern und Autos. Damit beginnt eine allmähliche Vermüllung der Gegend, und eine Abwärtsspirale nimmt an Fahrt auf, die sich kaum noch stoppen lässt. Immer mehr Obdachlose, Drogensüchtige, jugendliche Randalierer und Kleinkriminelle werden von dem allmählichen Verfall angezogen, weil sich ja ganz offensichtlich niemand mehr um die Gegend kümmert und sie sich dort ungestört fühlen. Die Bewohner des Viertels hingegen trauen sich bald nicht mehr auf die Straße, da sie Angst haben, zum Opfer der Kriminellen zu werden. Am Ende ziehen sie schließlich weg, und die Verwahrlosung, ja Verrohung des Viertels beginnt.

Aus der Sicht des Chefs der Gewerkschaft der Polizei (GdP), Oliver Malchow, ist diese soziologische These »bisher durch nichts und niemanden widerlegt worden«. Im Gegenteil.

Vom Fahrrad bis zum Auto,
es kann jeden treffen: Diebstahl

Es sind die ganz alltäglichen Vorfälle, bei denen die Bürger ihre Ohnmacht gegenüber der wachsenden Kriminalität spüren. Für die Polizisten lohnt es sich dabei häufig gar nicht mehr, überhaupt aktiv zu werden. Angesichts der Personalknappheit in vielen Polizeistationen müssen sie sich auf die großen Fälle konzentrieren. Das macht sich an einem ganz einfachen Beispiel bemerkbar, und zwar an den privaten Fortbewegungsmitteln der Bürger. Wer kein eigenes Auto hat, besitzt in der Regel ein Fahrrad und kann das Problem auf diese Weise nachvollziehen.

Laut einer Untersuchung des Versicherungsportals »Geld.de« zum Thema Fahrraddiebstahl in 80 Städten wurden 2012 deutschlandweit 326 159 Fahrräder gestohlen. Das ist zwar ein Rückgang um 0,8 Prozent oder 2600 Drahtesel im Vergleich zu 2011. Doch das Frustrierende ist die extrem niedrige Aufklärungsquote. Nur jeder zehnte Fahrraddiebstahl (9,7 Prozent) wird gelöst, was bedeutet, dass mehr als 290 000 der im Jahr 2012 gestohlenen Fahrräder für immer verschwinden. Knapp die Hälfte (48 Prozent) der gestohlenen Fahrräder, nämlich 156 926 Stück, wurde in Großstädten geklaut. Die geschätzte Schadenshöhe, die dabei entstanden ist, liegt laut »Geld.de« zusammengenommen bei rund 135 Millionen Euro. Die Masse der Fahrräder wird zwar noch von Einzeltätern gestohlen, doch Sorge bereitet den Polizeibeamten ganz klar, dass der Fahrrad-Klau durch kriminelle Banden stark zunimmt.

So hat das Versicherungsportal »Geld.de« nach eigenen Recherchen festgestellt, dass »mittlerweile auch Diebstahlsbanden ihr Unwesen in Deutschland treiben. Mit unauffälligen Kleintransportern durchkämmen die Trupps die Städte und stehlen vor allem ungesicherte Fahrräder. Veräußert werden die Räder dann in Gänze oder in Einzelteilen auf Wochen- oder Flohmärkten als Hehlerware für ›billiges Geld‹ in anderen Regionen Deutschlands oder gehen in zunehmendem Maße auch ins benachbarte Ausland.«

Das Beispiel des Fahrraddiebstahls soll nur zeigen, wie die gewöhnliche Alltagskriminalität gegen jedermann die Polizei inzwischen an ihre Grenzen führt. Für den Diebstahl eines Fahrrads rückt keine Streife mehr aus. Anzeige muss der Bestohlene entweder auf der Wache oder im Internet stellen. Die Polizei verbucht die Anzeige dann nur noch für ihre interne Statistik. Den Opfern helfen kann sie in aller Regel nicht.

Mit dem Diebstahl eines Fahrrads kann man leben. Mit einem geklauten Auto sieht es schon ganz anders aus. Dabei ist der Autodiebstahl ein Delikt, bei dem die Aufnahme neuer Mitgliedsstaaten in die EU und die damit verbundene Öffnung der Grenzen nach Osteuropa direkten Niederschlag in der Kriminalstatistik findet – die Zahl der Kfz-Diebstähle steigt.

Deutlich wird das am Beispiel Bulgariens und Rumäniens. Beide Länder wurden am 1. Januar 2007 als neue Mitglieder in die Europäische Union aufgenommen. Das war politisch sicherlich ein Grund zur Freude, denn es stärkt die Europäische Union. Allerdings hatten auch Kriminelle einen Grund zum Jubeln, wenn auch aus ganz anderen Gründen. Deutlich wird dies, wenn man in der Kriminalstatistik einige Jahre zurückblickt.

So zeigt das Bundeslagebild »Kfz-Kriminalität 2007« des BKA eine erfreuliche Entwicklung: »Im Jahr 2007 wurden in der Polizeilichen Kriminalstatistik (PKS) unter der Rubrik ›Diebstahl von Kraftwagen‹ insgesamt 39 438 Kraft-

fahrzeuge registriert. Im Vergleich zum Vorjahr bedeutet das einen Rückgang um sieben Prozent, womit sich die seit Jahren festgestellte rückläufige Gesamtentwicklung in diesem Kriminalitätsbereich fortsetzt.«
Auch im Jahr darauf sinkt die Zahl der gestohlenen Kraftwagen um sechs Prozent auf 37 184 Fälle. Allerdings taucht im Lagebild 2008 erstmals die Rubrik »Betrügerisches Anmieten durch rumänische Staatsangehörige« auf. Dort heißt es:»Seit Herbst 2007 wurden zahlreiche Fälle bekannt, in denen rumänische Staatsangehörige europaweit Fahrzeuge betrügerisch angemietet haben, wobei die Ermittlungsergebnisse auf eine organisierte Verschiebung in Richtung Rumänien hindeuteten.«
In den Jahren 2009 und 2010 stiegen die Zahlen des »Diebstahls von Kraftwagen« deutlich an. 2009 wurden 40 375 Autos und 2010 dann insgesamt 42 002 Fahrzeuge in Deutschland geklaut. Viele davon gelangten durch kriminelle Banden nach Osteuropa.
Dass die Autodiebstahlszahlen seit 2011 wieder sinken, ist in erster Linie auf verbesserte technische Schutzeinrichtungen zurückzuführen. Während 2011 insgesamt 41 057 Autos in Deutschland geklaut wurden, waren es 2012 nur noch 37 238. Doch im Jahr 2013 stieg die Zahl der Kfz-Diebstähle um 0,5 Prozent und damit auf 37 427 Fälle. Im jährlichen Bericht zur PKS wird dann 2013 ein Faltblatt mit dem Titel »Bremsen Sie Diebe rechtzeitig aus!« mit Hinweisen zum Schutz vor Kraftfahrzeugdiebstahl angepriesen. Damit liegt es an den Bürgern selbst, sich vor Autodiebstahl zu schützen. Wer sich das nicht leisten kann oder wessen Auto eine solche Schutzvorkehrung nicht vorsieht, droht zu einer Zahl in der PKS zu werden. Eine Erklärung für den zwischenzeitlichen Rückgang der Fälle ist laut BKA die Tatsache, dass »der Anteil höherwertiger Pkw –

insbesondere in den angrenzenden osteuropäischen Staaten – gestiegen ist und somit Täter zunehmend die Möglichkeit haben, dort zugelassene höherwertige Fahrzeuge zu entwenden«. An dem zugrunde liegenden Problem hat sich unterdessen nichts geändert. Im Bundeslagebild 2012 heißt es dazu: »Die Zielmärkte für in Deutschland entwendete Kfz liegen überwiegend im Osten Europas.« Tendenziell sei bereits eine Verlagerung in noch weiter entfernte Regionen Zentralasiens wie Tadschikistan und Usbekistan zu beobachten. 2012 wurden laut BKA-Lagebild »im Gesamtdelikt Diebstahl, Unterschlagung und Hehlerei von Kfz insgesamt 19 219 Tatverdächtige registriert«. Zwei Drittel davon waren deutsche Staatsangehörige, ein Drittel waren nichtdeutsche Tatverdächtige. Die meisten davon kamen aus Ländern Ost- und Südosteuropas wie Polen, Türkei, Rumänien und Serbien.

Wenn man sich daheim nicht mehr sicher fühlt: Einbrüche

Der Prenzlauer Berg in Berlin ist ein entspanntes Wohnviertel. Aus kaum einem anderen Stadtteil in Deutschland wird regelmäßig mehr über die vermeintlichen Lebensgewohnheiten der Bewohner berichtet. Glaubt man den Artikeln in Zeitschriften und Reiseführern, besteht das Leben dort daraus, Cappuccino zu trinken, den Kinderwagen hin und her zu schieben und mit dem MacBook ein paar neue Projekte zu verfolgen. Auf manche Bewohner trifft das auch voll und ganz zu. Was die Artikel jedoch nicht erwähnen, ist, wie häufig in diesem so friedlich wirkenden

Bezirk in die Wohnungen eingebrochen wird. Wer dort
länger als ein Jahr lebt, kennt zwangsläufig einen Nachbar,
Freund oder Bekannten, bei dem Fremde schon einmal in
die eigenen vier Wände eingedrungen sind.

In manchen Straßen hat die Polizei zeitweise schon Zettel an jede Haustür gehängt, um die Bewohner darauf hinzuweisen, dass ihr Gebiet gerade im Visier einer Einbrecherbande ist. Auf diesem Stück Papier bittet sie die Bewohner dann, die zentrale Zugangstür immer zu schließen
und Unbekannte nicht einfach, ohne nachzufragen, in das
Wohnhaus zu lassen. Recht viel mehr bleibt den Beamten
auch nicht übrig. Denn gefasst werden die Täter nur in den
seltensten Fällen.

Eine Studentin aus Berlin, die im Sommer 2012 Opfer
eines der insgesamt 61 200 verübten Tageswohnungseinbrüche in Deutschland wurde, beschreibt die Erfahrung
wie folgt:

>*Ich kam nach meinen Vorlesungen an der Humboldt-
Universität zurück in meine Wohnung im Prenzlauer
Berg. Ich wohne im ersten Stock des Vorderhauses eines
Altbaus aus der Gründerzeit. Die Tür zu meiner Wohnung stand einen Spalt weit offen. Ich habe mir nichts
dabei gedacht, weil ich mir die Wohnung mit zwei anderen Studentinnen teile. Doch als ich die Tür schließen
wollte, merkte ich, dass das Schloss kaputt und der Türrahmen leicht zersplittert war. Ich bekam sofort Panik!
Ich wusste, dass hier etwas nicht stimmt, und hatte riesige Angst, dass der Eindringling noch in der Wohnung
war. Ich rannte auf den Flur und rief laut um Hilfe.
Mein Nachbar hörte mich, öffnete die Tür, und ich flüchtete in seine Wohnung. Von dort riefen wir gemeinsam
die Polizei und gingen danach sofort zurück zu meiner*

gegenüberliegenden Wohnung, um von den Tür aus meine Mitbewohnerinnen zu rufen. Sie waren zum Glück nicht da. Der Einbrecher hatte zwei Laptops, Schmuck und Bargeld geklaut. Die Polizei sicherte die Spuren, befragte meine Mitbewohnerinnen, die Nachbarn und den Hauswart, aber große Hoffnungen machte sie mir nicht. Ein paar Wochen später wurden die Ermittlungen dann eingestellt. Bei einer Präventionsberatung bei der Polizei erfuhr ich noch, dass Einbrecher besonders gerne im ersten und im letzten Stock eines Wohnhauses einsteigen und dass die Täter fast nie geschnappt werden. Wir kauften einen schweren Riegel für unsere Wohnungstür, und das war es dann.

In meiner Wohnung fühlte ich mich danach nicht mehr sicher. Ich konnte den Gedanken nicht ertragen, dass jemand in meinen privaten Dingen herumgewühlt und mir meinen Schmuck geklaut hatte. Ich fühlte mich nach diesem brutalen Eingriff in meine Privatsphäre völlig hilflos. Ich hatte in den Wochen nach dem Einbruch immer wieder Alpträume und war sehr verunsichert, wenn fremde Menschen an unserer Wohnungstür klingelten. Das schwarze Pulver, mit dem die Polizei die Fingerabdrücke an der Wohnungstür sichert, war auch nach mehreren Wochen noch zu sehen. Ich fühlte mich bei dem Anblick jedes Mal extrem unwohl. Mich ließ der Gedanke einfach nicht los, dass die Täter jederzeit wiederkommen konnten und dass sie mich und meine Mitbewohnerinnen vor dem Einbruch offenbar genau beobachtet hatten. Vier Monate nach dem Einbruch bin ich dann aus der Wohnung ausgezogen.«

Die hier beschriebene Szene aus dem Berliner Stadtteil Prenzlauer Berg ist bei weitem kein Einzelfall. Der Ein-

bruch in der Wohnung der Studentin war Teil einer ganzen
Serie von Einbrüchen in Berlin im Sommer 2012. In ganz
Deutschland nehmen die Wohnungseinbrüche und Ein-
bruchdiebstähle dramatisch zu. Und das schon seit Jahren.
Die Polizei scheint machtlos dagegen zu sein, denn die Täter werden so gut wie nie gefasst. Entsprechend groß ist
der Frust bei den Opfern der Kriminellen und bei den Ermittlern der Polizei. Schlimm genug, dass die Täter selten
gefasst werden. Doch langfristig stellt sich in dem Zusammenhang ein noch viel größeres Problem: Die schwelende
Angst in der Bevölkerung vor Einbrüchen in ihr Zuhause
wächst immer weiter.

Wenn in das eigene Haus oder die eigene Wohnung eingebrochen wird, ist das für die meisten Betroffenen ein
traumatisches Erlebnis. Das liegt nicht einmal so sehr an
den gestohlenen Gegenständen, sondern an der Angst. Der
materielle Schaden ist zwar oft enorm. Der Gesamtver-
band der Deutschen Versicherungswirtschaft (GDV)
schätzt ihn auf durchschnittlich 3300 Euro pro Einbruch.
Dabei gehen die Täter durchaus gezielt vor und suchen in
erster Linie nach Bargeld und Dingen, die sie leicht veräu-
ßern können. Dazu gehören elektronische Gegenstände
wie Computer und Mobiltelefone. Insgesamt erbeuteten
sie 2013 Diebesgut im Wert von 480 Millionen Euro in
Deutschland. Das sind 20 Millionen mehr als im Vorjahr.

Doch länger als der materielle Verlust macht vielen Betroffenen das aus dem Einbruch resultierende Angstgefühl
zu schaffen. Sie leiden unter dem Gedanken, dass ein
Fremder in ihr Zuhause eingedrungen ist. Da werden Ur-
ängste berührt und geweckt – das eigene Nest ist nicht
mehr sicher.

Besonders schlimm ist es, wenn die Opfer den Täter
beim Einbruch auch noch erwischt haben. Der Grund da-

für ist einfach. Die Täter reagieren auf das Ertapptwerden immer häufiger auf äußerst brutale Weise. Ihr Ziel ist es, das Opfer einzuschüchtern und davon abzuhalten, die Polizei zu rufen. Um das zu erreichen, schlagen die Einbrecher in vielen Fällen auf ihre Opfer mit roher Gewalt ein, fesseln sie und bedrohen sie anschließend für den Fall, dass sie nach dem Einbruch zur Polizei gehen sollten. Die Betroffenen leiden oft noch Jahre später an den psychischen Folgen. Sie schlafen schlecht und durchleben Panikattacken – viele ziehen aus ihren Wohnungen aus, weil sie das Trauma des Einbruchs in ihrer alten und nach ihrem subjektiven Eindruck jetzt unsicheren Wohnung nicht mehr verarbeiten können – sie werden andauernd an den Vorfall und die damit zusammenhängende Gewalt erinnert.

Dabei ist es den Einbrechern völlig egal, ob sie alte Menschen oder Kinder vor sich haben. Das zeigte sich auch bei einem Einbruch in ein Mietshaus im Berliner Stadtteil Hermsdorf im April 2013. Über den Balkon waren die Einbrecher in eine Wohnung im zweiten Stock des Hauses eingedrungen. Dort schlugen, fesselten und knebelten sie den 53-jährigen Bewohner, bevor sie die Räume nach Wertsachen absuchten. Über das Treppenhaus liefen sie anschließend zur darüberliegenden Wohnung und traten die Tür ein. Dort lebte eine 76 Jahre alte Dame, die sie brutal zu Boden stießen. Ihre Schreie führten schließlich dazu, dass die Täter ohne ihre Beute flüchteten. Doch das ist für die Opfer des Angriffs nicht wirklich ein Trost. (Berliner Morgenpost, 18. 4. 13)

Eine wissenschaftliche Untersuchung des renommierten Kriminologen Christian Pfeiffer vom Kriminologischen Forschungsinstitut Niedersachsen e. V. (KfN) zum Thema »Kriminalitätsfurcht, Strafbedürfnisse und wahrgenommene Kriminalitätsentwicklung« (KfN-Forschungsbericht

Nr. 117; 2011) zeigt: Die Bürger schätzen die Zahl der Wohnungseinbrüche in Deutschland seit Jahren höher ein, als sie tatsächlich ist. So ergab die Befragung für das Jahr 2010, dass die Deutschen die Anzahl der Wohnungseinbrüche in Deutschland im Jahr 2009 um das 1,9-Fache höher vermuteten, als tatsächlich in diesem Jahr polizeilich registriert worden waren.

Auch wenn die Deutschen die Zahl der Wohnungseinbrüche falsch einschätzen, bleibt die Tatsache, dass die Angst davor, in der eigenen Wohnung zum Opfer eines Einbruchsdiebstahls zu werden, immer weiter wächst. Laut der KfN-Untersuchung des Kriminologen Pfeiffer stellt sich die Kriminalitätsfurcht der Befragten wie folgt dar: »Am stärksten fürchten sich die Menschen demnach vor Diebstählen, am zweitstärksten vor Wohnungseinbrüchen. Demgegenüber ist die Furcht vor einem gewaltsamen Tod oder einer Vergewaltigung o. Ä. eher selten.«

Angst macht dabei vor allem die Tatsache, dass Fremde in die eigenen vier Wände eingedrungen sind und dort in Ruhe gestöbert, gewühlt und gestohlen haben. Viele Einbruchsopfer sind so traumatisiert, dass sie die Angst, noch einmal Opfer zu werden, oft gar nicht mehr loswerden: »Befragte mit Opfererfahrungen haben also mehr Furcht, erneut Opfer zu werden.« Der Innenexperte und CDU-Politiker Volker Kauder nennt das dadurch entstehende Problem denn auch beim Namen: »Die gestiegene Einbruchskriminalität ist ein ganz großes Problem. Menschen, die erlebt haben, dass ihre Wohnung nicht sicher ist, leiden oft noch lange unter diesem Schock.« (BILD, 27.5.13)

Diese Angst färbt auch auf andere Menschen in der persönlichen Umgebung der Opfer ab – und das gerade mit Blick auf Wohnungseinbrüche. Kriminologe Pfeiffer erklärt das in seinem Forschungsbericht so: »Direkte Angriffe auf die eigene Person lassen die Furcht weniger ansteigen als indirekte Angriffe (z.B. Wohnungseinbruch). Dies könnte darauf zurückgeführt werden, dass die Erfahrung des indirekten Angriffs stärker generalisiert wird, insofern man von einer anonymen Person geschädigt wurde.« Das bedeutet im Klartext: Die Angst vor anonymen Einbrechern ist viel größer als die Frucht davor, zum Beispiel auf offener Straße Opfer eines Raubüberfalls durch eine Straßengang oder einer Gewalttat durch jugendliche Täter zu werden.

Die jüngste Kriminalitätsstatistik deutet darauf hin, dass dieses Problem weiter zunimmt. So stieg die Zahl der Wohnungseinbrüche 2013 um 3,7 Prozent auf insgesamt 149 500. Schon seit 2009 geht diese Zahl kontinuierlich nach oben. Die Zahl der »Tageswohnungseinbrüche« ist 2013 sogar um 5,9 Prozent auf 64 754 Fälle gestiegen, Ebenfalls erhöht hat sich die Zahl der »einfachen Diebstähle aus Wohnungen«. Sie wuchs 2013 um 2,8 Prozent auf insgesamt 58 792 Fälle an.

Die meisten Einbrüche fanden 2013 in Nordrhein-Westfalen (54 953 Fälle) statt, dem bevölkerungsreichsten Bundesland. Danach folgen Niedersachsen (15 566 Fälle) und der Stadtstaat Berlin (11 566 Fälle). Fast ein Drittel aller Einbrüche (42 153 Fälle oder 28,2 Prozent) findet in Städten mit mehr als 500 000 Einwohnern statt.

Doch während die Wahrscheinlichkeit, Opfer eines Einbruchs zu werden, steigt, verschlechtern sich die Chancen, dass der oder die Täter hinterher auch wirklich gefasst werden. 2013 sank die Aufklärungsquote bei Wohnungseinbrüchen von 15,7 (2012) auf 15,2 Prozent. Das bedeutet: Nur jeder sechste Einbrecher wird überhaupt geschnappt. Meist kann die Polizei nur einen sogenannten Beileidsbesuch mit Datenaufnahme machen, wie die Beamten das untereinander zynisch beschreiben. Die Diebe entschwinden dabei in aller Regel fast immer unerkannt.

Rein statistisch betrachtet, findet laut einer Studie des Versicherungsportals »Geld.de« in Deutschland sage und schreibe alle dreieinhalb Minuten ein Wohnungseinbruch statt. Besonders beliebt bei den Kriminellen sind die Großstädte: Über 53 Prozent der in der Bundesrepublik zur Anzeige gebrachten Einbrüche wurden in den 122 größten Städten verübt.«

Doch auch auf dem Land sind die Wohnungen vor Einbrüchen keineswegs sicher. Vor allem im grenznahen Raum haben die Verbrechen in den vergangenen Jahren stark zugenommen. Dort sollen jetzt gemeinsame Streifen und andere Sicherheitsmaßnahmen mit den Polizeien der Nachbarländer das Schlimmste verhindern helfen. Das klingt zunächst gut, droht aber an der Realität zu scheitern.

Die wenigen Zahlen, die es zu den Tätern gibt, belegen nämlich, dass Einbruchsdiebstahl im wachsenden Maße ein Bandendelikt ist und die Polizei es hier mit der organisierten Kriminalität zu tun hat. In der Studie von »Geld. de« heißt es denn auch dazu: »Fast ein Viertel der in Deutschland verübten Wohnungseinbruchdiebstähle gehen auf das Konto von sogenannten ›nichtdeutschen Tatverdächtigen‹. Waren es im Jahr 2010 noch 23,1 Prozent, sind es zwölf Monate später bereits 24,3 Prozent. In einigen Städten sogar erschreckende 80 Prozent. Hauptgrund: Die EU-Erweiterung nach Ost- und Südosteuropa. Im Polizeijargon heißen die Beutezüge auch ›Balkanisierung‹, und die Ermittlungsbehörden nennen diese Klientel mittlerweile auch beim Namen: Bulgaren, Rumänen, aber auch Sinti- und Roma-Clans.«

Dass es sich hierbei nicht um Stimmungsmache handelt, belegen auch die Zahlen zu Taschendiebstählen. Nicht ohne Grund nannte die Zeitung »Berliner Morgenpost« die Metropole Berlin die »Hauptstadt der Diebe« (1.3.14). Die Zahl der Taschendiebstähle erhöhte sich dort 2013 um 16 Prozent, die Aufklärungsquote lag bei vernachlässigbaren vier Prozent. Fast jeder dritte der gefassten Taschendiebe hatte einen rumänischen Pass, jeder zehnte einen bulgarischen. Fast ein Fünftel von ihnen waren Kinder und Jugendliche, ein besorgniserregend hoher Anteil. Polizeipräsident Klaus Kandt bezeichnete die Situation der Zeitung gegenüber als »gravierend«. Da es sich meist um »reisende Täter« handle, die von Stadt zu Stadt ziehen, habe die Polizei bei ihren Ermittlungen kaum eine Chance.

Die Polizeien der Länder stehen im Kampf gegen die bandenmäßige Einbruchs- und Diebstahlkriminalität in Deutschland einem gut organisierten und flexiblen Gegner gegenüber. Mobile Einbruchsbanden reisen durch die Republik, schlagen blitzschnell zu und verschwinden wieder.

Die Politik resigniert bei dem Problem schon beinahe und ergeht sich in Floskeln. CDU-Politiker Volker Kauder sagte dazu der BILD: »Die Präsenz der Beamten muss in Wohngegenden und an Schwerpunkten des Einbruchsdiebstahls deutlich erhöht werden. Auch hier sind die Länder in der Pflicht, nicht an der Sicherheit der Bürger zu sparen. Bei Einbruchsdiebstahl gibt es eine Aufklärungsquote von knapp 16 Prozent. Das ist ja geradezu eine Einladung zum Einbruch.« (BILD, 27.5.13)

Die Große Koalition von Union und SPD hat das Problem zwar erkannt und verspricht in ihrem Koalitionsvertrag aus dem Herbst 2013 deshalb vollmundig: »Der Schutz vor Wohnungseinbrüchen soll verbessert werden.« Doch außer einer knappen Ankündigung im Koalitionsvertrag ist danach nicht viel passiert.

In dem Vertrag heißt es zu den Plänen der schwarz-roten Bundesregierung: »Einbruchskriminalität verunsichert die Menschen über die materiellen Schäden hinaus. Die Tätergruppen agieren zunehmend grenzüberschreitend. Wir unterstützen nicht nur präventive Maßnahmen der Bürger, sondern bekämpfen diese Alltagskriminalität auch durch bessere Zusammenarbeit der Polizeibehörden auf Landes-, Bundes- und EU-Ebene. Sicherheitsvereinbarungen zwischen Bund und Ländern können dazu ein Instrument sein.«

Ja, die Menschen sind massiv verunsichert, wenn in ihre Wohnungen eingebrochen wird. Und ja, die Verunsicherung geht weit über den materiellen Schaden hinaus, der bei einem Einbruchsdiebstahl entsteht. Denn wie eben beschrieben ist es eine erwiesene Tatsache, dass viele Einbruchsopfer im Anschluss an die Tat traumatisiert sind. Das gilt selbst dann, wenn sie dem Täter bei seinem Einbruch in ihre Wohnung überhaupt nicht persönlich begegnet sind.

Viele Bürger ignorieren dabei die Tatsache, dass Einbrecherbanden gar nicht bevorzugt in gutsituierten Wohngegenden losziehen. Für die Täter ist entscheidend, wie schnell sie in ein Haus hineinkommen und wieder verschwinden können. Da ist ihnen eine bescheidene Stadtwohnung im Zweifel sogar lieber als ein Villenviertel. Und dabei haben sie es am ehesten auf die Wohnungen im ersten und im letzten Stockwerk eines Hauses abgesehen. Im ersten Stock sind sie schnell wieder verschwunden, im letzten Stock sind sie lange ungestört. Zudem hat die Polizei vielerorts ein weiteres Muster festgestellt. Wurden Einbrüche früher fast ausschließlich von Männern begangen, spielen nun immer häufiger Frauen eine entscheidende Rolle. Sie haben den Vorteil, dass sie in der Regel unverdächtiger sind als Männer. Das haben sich die Banden zunutze gemacht und schicken vorzugsweise junge Frauen los, um in die Wohnungen einzudringen und die Beute herauszuholen. Aber auch immer mehr Kinder werden für die Einbrüche mobilisiert. Diese Taktik setzen laut Polizei-Experten vor allem Sinti- und Roma-Clans ein. Ein Ermittler nennt dabei ganz offen den Grund: »Kinder können nicht bestraft werden und sind leicht anzulernen. Die Clans schicken sie los wie ›Oliver Twist‹ im Roman von Charles Dickens.« Beim Bergen des Diebesguts helfen ihnen dann ihre erwachsenen männlichen Komplizen.

Kölns ehemaliger Oberstaatsanwalt und dortige Leiter der Abteilung Organisierte Kriminalität, Egbert Bülles, hat es in seiner Amtszeit oft genug erlebt, dass skrupellose Hintermänner für ihre Taten ganz gezielt Kinder und Jugendliche einsetzen, die häufig von milden Jugendrichtern nicht bestraft werden oder nicht bestraft werden können. »Die Täter lachen sich über unsere Gutmenschen-Justiz kaputt«, sagt Bülles (BILD, 6.3.13). Die Kinder würden in regelrechten Kursen für das Diebeshandwerk ausgebildet.

Mobile Einbrecherbanden sind in Deutschland ein relativ neues Phänomen. Grundsätzlich unterscheidet die Polizei drei verschiedene Typen von Einbrechern. Da gibt es zum einen den Kleinkriminellen, der im selben Ort oder in der Nähe wohnt und Gelegenheitseinbrüche vornimmt. Dabei hat es er vor allem auf Geld und schnell veräußerbare Wertsachen abgesehen. Häufig handelt es sich hierbei um Drogenabhängige, die mit der Hehlerware ihren »Stoff« finanzieren wollen – es geht dabei also um die sogenannte Beschaffungskriminalität von Drogensüchtigen.

Zum anderen gibt es regelrechte Diebesbanden, die straff organisiert sind und hochprofessionell arbeiten. Sie gehören dem weltweit operierenden Verbrechen an. Dazu gesellt sich seit kurzem ein dritter Einbrecher-Ty-

pus: Die Polizei spricht hier von mobilen Diebesbanden.
Sie kommen zumeist aus Osteuropa, leben aber mittlerweile in Deutschland. Sie nehmen sich gezielt einen Land-
strich vor, den sie dann ausrauben. Dabei wechseln sie
häufig die Orte und begehen die Einbrüche nur selten
dort, wo sie ihren wenn auch nur vorübergehenden Wohn-
sitz haben.

Im Koalitionsvertrag der Bundesregierung heißt es dazu:
»Die Tätergruppen agieren zunehmend grenzüberschreitend.« In vielen Fällen handelt es sich bei den Einbruchs-
serien also um organisierte Kriminalität. Gut organisierte
Einbrecherbanden aus dem Ausland gehen auf Beutezug
in Deutschland. Im Fachjargon »reisende Tätergruppen«
genannt. Auch im »Bundeslagebild Einbruchskriminalität«
steht, dass die reisenden Täter »überwiegend in Gruppen«
agieren. »Zu ihnen gehören Personen, die aus dem Ausland
nach Deutschland zur Straftatenbegehung einreisen, sich
hier teilweise wochen- oder gar monatelang aufhalten,
um entweder ausschließlich Wohnungseinbruchdiebstähle
oder auch andere Straftaten zu begehen.«

Da sich diese Entwicklung bislang ungehindert fortsetzt, hat die Innenministerkonferenz eine eigene Arbeits-
gruppe eingesetzt, die Erkenntnisse über Einbrecherbanden in Deutschland zu einem bundesweiten Lagebild
sammeln und beurteilen soll. Dazu gehören auffällige Rei-
sewege ebenso wie bestimmte Handlungen, mit denen die
Täter die Einbrüche vorbereiten. Zudem versuchen die
Experten, Strukturen im Profil der Täter zu erkennen. Auf
diese Weise soll es künftig leichter sein, das Vorgehen der
Täter auf einer bundesweiten Ebene einschätzen zu können und »vor die Lage zu kommen«, wie es im Polizeijargon heißt. Die Polizei muss vorhersehen können, wo
Gefahr droht, um sich darauf frühzeitig einzustellen. Nur

so haben die Sicherheitsbeamten überhaupt eine Chance gegen diese Banden. Erfolge zeigt auch die Verzahnung verschiedener Einsätze. So führt die Polizei seit kurzem in Gebieten, in denen sie verstärkt mit Einbrüchen rechnet, zusätzliche Verkehrskontrollen durch. Durch die scheinbar harmlosen Routineeinsätze werden die Banden aufgescheucht und teilweise sogar gefasst. Bei solch »integrativen Verkehrskontrollen« hat die Polizei in Nordrhein-Westfalen bereits kurz nach Beginn der Maßnahme zwei Einbrecherbanden erwischt. An der Sinnhaftigkeit des Konzepts besteht somit kein Zweifel. Doch ohne die entsprechende Personalausstattung kann die Polizei solche Einsätze nicht auf Dauer durchführen.

Ein hochrangiger Ermittler der Polizei, der seit Jahren gegen die organisierte Einbruchskriminalität in Deutschland kämpft, erklärt das raffinierte Vorgehen mancher Diebesbanden mit ihrer beruflichen Vergangenheit als ehemalige Mitarbeiter osteuropäischer Geheimdienste:

»Seit Jahren verfolge ich Einbruchsbanden aus Osteuropa und es gibt gute Gründe dafür, warum sie so schwer zu fassen sind. Viele der Anführer, aber auch der Hintermänner, haben ihr Handwerk bei osteuropäischen Geheimdiensten und anderen Sicherheitsbehörden gelernt. Sie wissen, wie man Zielobjekte beobachtet, unauffällig vorgeht und blitzschnell zugreift. Wenn diese Banden zu Werke gehen, stimmt alles: Sie spähen ihre Opfer professionell aus, nutzen dabei ihre Kenntnisse und Fähigkeiten, die sie in der Vergangenheit für verdeckte Operationen erlernt und auch angewendet haben, und suchen bei ihren Opfern bewusst nach Schwachstellen. Sie forschen die Häuser, Wohnungen und Tagesabläufe ihrer poten-

ziellen Opfer ganz gezielt aus. Dabei brauchen sie nicht mal mehr aufwendige Technik. Selbst mit Google kann man sich Objekte von oben ganz genau anschauen und Einstiegs- und Fluchtwege vorher genau festlegen. Danach schlagen sie dann zu und verschwinden anschließend sofort. Mit zwei bis drei Wohnungseinbrüchen pro Straße sind sie auf diese Weise im Nu fertig. Danach geht es weiter. So läuft das Stadt für Stadt, Viertel für Viertel und Straße für Straße ab. Diese Geheimdienst-Banden überlassen nichts dem Zufall. Vom Zeitpunkt des Einbruchs bis hin zum Absetzen ihres Diebesguts – alles steht von vorneherein fest. Wenn sie dann mal erwischt werden, gehen sie mit äußerster Brutalität vor – sowohl gegen Polizeibeamte als auch gegen die völlig ahnungslosen Wohnungsbesitzer. Um diesen Banden das Handwerk zu legen, brauchen wir deutlich mehr Polizeibeamte, als wir bisher für ihre Verfolgung zur Verfügung haben. Und wir brauchen eine deutliche bessere Ausstattung. Auf eine Kooperation mit den Polizeibehörden ihrer Herkunftsländer können wir bei unserer Arbeit allerdings nicht zählen. Die sind häufig entweder so korrupt, dass eine Anfrage nichts nützt, oder sie sind – so vermute ich – selbst involviert.«

Bislang wurde das Problem weder mit Präventionskampagnen noch mit den eigens einberufenen Sonderkommissionen (»Sokos«) gelöst. Der Nutzen ist auch begrenzt, wenn gleichzeitig Dutzende Polizeiwachen geschlossen oder zusammengelegt werden. Wer soll nach dem Stellenabbau denn noch Streife fahren und damit für den Schutz der Bürger sorgen? Wenn sich dieser Trend fortsetzt, entstehen als Konsequenz daraus bald auch in Deutschland – ähnlich wie in den USA – abgeriegelte Wohnsiedlungen (englisch:»gated communities«), in denen sich die Bewohner hinter hohen Mauern und mit eigenem Wachpersonal am Eingangstor verschanzen. Dann wäre Sicherheit nur noch für diejenigen gewährleistet, die sie sich auch leisten können. Andere Stadtteile oder sogar ganze Landstriche, wie viele zunehmend entvölkerte Gegenden auf dem Land im Osten Deutschlands, werden dann in der Konsequenz schlichtweg als verloren angesehen. Dort drohen lokale Gangs das Sagen zu übernehmen, oder aber Einbrecherbanden aus den osteuropäischen Nachbarländern starten ihre Beutezüge in die schlecht gesicherten ländlichen Bezirke. Ausgeschlossen ist dieses Horrorszenario nicht. Ein hochrangiger Beamter des Bundesinnenministeriums, der sich dazu allerdings öffentlich nicht äußern will, sagt:»Sicherheit wird in nicht allzu ferner Zukunft ein Luxusgut. Der Staat wird sich aus Kostengründen immer mehr aus bestimmten Bereichen zurückziehen und damit zunehmend dem Bürger selbst die Verantwortung für die eigene Sicherheit aufbürden wollen.«

Einzelne Vorstöße in diese Richtung gab es bereits. So erstellten mehrere Polizeipräsidenten aus Großstädten in NRW im Sommer 2013 eine interne Liste mit rund 30 Einsatzgründen, bei denen die Polizei aus Kostengründen künftig nicht mehr ausrücken sollte. So etwa bei Fällen häuslicher Gewalt, bei Ruhestörung und bei Verkehrsunfällen ohne Verletzte. Die Liste, über die noch an anderer Stelle dieses Buches zu sprechen sein wird, erntete heftige Kritik. Selbst die Polizei war erstaunt über den Umfang der Vorschläge und wies sie als völlig überzogen zurück. Fragt sich nur, wie lange noch.

Mit einem Schlag ist nichts mehr, wie es war: Überfälle

Viele Menschen kennen das Gefühl, dass sie sich plötzlich nachts allein auf der Straße unwohl fühlen. Optimisten mögen nun sagen, dass in den seltensten Fällen dann tatsächlich auch etwas passiert. Das stimmt. Sonst hätten wir auf unseren Straßen auch bürgerkriegsähnliche Zustände, und davon sind wir natürlich weit entfernt. Das Problem ist ein anderes. Es nehmen ausgerechnet die Fälle zu, bei denen Menschen auf der Straße von ihnen völlig unbekannten Tätern überraschend Gewalt angetan wird.

Die Diskussion über die wahren Ursachen für solche Angriffe, die in regelrechte Gewaltexzesse ausarten können, findet so gut wie nie statt. Ein Grund ist dabei allerdings auch das Verhalten der Opfer. Sie haben schlichtweg Angst und wollen darüber nicht sprechen.

Eine Ausnahme bildet hier die Journalistin Susanne Leinemann. Aus diesem Grund soll hier kurz auf ihren mutigen und sehr persönlichen Artikel eingegangen werden, der 2010 im Zeit-Magazin der Wochenzeitung »Die Zeit« erschienen ist. Sie schildert darin in einer ganz drastischen Offenheit, was sich hinter den Zahlen der Statistik verbirgt.

Susanne Leinemann war an einem Frühlingsabend im April 2010 im gediegenen Berliner Stadtteil Wilmersdorf unterwegs. Sie hatte sich mit einer Freundin in einem Restaurant getroffen und ist zu Fuß auf dem Weg nach Hause, als sie völlig überraschend von drei Jugendlichen überfallen, brutal zusammengeschlagen und ausgeraubt wird. Sechs Tage muss sie im Krankenhaus bleiben. Überall am Körper hat sie Schwellungen und blaue Flecken, dazu einen Hirnhautriss und einen Schädelbruch. Die Täter haben dafür 35 Euro aus ihrer Handtasche erbeutet. Nicht

dass eine größere Summe die Tat auch nur irgendwie gerechtfertigt hätte. Doch es zeigt, welch rohe Gewalt selbst
für eine kleine Summe angewandt wird.

Obwohl die Polizei kaum Hoffnungen hatte, werden
die Täter nach knapp zwei Wochen gefasst. Für einen Mo-
ment fühlt sich Susanne Leinemann wieder sicher. Doch
die drei fliehen aus dem offenen Heim, wo sie bis zum
Prozess bleiben sollten. Davon erfährt sie aus der Zeitung.
Als die Täter wieder gefasst werden, müssen sie in U-Haft.
Beim Prozess verurteilt der Richter die Täter mit Haftstra-
fen von bis zu fünf Jahren.

Keiner der drei Jugendlichen hatte das, was man eine
normale Kindheit nennt. Sie alle wuchsen ohne familiären
Halt auf, keiner hatte die Schule abgeschlossen. Susanne
Leinemann beschrieb sie »wie eine entsicherte Waffe«.

Ihr Bericht war deshalb so wichtig, weil die Geschichte
der Opfer normalerweise nie so ausführlich erzählt wird.
Meist werden solche Vorfälle mit kleinen Meldungen in
der Zeitung abgetan. Dass dahinter jedes Mal ein mensch-
liches Schicksal steht, ein Opfer, das nachts nicht mehr ruhig schlafen kann, das sich auf der Straße panisch umdreht,
nur weil Schritte näher kommen, wird gerne vergessen.

Mit dieser Geschichte im Hinterkopf kann man auch die
Entwicklung in der aktuellen Kriminalstatistik besser einordnen. Zwar ging die Zahl der Gewaltdelikte 2013 im
Vergleich zum Vorjahr um ein Prozent auf 184 847 zurück.
Doch innerhalb dieser Gruppe erhöhte sich die Zahl der
Raubüberfälle auf Straßen, Wegen oder Plätzen, also genau
so ein Fall wie der von Susanne Leinemann geschilderte,
um 3,4 Prozent auf 21 349. Tatsache ist, dass sich solche
Verbrechen nur schwer verhindern lassen. Die Opfer sind
ihren Tätern bei der brutalen Begegnung auf der Straße
hilflos ausgeliefert.

Das unterschätzte Problem:
Gewalt gegen alte Menschen

Deutschland altert, und zwar rapide. Das belegt der »Demografiebericht« der Bundesregierung vom Herbst 2011. Die Gründe dafür sind schnell erklärt: Seit dem Jahr 2003 nimmt die Bevölkerungszahl stetig ab, sie ist inzwischen auf sogar nur 80,2 Millionen Einwohner gesunken (Mikrozensus 2011). Das hängt damit zusammen, dass die Zahl der Sterbefälle die Zahl der Geburten bei weitem übersteigt. Im Schnitt bekommt jede Frau gerade mal 1,4 Kinder (Statistisches Bundesamt 2012). Zu wenig, um die Einwohnerzahl stabil zu halten. Zumal auch die Zahl der Auswanderer mittlerweile viel größer ist als die Zahl der Zuwanderer nach Deutschland. Damit wird das Problem noch verschärft. In der Vergangenheit konnte nämlich durch die Zuwanderung die rechnerische Lücke zwischen Geburten und Sterbefällen ausgeglichen werden. Doch das funktioniert nicht mehr.

Die Zahlen des »Demografieberichts« bestätigen diese Entwicklung. In den nächsten 46 Jahren (bis 2060) wird die Zahl der Deutschen um bis zu 17 Millionen sinken – von heute 80,2 auf 65 bis 70 Millionen Menschen. Das wäre ein Rückgang von 15 Prozent bzw. 21 Prozent innerhalb von fünf Jahrzehnten. Gleichzeitig werden die Deutschen wegen ihrer gestiegenen Lebenserwartung immer älter. Heute machen die 65-jährigen und Älteren gut 20 Prozent der Bevölkerung aus. 2030 wird die Gruppe auf 29 Prozent der Bevölkerung angewachsen sein. Im Jahr 2060 wird jeder Dritte (34 Prozent) 65-Jährig oder älter sein.

Zusammengefasst bedeutet das: Die deutsche Bevölkerung schrumpft in den nächsten Jahren dramatisch, und gleichzeitig werden die Deutschen immer älter.

Der Bericht kommt daher zu dem wenig beruhigenden Ergebnis, dass der demografische Wandel in den nächsten Jahren gravierende »Auswirkungen auf die wirtschaftliche und gesellschaftliche Entwicklung in Deutschland« hat. Klar ist auch, dass dieser Wandel unumkehrbar ist. Im »Demografiebericht« der Bundesregierung heißt es dazu: »Die Veränderung des Altersaufbaus der Bevölkerung lässt sich durch steigende Geburtenzahlen oder durch verstärkte Zuwanderung lediglich abmildern, nicht aber stoppen.« Für die Sozialsysteme ist das eine Herausforderung, der sie im jetzigen Zustand nicht gewachsen sind. Auch viele Firmen werden schon in naher Zukunft vermehrt Schwierigkeiten haben, geeignete Fachkräfte zu finden. Völlig ignoriert wird bislang, welche Folgen die Alterung der Gesellschaft für die innere Sicherheit in Deutschland hat. Denn derzeit sieht es nicht so aus, als ob das wahre Ausmaß dieses Problems im Bewusstsein der Politiker auch nur annähernd angekommen ist.

Auch im »Demografiebericht« der Bundesregierung spielt die drohende Zunahme der Gewalt gegen Alte zumindest platzmäßig nur eine absolut untergeordnete Rolle. Zwar wird diese Gefahr erkannt, aber eher als nebenrangiges Problem dargestellt. »Mit der Zunahme des Anteils älterer Menschen« gewinnen diese als »Opfergruppe künftig an Bedeutung«, heißt es in der Untersuchung. Als besonders gefährdet gelten »wohlhabende Senioren« sowie ältere Menschen, die nicht in ein soziales oder familiäres Umfeld integriert sind.

Viele Familien können ihre alternden Angehörigen schon heute gar nicht selbst pflegen, selbst wenn sie es möchten. Häufig sind beide Partner berufstätig, die Kinder nehmen Zeit in Anspruch, oder es fehlt schlichtweg der Platz. Am Ende bleibt den Senioren häufig nichts anderes übrig, als in ein Pflege- oder Altersheim zu gehen, wenn sie zu Hause nicht mehr alleine zurechtkommen können. Laut dem Demografiebericht bringt dies aber zwangsläufig die nächste Gefahr mit sich. Wenn der Anteil pflegebedürftiger Menschen steigt und mehr Senioren in einem Heim untergebracht sind, »könnte eine zunehmende Opferwerdung älterer Menschen bei Delikten wie Trickbetrug oder Gewalt in der Pflege zu erwarten sein«. Als mögliche Täter gelten »perspektivlose und sozial benachteiligte« Gesellschaftsschichten und »sich abschottende Jugendliche mit Migrationshintergrund, insbesondere an schrumpfenden Industriestandorten oder in Großstädten«.

Die Prognosen des »Demografieberichts« zur Gewalt gegen Alte beunruhigten im Herbst 2011 Politik, Polizei und Bevölkerung gleichermaßen. Es war der Vorsitzende der einflussreichen Senioren-Union, Professor Otto Wulff, der auf die Dramatik der Passage in dem Bericht aufmerksam wurde und die Politik nachdrücklich zum Handeln aufforderte. »Der Bericht bestätigt, wovor Fachleute schon lange warnen: Die immer schneller voranschreitende Alterung der deutschen Bevölkerung birgt enormen gesellschaftspolitischen Sprengstoff. Mit der Zunahme des Anteils älterer Menschen an der Gesamtbevölkerung drohen vor allem relativ wohlhabende Senioren mehr noch als bisher Opfer von Einbrechern, Handtaschenräubern oder Trickbetrügern zu werden. Auch die Warnung vor zunehmender Gewalt in der Pflege fordert die Politik zum Handeln auf.« Den Fehler sah Wulff damals auch in der Integrationspolitik. Der Chef der Senioren-Union sagte dazu weiter: »Nur hoffnungslose Sozialromantiker und Multi-Kulti-Illusionisten können die Tatsache ausblenden, dass Kriminalität gegen ältere Menschen vor allem von perspektivlosen und sozial benachteiligten Jugendlichen, häufig mit sogenanntem Migrationshintergrund, ausgeht.« Die Polizei soll es natürlich richten. Doch es war die Polizei, die lange vor dem Bericht bereits vor dem Problem gewarnt hatte und ihre Befürchtungen in der BILD-Zeitung erneut auf den Punkt brachte. Rainer Wendt, Chef der Deutschen Polizeigewerkschaft (DPolG), warnte dort vor einem erschreckenden Trend zur »Heimkriminalität in Pflegeeinrichtungen«, der sich in den letzten Jahren herausgebildet habe. »In vielen Altersheimen fehlen mittlerweile so viele Pflegepersonalstellen, dass den Beschäftigten fremde Menschen, die in den Heimen überhaupt nichts zu suchen haben, gar nicht erst auffallen. Da haben Verbrecher dann leichtes Spiel.«

Im »Demografiebericht« wird auch vor einer Zunahme der Gewalt gegen Alte bei der häuslichen Pflege gewarnt. In dem Bericht heißt es dazu: »Besondere Gefährdungen älterer Menschen wurden auch in der familiären häuslichen Pflege deutlich, vor allem dann, wenn die Qualität der Beziehung bereits vor Pflegeübernahme kritisch war oder die pflegende Person sich in einer schlechten physischen und psychischen Verfassung oder in einer prekären wirtschaftlichen Lage befand.« Eine Lösung muss also her. Laut dem Demografiebericht soll hier ein »vernetztes Arbeiten von Polizei, Kommunen, psychosozialen Einrichtungen, Gesundheits- und Pflegedienstleistern, Verbraucherschutzeinrichtungen, kriminalpräventiven Gremien sowie auch der Interessenvertretung älterer Menschen« die Risiken »minimieren«.

Da mutet es geradezu ironisch an, wenn die Studie wenige Seiten später warnt, dass mit der demografischen Entwicklung die Zahl der »Personen im erwerbsfähigen Alter in Deutschland insgesamt« zurückgehen und es der Staat immer schwerer haben werde, in »Konkurrenz mit der Privatwirtschaft« den »Bedarf an Fachkräften« zu decken. Denn das gilt natürlich auch für die Polizeibeamten: »Auch für die Polizei ist zu erwarten, dass der Bedarf an geeigneten Bewerbern für den Polizeivollzugsdienst nur schwer zu decken sein wird.«

Welche Entwicklung auf viele Bundesländer zukommen wird, zeigt sich jetzt schon in der Hauptstadt Berlin. Dort hat die Polizei bereits Schwierigkeiten, geeignete Bewerber zu finden. Bis zum August 2013 hatten sich in Berlin rund 13 Prozent weniger Interessierte für eine Position im mittleren Dienst beworben als im Jahr zuvor. Beim gehobenen Dienst ging die Zahl der Interessierten sogar um ein Drittel zurück. Entschärft werden konnte die Situation nur dadurch, dass die Polizei zusätzliche Anzeigen schaltete und die Frist verlängerte, bis zu der eine Bewerbung eingegangen sein musste.

Angesichts dieser Entwicklung ist es besonders beunruhigend, dass Verbrecher nicht einmal bei alten und völlig wehrlosen Menschen von einem Angriff absehen. So wurde im Juli 2012 eine 92-jährige Frau in einem Pflegeheim im Berliner Stadtteil Pankow nachts überfallen. Kurz vor Mitternacht schlich sich der Täter in ihr Zimmer und versuchte der schlafenden Seniorin den Schmuck abzunehmen, den sie im Schlaf an ihrem Körper trug. Als die Dame erwachte und losschrie, flüchtete der Täter. In dem Fall war es schon fast Glück, dass er nur Armbänder gestohlen hatte, aber nicht gewalttätig wurde. Denn wehren können hätte sich die ältere Dame nicht (Berliner Morgenpost, 21. 7. 12).

Wer noch rüstig ist, sucht deshalb nach Möglichkeiten, um sich selbst zu schützen. So gibt es etwa in Berlin eine Karategruppe eigens für Senioren. »Wir wehren uns!«, schrieb der »Berliner Kurier« auf seiner Titelseite (27.5.13) und zeigte Senioren im weißen Karateanzug und in Kampfpose. »Diese Berliner Rentner wollen der Gewalt nicht mehr tatenlos zusehen.« Wie viel es im Ernstfall bringt, sich zu wehren, ist unter Sicherheitsexperten umstritten. In der Regel mag es besser sein, den Konflikt mit dem Angreifer nicht eskalieren zu lassen. Vor allem dann, wenn man allein unterwegs ist und wie im Fall von Senioren nicht mehr die schnellsten Reflexe hat. Doch für die Senioren der Karategruppe geht es in erster Linie um ein Stück Selbstsicherheit, das sie durch ihr Training auf Berlins unsicheren Straßen zurückgewinnen. Ein Nahkampfausbilder der Berliner Polizei sagt: »Menschen werden häufig zu Opfern, weil sie unsicher auftreten. Alles, was das Selbstbewusstsein und das Körpergefühl verbessert, hilft also dabei, nicht zum Opfer zu werden.«

Mit der zunehmenden Alterung der Bevölkerung gewinnt gleichzeitig auch das Phänomen an Bedeutung, dass Senioren selbst zu Straftätern werden. Laut Bundeskriminalamt erhöhte sich die Zahl der registrierten Tatverdächtigen über 60 Jahre seit 2002 um etwa neun Prozent auf 154 686 in 2013. Die meisten von ihnen (elf Prozent) haben einfache Diebstahlsdelikte begangen (vor allem Ladendiebstahl) oder Beleidigungen ausgesprochen (elf Prozent). Kurz darauf folgen anteilsmäßig Wirtschaftskriminalität, Umweltkriminalität, Nötigung, Tankbetrug und Hausfriedensbruch.

Alterskriminalität muss allein schon wegen des zahlenmäßigen Anstiegs der Alten in unserer Gesellschaft ernst genommen werden. Gleichzeitig hat sich die anteilsmäßige Bedeutung im Vergleich zur übrigen Kriminalität nicht verändert. Das zeigt sich, wenn man auf die Bevölkerungsentwicklung blickt. Im Vergleich zu den tatverdächtigen

Senioren hat sich die Zahl der über 60-Jährigen seit 2002 mit einem Plus von gut 15 Prozent fast verdoppelt. Nach wie vor machen sie, ebenso wie Kinder unter zehn Jahren, den geringsten Anteil an den Tatverdächtigen aus. Doch in Sicherheitskreisen gilt es als realistisches Szenario, dass aufgrund der demografischen Entwicklung spätestens ab dem Jahr 2030 die Zahl der straffälligen Senioren erstmals die der straffälligen Heranwachsenden überschreiten könnte.

Die BILD-Zeitung schreibt zu dieser Entwicklung: »Achtung, die Rentner-Ganoven kommen!« Denn schon heute ist klar: Immer mehr Alte werden zu Tätern, aber im Gegenzug auch zu Opfern. André Schulz, Vorsitzender des Bundes Deutscher Kriminalbeamter (BDK), sagte der BILD-Zeitung: »In Zukunft werden wir immer mehr alte Täter haben, die zum Beispiel aufgrund von Altersarmut Ladendiebstähle begehen. Aber wir werden auch immer mehr Menschen haben, die von Straftätern aufgrund ihres hohen Alters gezielt als Opfer ausgesucht werden. Auf beide Entwicklungen muss sich die Polizei künftig noch besser einstellen.«

Derzeit sind die meisten Polizisten auf den zahlenmäßigen Anstieg der Alterskriminalität nicht genügend vorbereitet. Sie haben zu wenig Anleitung, wie sie mit straffälligen Senioren umgehen sollen. Viele kommen sogar erstmals in ihrem Leben als Täter mit der Polizei in Kontakt, man spricht dann von der sogenannten Spätkriminalität. In manchen Fällen sind die Senioren vielleicht auch gar nicht schuldfähig. Dieses Problem wird sich in den kommenden Jahren verschärfen, wenn die Zahl der Demenzkranken – wie von Experten erwartet – weiter zunimmt. Sie wissen oft gar nicht mehr, dass sie gerade in einem Supermarkt etwas geklaut haben, und sind sich keiner Schuld bewusst, wenn der Kaufhausdetektiv sie stellt. Darauf muss die Polizei sich künftig besser einstellen, und sie muss dazu speziell geschult werden. Ob es, ähnlich wie beim Jugendstrafrecht, künftig ein an die Umstände des Alters und an die Alterung der Gesellschaft angepasstes Seniorenstrafrecht geben sollte, ist unter Experten zurzeit noch heftig umstritten.

Fakt ist jedenfalls, dass selbst eine kurze Haftstrafe für ältere Menschen unter Umständen einer lebenslangen Verurteilung gleichkommt. Und nicht immer sind Richter willens, diese Tatsache strafmildernd zu berücksichtigen. Erschwerend kommt hinzu, dass die wenigsten Gefängnisse überhaupt darauf ausgerichtet sind, Senioren mit körperlichen Beschwerden aufzunehmen. Die Warteliste für einen Platz im Seniorengefängnis in Singen am Bodensee ist jedenfalls lang. Es war nach seiner Eröffnung das einzige Seniorengefängnis überhaupt in Europa. Insassen wurden dort erst ab einem Alter von über 62 Jahren aufgenommen. Dort gibt es nicht nur Haltegriffe an Duschen und Toiletten, so dass die Insassen auch im hohen Alter die Chance auf einen würdigen Haftvollzug haben. Singen bietet auch speziell auf Senioren ausgerichtete Wiedereingliederungsmaßnahmen, denn eine Berufsausbildung bringt den wenigsten Häftlingen noch etwas. Andere Gefängnisse wie etwa Detmold in Nordrhein-Westfalen ziehen insofern nach, als dass sie eigene Abteilungen für die älteren Insassen einrichten.

Vom kleinen Fisch zum großen Hai: organisiertes Verbrechen

In Deutschland spielt das organisierte Verbrechen nur auf den ersten Blick keine allzu große Rolle. Die Zahl der Ermittlungsverfahren ging 2012 im Vergleich zum Vorjahr leicht zurück auf 568 Verfahren. Die gemeldete Schadenssumme stieg dagegen um ein Drittel von 884 Millionen Euro auf rund 1,1 Milliarden Euro. Allerdings gibt es innerhalb dieser Gruppe eine Verbrechensart, die nach Ansicht von Sicherheitsexperten in den kommenden Jahren massiv zunehmen wird. Dabei handelt es sich um Cyberkriminalität. Doch darauf wird in diesem Kapitel noch gesondert eingegangen.

Grundsätzlich sind rund ein Drittel der Verbrechen aus dem Deliktbereich »organisierte Kriminalität« Rauschgiftdelikte. Darauf folgt mit großem Abstand Eigentumskriminalität (13,2 Prozent). Meist geht es dabei um großangelegten Autodiebstahl. Eine vergleichbare Rolle spielt laut der Statistik bereits die »Kriminalität im Wirtschaftsleben« (13,2 Prozent). So erfahren deutsche Unternehmen nach einer Schätzung des Deutschen Industrie- und Handelskammertags (DIHK) durch Fälschungen von hochwertigen Gegenständen wie Designerkleidung oder Ersatzteilen für Maschinen und Autos jährlich einen Schaden in Höhe von 50 Milliarden Euro.

Auch der Staat und damit letztlich die Allgemeinheit erleidet durch die organisierte Kriminalität einen Milliardenverlust durch entgangene Steuereinnahmen. Beim Schmuggel von Zigaretten und Alkohol sind für die Händler Margen von bis zu 70 Prozent realisierbar. Bei einer entsprechend großen Zahl an illegal eingeführten Waren geht dies schnell in die Milliardenhöhe. Der geringste Teil davon bleibt bei den Verkäufern hängen, die auf schlecht beleuchteten Parkplätzen die Zigarettenstangen anbieten. Doch sie sind oft die Einzigen, die überhaupt gefasst werden. Die Hintermänner bleiben im Verborgenen. Bei der Rauschgiftkriminalität haben es die Polizisten stets mit neuen, unerforschten Substanzen zu tun. Die davon ausgehende Gefahr wird leicht unterschätzt. So stieg die Zahl der Todesfälle durch illegale Drogen 2013 um sechs Prozent auf 1002. Vor allem im Grenzgebiet zu Osteuropa taucht vermehrt die Designerdroge Crystal oder Crystal Meth auf. Sie wird besonders häufig in geheimen Labors in Polen und Tschechien hergestellt und von dort illegal nach Deutschland eingeführt. Kristallines Methamphetamin wies laut dem jüngsten Drogenbericht auch die größte Steigerung beim erstmaligen Konsum auf (plus sieben Prozent). Bereits 2012 nahmen erstmals mehr Erstkonsumenten Crystal als Heroin. Für die Körper seiner Nutzer hat Crystal verheerende Auswirkungen, wenn es regelmäßig konsumiert wird. Die Gesichter der Abhängigen sind schon nach wenigen Monaten des Konsums regelrecht entstellt, Gewichtsverlust, Herzprobleme sowie Wahnvorstellungen, Halluzinationen und Denkstörungen sind die häufige Folge. Auch Infekte fallen an.

Ausgerechnet der Verbrauch von Designerdrogen, psychoaktiven Drogen oder »Legal Highs« hat stark zugenommen. Bei den Legal Highs werden legal erhältliche Substanzen wie etwa Badesalze oder Räuchermischungen zusätzlich angereichert. Auf diese Weise erhalten sie ihre Rauschwirkung, wirken also ähnlich wie Cannabis, Kokain oder Ecstasy, fallen aber nicht unter das Betäubungsmittelgesetz. Hier lauert die größte Gefahr, denn von ihnen gibt es mittlerweile weltweit ein größeres Angebot auf dem Markt als von den herkömmlichen Substanzen. Dabei

sind Legal Highs erst seit 2008 bekannt. Damals stießen
Ermittler erstmals auf die Räuchermischung »Spice«, die
anstelle von reinem Cannabis verkauft wurde. Besonders
anfällig für Legal Highs sind Jugendliche und Heranwach-
sende.

Fast fünf Prozent aller 15- bis 24-Jährigen aus den EU-
Ländern haben bereits mindestens einmal diese Substanzen
zu sich genommen. Sie unterschätzen massiv, in welche
Gefahr sie sich dabei begeben. Denn Legal Highs können
schwere und zum Teil sogar lebensgefährliche Vergiftun-
gen auslösen. Wenn es gut läuft, fallen die Konsumenten
nur in Ohnmacht oder haben Kreislaufschwierigkeiten. In
Extremfällen kann es aber sogar zu Wahnvorstellungen,
Herzrhythmusstörungen und Muskelzerfall kommen. Für
die Ermittler sind Legal Highs eine neue Herausforderung.
Denn die Produzenten bewegen sich bei der Herstellung
der berauschenden Substanzen am Rande der Legalität.
Unterscheidet sich die chemische Zusammensetzung nur
geringfügig von verbotenen Substanzen, haben die Ermittler keine Handhabe, zumal es immer schwieriger wird, ihnen auf die Spur zu kommen, wenn die Droge als vermeintlich harmloses Alltagsprodukt, wie etwa als Badezu-
satz, angepriesen wird.

Da der Drogenhandel und der Drogenkonsum sogenannte Kontrolldelikte sind, die durch regelmäßige Über-
prüfungen der Polizei überhaupt erst festgestellt werden,
gleichzeitig aber immer weniger Polizisten für die Kontrollen zur Verfügung stehen, droht hier ein massives Problem. Ohne Kontrolle keine Festnahme.

Das Verbrechen der Zukunft schon heute: Internetkriminalität

Drogenhandel ist typischerweise ein Verbrechen, das von organisierten Bandenstrukturen durchgeführt wird. Im Vergleich dazu erscheint die Cyberkriminalität zahlenmäßig fast harmlos. Doch das Besorgniserregende ist hier die Tendenz. So erhöhte sich die Zahl der Fälle von Cybercrime 2013 um 0,7 Prozent auf 64 426. Das BKA geht hier zudem von einem großen Dunkelfeld aus. Dass die Bedeutung angesichts der zunehmenden Digitalisierung des Alltags jemals zurückgehen wird, ist unwahrscheinlich. Wenn es gut läuft, lässt sich der Anstieg irgendwann stoppen.

Das unabhängige Center for Strategic and International Studies (CSIS-London) beziffert den weltweiten Schaden durch Cyber-Kriminalität auf 330 Milliarden Euro. In der Studie aus dem Juni 2014 kommt das CSIS zu dem Ergebnis, dass der Schaden durch Cybercrime, gemessen an der Wirtschaftsleistung, in keinem anderen Land so hoch sei wie in Deutschland – nämlich 1,6 Prozent des Bruttoinlandsprodukts.

2013 hat sich das Verhältnis der Deutschen zum Internet grundlegend verändert. Dokumente des ehemaligen US-Geheimdienstmitarbeiters Edward Snowden zeigten, dass Deutschland und speziell die Bundesregierung im Visier der amerikanischen Sicherheitsbehörden standen und wahrscheinlich immer noch stehen. Der US-Geheimdienst NSA interessierte sich dabei offenbar gleichermaßen für die persönlichen Daten von Millionen Bundesbürgern wie für das Handy von Bundeskanzlerin Angela Merkel. Und es war diese Spähattacke auf das Handy der Regierungschefin, die im Oktober für erhebliche Verstimmung zwischen den USA und Deutschland sorgte und US-Präsident

Barack Obama einen verärgerten Anruf von Kanzlerin Merkel einbrachte.

Unabhängig von der politischen Dimension machte der NSA-Skandal vor allem eines klar: Im Internet bleibt nichts verborgen. Wer ohne Absicherung durch das Netz surft, wird dort zum gläsernen Menschen. Ohne großen Aufwand können andere nachvollziehen, welche Websites besucht und welche Suchanfragen gestellt wurden. Telefongespräche über Internetdienste wie Skype können unbemerkt aufgezeichnet und über Jahrzehnte gespeichert werden. Das Gleiche gilt für E-Mails. Durch gefälschte Identitäten können sich Angreifer Zugang zu Konten verschaffen und so erheblichen finanziellen Schaden anrichten.

Für viele Deutsche waren die Dokumente von Edward Snowden ein Schock. Ihnen wurde erstmals bewusst, dass es im Internet so gut wie keinen Schutz der Privatsphäre gibt. Dabei sind Angriffe auf das private Handy oder den Computer für den jeweils Betroffenen zwar schlimm. Zielen die Taten aber auf größere Einheiten, um die Infrastruktur Deutschlands lahmzulegen, sind sie eine Katastrophe.

Welche Rolle die Polizei im Internet spielen soll, ist dabei noch nicht ganz klar. Dafür sorgt auch eine bislang schwammige strafrechtliche Definition, die fälschlicherweise davon ausgeht, dass sich Verbrechen im Netz klar von allen anderen unterscheiden ließen. Dabei wird allerdings übersehen, dass die Grenzen im Alltag fließend sind. Kaum ein Mensch würde das, was er mit Hilfe des Internets erledigt, als »virtuelle« und alles andere als »reale« Welt bezeichnen.

Doch die bisherige Ermittlungsarbeit der Polizei geht genau davon aus. So zählen als Cyberkriminalität in der Regel alle Fälle, die mit modernen Informations- und Kommunikationstechniken oder gegen diese begangen wurden, also unter anderem das Hacken von Daten, der illegale Zugang zu geschlossenen Netzwerken und Phishing-Seiten, über die Kontodaten ausspioniert werden. Hier hinkt Deutschland bislang noch hinterher. Wie sonst hätte den deutschen Sicherheitsbehörden entgehen können, in welch enormem Umfang Politiker und Privatpersonen von ausländischen Geheimdiensten abgehört wurden. Auch die 16 Millionen gehackten E-Mail-Accounts und Passwörter gaben Anfang 2014 den Deutschen ein Gespür für die wahre Dimension des Problems. Erst seit kurzem werden Strukturen geschaffen, um mit der wachsenden Bedrohung mitzuhalten. Im Juni 2011 eröffnete das Nationale Cyber-Abwehrzentrum in Bonn. Unter der Leitung von Michael Hange sollen von hier aus die sogenannten Cyberangriffe verhindert werden. Dabei müssen sie vor allem den großflächigen Schutz der Bevölkerung im Blick haben. So schätzen die Experten unter anderem ein, wie realistisch beispielsweise ein Hacker-Angriff auf einen Flughafen und das zugehörige Flugroutensystem ist – und wie er verhindert werden kann. Solche nationalen Abwehrstrategien von Cyberattacken sind ihre Hauptaufgabe. Sie selbst versuchen gar nicht erst, die Angreifer zu fassen, das übernehmen dann gegebenenfalls die Sicherheitsbehörden. Das Cyber-Abwehrzentrum soll die Angriffe nur untersuchen, um die Motive und Vorgehensweise der Täter ergründen zu können.

Bei der offiziellen Einweihung im Juni 2011 hatte das Cyber-Abwehrzentrum in Bonn gerade mal zehn Mitarbeiter. Zwar kamen wenige Wochen später weitere Spezialisten unter anderem von Bundespolizei, Bundesnachrichtendienst und Bundeskriminalamt dazu. Von Fall zu Fall unterschiedlich arbeiten bis zu 100 Sicherheitsexperten – meist von anderen Behörden – in dem Zentrum. Doch die geringe Kernpersonalstärke zeigt, dass Deutschland bei der Cyber-Abwehr noch ganz am Anfang steht, zumal die Mitarbeiter des Zentrums sofort alle Hände voll zu tun hatten. Im Schnitt registrieren sie täglich drei bis fünf Angriffe auf das Regierungsnetz in Deutschland. Rein rechnerisch macht sich alle zwei Sekunden ein neues Schadprogramm bemerkbar. Das sind mehr als eine Million pro Woche. Dazu gehören Viren, die sich in das Computersystem einschleusen und Hard-, Software oder das Betriebssystem unwiderruflich zerstören, ebenso wie Trojaner. Letzteres sind auf den ersten Blick harmlos anmutende Computerprogramme, die aber in Wahrheit eine andere Funktion haben und auf dem Computer vom Nutzer unbemerkt Schaden anrichten.

Laut der Polizeilichen Kriminalstatistik nimmt die Internetkriminalität in Deutschland stark zu und befindet sich erneut auf einem Rekordhoch. Was viele unterschätzen: Die Täter sind längst keine ausgewiesenen Computerexperten mehr. Um über das Internet jemanden anderen Schaden zuzufügen, muss man kein Informatiker mehr sein. Der damalige Bundesinnenminister Hans-Peter Friedrich warnt 2012 in dem Zusammenhang vielmehr vor organisierten Kriminellen, »die die Schadsoftware einfach kaufen können«. Er geht dabei davon aus, dass die Angriffe aus dem Internet in den kommenden Monaten und Jahren noch deutlich zunehmen werden. Sowohl Firmen als auch Privatpersonen müssten sich darauf einstellen, dass Angreifer versuchen, Daten zu verändern und in Computersysteme einzudringen. Während Konzerne sich dieser Gefahr in aller Regel bewusst sind, wird sie von kleinen und auch mittelständischen Unternehmen bislang oft noch unterschätzt. Dabei werden sie immer häufiger das Ziel von gezielter Industriespionage aus dem Ausland.

Doch so sinnvoll das Cyber-Abwehrzentrum auch ist, ändert es nichts daran, dass die Polizei auf das Tatfeld und das Tatmittel noch nicht ausreichend vorbereitet ist. Die Lage wird auch nicht grundlegend besser, wenn einzelne Bundesländer wie Bayern begonnen haben, eigene Internetkriminalisten auszubilden, die sogenannten Cybercops. Bayern ist damit aber zumindest schon einmal das grundlegende Problem angegangen und reagiert auf die neue Lebenswirklichkeit der Bürger, für die das Internet längst zu ihrem Alltag dazugehört. Diese Cybercops sind nämlich bereits IT-Experten und durchlaufen ihre Ausbildung zum Polizisten in nur einem Jahr im Schnelldurchgang. Dabei lernen sie vor allem die gesetzlichen Hintergründe kennen und setzen sich mit dem Polizeiaufgabengesetz auseinander. Alles andere bekommen sie dann von erfahrenen Kollegen während des Einsatzes vermittelt. Genau darin liegt auch der entscheidende Unterschied zu IT-Experten im Polizeidienst anderer Bundesländer. Die Cybercops in Bayern sind als Polizisten im Einsatz, andere IT-Experten, die im Auftrag der Polizei im Netz »unterwegs« sind, müssen einen Polizisten heranziehen, sobald beispielsweise vor Ort ermittelt und eine Hausdurchsuchung eingeleitet werden soll.

Bleibt das grundlegende Problem, dass sich die Polizei bislang nicht an die veränderte Lebenswirklichkeit angepasst hat, in der das Internet ganz selbstverständlich zum Alltag der Bürger dazugehört. Sie zeigt zu wenig Präsenz im Netz und nutzt bislang kaum soziale Netzwerke, um Bürger aktiv zur Mithilfe anzuregen – etwa bei Fahndungsaufrufen. Laut dem EU-Projekt COMPOSITE (englisch: Comparative Police Studies in the EU) hat die Polizei in Deutschland 2012 gerade mal 19 angemeldete Konten in sozialen Netzwerken. Spanien kommt dagegen im Vergleich auf 102 Accounts, die Niederlande sogar auf 718. Vor allem Großbritannien zeigt bereits, wie gut sich das Internet für die Polizeiarbeit nutzen lässt. Dort kommunizieren einzelne Polizisten direkt mit den Bürgern über Facebook oder den Kurznachrichtendienst Twitter. Dabei informieren sie ihre Follower über aktuelle Warnungen und Suchanzeigen oder geben allgemeine Informationen zu polizeilichen Lagen. Laut der Studie hat dies den positiven Nebeneffekt, dass sich durch die engere Verbindung und den direkten Austausch auch das Vertrauensverhältnis zwischen Polizei und Bürger verbessert. Sollte es zu einer großen Gefährdungslage wie etwa bei Unruhen oder terroristischen Anschlägen kommen, wäre dies außerdem ein einfaches Mittel, um schnell mit einer großen Masse an Menschen in Kontakt zu treten.

Ein erster Schritt in diese Richtung wäre es bereits, Polizisten mit dienstlichen Smartphones oder Tablet-Computern auszustatten. So könnten sie während ihres Einsatzes oder der ganz normalen Streife bereits online Präsenz zeigen und dem Bürger vermitteln »Wir sind da!«.

In den kommenden Jahren wird mit der zunehmenden Digitalisierung also ein Angreifer immer mehr Macht bekommen, gegen den die Polizei so gut wie machtlos ist. Denn er tritt nicht selbst als Person auf, sondern dringt über Computer und Mobiltelefone in unser Leben ein. Im jüngsten Bundeslagebild des BKA zu »Cybercrime« aus dem Jahr 2012 heißt es zur Definition der Taten: »Cybercrime umfasst die Straftaten, die sich gegen das Internet, weitere Datennetze, informationstechnische Systeme oder deren Daten richten.

Cybercrime umfasst auch solche Straftaten, die mittels dieser Informationstechnik begangen werden.« Hinter den Angriffen stecken zum einen Hacker und Kriminelle mit einem spezialisierten Wissen über IT-Technik und Schadsoftware. Zum anderen werden laut »Verfassungsschutzbericht 2012« hinter vielen Attacken inzwischen auch staatlich organisierte Angriffe und sogar Industriespionage vermutet. Davon ist natürlich auch die deutsche Wirtschaft betroffen, der durch Spionage jedes Jahr ein geschätzter Schaden in Milliardenhöhe entsteht. Dahinter stehen nach Einschätzung des Verfassungsschutzes vor allem die Geheimdienste Chinas und Russlands. Diese schicken nicht mehr nur als Praktikanten oder Doktoranden getarnte Spione gezielt in deutsche Firmen, um dort Informationen über Techniken und Arbeitsweisen zu bekommen. Die Geheimdienste nutzen zunehmend auch das Internet, um etwa über soziale Netzwerke wie Facebook in Kontakt mit Mitarbeitern bestimmter Firmen zu treten und auf diese Weise an Informationen heranzukommen.

Viele Firmen in Deutschland werden auch von Cyberkriminellen erpresst. Erst dringen sie unerkannt in die IT-Systeme deutscher Firmen ein und stehlen dann entweder brisante Daten, nur um sie an die Firmen für ein hohes Lösegeld zurückzuzahlen, oder sie legen die IT-Netze mit Schadsoftware lahm und erpressen die Unternehmen anschließend. Die meisten zahlen lieber, anstatt sich an die Sicherheitsbehörden zu wenden. Trotzdem versucht das »Bundesamt für Sicherheit in der Informationstechnologie« (BSI) der deutschen Wirtschaft beratend zur Seite zu stehen. Die Angst vor einem Imageschaden für den Fall, dass der IT-Angriff öffentlich wird, kann das BSI den Unternehmen aber nicht nehmen.

Aber was für die großen Unternehmen gilt, gilt natürlich auch für den ganz normalen Bürger. Die PKS-Zahlen und das Bundeslagebild »Cybercrime« belegen diesen

Trend und zeigen: Auch in Deutschland nehmen die Verbrechen im Internet weiter zu. Mit 64 426 Fällen hat die Cyberkriminalität in Deutschland einen Höchststand erreicht. Dazu zählen wie eben beschrieben alle Straftaten, bei denen ein Computer beschädigt wurde oder Daten ausgespäht, abgefangen oder verändert werden. Die Kriminalstatistik holt jedoch weiter aus und erfasst neben der Cyberkriminalität grundsätzlich alle Straftaten, die mit Hilfe »des Tatmittels Internet« begangen worden sind. Das waren 2013 laut PKS 257 486 Fälle (2012: 229 408 Fälle) – ein Anstieg um 12,2 Prozent. Nimmt man das Jahr 2007 (179 026 Fälle) als Ausgangspunkt, hat sich diese Zahl seither um 44 Prozent erhöht. Die Polizei geht hier zusätzlich von einer erheblichen Dunkelziffer aus, die wesentlich größer sein dürfte als in anderen Verbrechensfeldern. Denn viele Firmen bringen Angriffe auf ihr Netzwerk gar nicht zur Anzeige, damit von dem Vorfall nichts nach außen dringt. Sie fürchten, dass damit eine Rufschädigung einhergehen könnte und Kunden das Vertrauen in ihre Produkte und Dienstleistungen verlieren könnten. Aus diesem Grund wird zurzeit sogar eine gesetzliche Meldepflicht für Internetangriffe erwogen.

Der größte Teil der Fälle waren dabei Betrugsdelikte, also beispielsweise im Internet bestellte, aber dann nicht bezahlte Waren. Ihr Anteil machte 70,2 Prozent aus (180 826 Fälle). Den Spitzenplatz unter den Betrugsdelikten belegte 2013 mit 26,4 Prozent der Warenbetrug (2012: 23,6 Prozent). Der Computerbetrug machte 2013 rund 7,0 Prozent aller mit dem Tatmittel Internet begangenen Straftaten aus (2012: 8,2 Prozent). Hier sind die Fallzahlen von 18 829 im Jahr 2012 auf 18 018 im Jahr 2013 sogar gesunken.

Einen Anstieg gab es bei der Verbreitung pornografischer Schriften über das Internet. Sie macht laut PKS 2,6 Prozent der mit dem Tatmittel Internet begangenen Straftaten aus. Ihre Zahl stieg von 5031 auf 6597 Fälle. Einen Rückgang verzeichnet die PKS hingegen beim Ausspähen und Abfangen von Daten. Hier sind die Zahlen von 13 739 Fällen im Jahr 2012 auf 13 348 Fälle in 2013 gesunken. Sie machen damit einen Anteil von 5,2 Prozent an allen Straftaten, die mit Hilfe des Internets begangen worden sind, aus (2012: 6,0 Prozent).

Im Jahr 2013 ist laut PKS auch die klassische Computerkriminalität um 1,0 Prozent und damit auf insgesamt 88 722 Fälle angestiegen. Die Zunahme der Fallzahlen geht dabei vor allem auf »die Fälschung beweiserheblicher Daten und Täuschung im Rechtsverkehr bei der Datenverarbeitung« zurück. Hier gab es 2013 ein Plus von 14,5 Prozent auf 9779 Fälle. Auch die drastisch gestiegenen Fälle bei der Datenveränderung und der Computersabotage tragen zur Ausweitung der Computerkriminalität bei. Hier gab es mit 12 766 Fällen eine Erhöhung um 17,6 Prozent.

Die Sicherheitsbehörden stehen dem Phänomen Cybercrime zwar nicht wehrlos gegenüber, aber die Bekämpfung der Verbrechen, vor allem aber ihre Aufklärung ist schwierig. Insgesamt ist die Aufklärungsquote um 1,2 Prozentpunkte auf 25,3 Prozent zurückgegangen. Im Phänomenbereich »Datenveränderung und Computersabotage« ist die Aufklärungsquote sogar um 8,3 Prozentpunkte auf 9,2 gesunken. 2012 lag sie noch bei 17,5 Prozent.

Diese Zahlen zeigen, wie dringend hier gehandelt werden muss. Polizisten müssen besser ausgebildet und mit modernen technischen Geräten ausgestattet werden. Gleichzeitig braucht die Polizei speziell ausgebildete IT-Beamte, um Cyberkriminalität gezielt bekämpfen zu können. Dass das Phänomen von selbst verschwinden wird, kann keiner ernsthaft glauben.

Im Gegenteil: Die Internetkriminalität wird in den kommenden Jahren deutlich zunehmen, da immer mehr Menschen auch mobil im Netz unterwegs sind und Computertechnik inzwischen alle Lebensbereiche erfasst.

Vier Fakten zur Cyberkriminalität in Deutschland machen die Dimension der künftigen Bedrohung deutlich: (1) Rund 200 000 Computerviren (Trojaner, Phishing-E-Mails etc.) werden im Schnitt jeden Tag in Umlauf gebracht. (2) Laut den Sicherheitsexperten der Deutschen Telekom ist einer von vier deutschen Rechnern mit Viren »infiziert«. (3) Laut einer Umfrage der IHK Nord geben nur sechs Prozent der davon betroffenen Unternehmen Informationen über die Cyberattacken an die Polizei weiter. (4) Internetkriminelle richten laut Bundeskriminalamt weltweit einen höheren finanziellen Schaden an als die Verkäufer von Kokain, Heroin und Marihuana zusammengenommen.

Die Fehler von gestern: Rechtsextremismus

Mit dem Internet gibt es jetzt auch eine besonders effektive Plattform für die rechte Szene in Deutschland, um Andersdenkende einzuschüchtern und ihren Widerstand zu brechen. Sie zeigen dort Fotos ihrer Gegner und veröffentlichen private Informationen wie etwa ihre Anschrift, um sie einzuschüchtern. Besonders häufig trifft es Anhänger der linken Szene und linker Parteien. Zwei Beispiele: Das Jugendhaus der SPD-nahen Falken in Berlin wurde bereits zweimal angezündet, nachdem es auf rechten Hetzseiten aufgetaucht war, einmal waren sogar noch Kinder darin. Bei einem Bezirkspolitiker der Linkspartei, der sich offen für den Kampf gegen die rechte Szene einsetzt, wurden nach entsprechender rechter Hetzpropaganda im Netz die Scheiben eingeworfen.

Soziale Netzwerke spielen in der rechtsextremen Szene eine immer wichtigere Rolle, um neue Anhänger zu gewinnen. Zwar können sie dort nicht direkt ihre Propaganda loswerden, weil sie dann gesperrt werden können. So wurde beispielsweise die Facebook-Seite der Jungen Nationaldemokraten (JN), der Jugendorganisation der NPD, von dem Internetdienst gelöscht. Doch nutzen Rechtsextreme Facebook, um Hemmschwellen von Unentschlossenen abzubauen, indem sie sich als Mitglied einer vermeintlich »coolen und spannenden Bewegung« präsentieren. Sie geben sich nicht auf Anhieb klar zu erkennen, sondern spielen mit Vorurteilen gegen Mitbürger aus dem Ausland. Oder sie verwenden auffällig oft Begriffe wie »Heimat« und »Tradition«, um sich von anderen abzusetzen. Auch der Kurznachrichtendienst Twitter wird von Rechtsextremen genutzt, um sich zu Aktionen zusammenzuschließen und Hassparolen zu verbreiten.

Laut einer Untersuchung der Bundeszentrale für politische Bildung gab es 2012 rund 7000 rechtsextremistische Angebote im Internet. 5500 davon spielten sich in sozialen Netzwerken ab. Im Vergleich zum Vorjahr ist das ein Anstieg um ein Drittel. Die größte Rolle spielten dabei Facebook, Twitter und zunehmend auch YouTube.

Neben dem Internet ist Musik das vermutlich wirkungsvollste Mittel, um Jugendliche an die rechte Szene zu binden. Wenn die CDs im Untergrund produziert und (sehr oft auf Schulhöfen) verteilt werden, haben die Sicherheitsbehörden kaum eine Chance, das zu verhindern. Selbst wenn die Texte der darauf enthaltenen Lieder den Straftatbestand der Volksverhetzung erfüllen.

Rechtsextremismus ist dabei kein Problem bestimmter

Bevölkerungsschichten, sondern ist in der Gesellschaft verbreiteter als gedacht. Fast jeder zehnte Deutsche kann sich mit der Ideologie der rechten Szene teilweise oder ganz identifizieren. Zugrunde liegt der Gedanke, dass eine bestimmte »Rasse« oder Volksgruppe allen anderen überlegen sei. Wer nicht dazugehört, wird ausgegrenzt und im schlimmsten Fall mit Gewalt verfolgt. Für Neonazis reichen dabei oft schon Kleinigkeiten, um mit brutaler Gewalt zu reagieren. Das musste ein Minderjähriger im Berliner Stadtteil Britz erleben. Er war Mitglied der SPD-nahen Jugendorganisation »Sozialistische Jugend Deutschlands – Die Falken«. Als er von einer Gruppenstunde kam und das T-Shirt seines Jugendzentrums trug, geriet er ins Visier Rechtsradikaler. Sie beobachteten, wie der Jugendliche einen eigenen Aufkleber über einen Nazi-Aufkleber an einer Laterne klebte. Daraufhin schlugen sie ihn so brutal zusammen, dass er im Krankenhaus behandelt werden musste. Doch damit war der seelische Terror für ihn jedoch nicht vorbei. Als der Jugendliche wieder zu Hause war, standen Neonazis vor seinem Haus, um ihn zu bedrohen. Damit war klar: Sie wissen, wo er wohnt. Und das genügt, um den Jugendlichen auf Dauer zu ängstigen, wenn er das Haus verlässt.

Nicht immer geben sich Neonazis auch klar zu erkennen. So gibt es eine ganze Reihe geheimer Codes, hinter denen sich nationalsozialistisches Gedankengut verbirgt. Dazu gehört etwa die Zahl 88, die für »Heil Hitler« steht. Oder die Zahl 18. Sie repräsentiert den ersten (A) und achten Buchstaben (H) im Alphabet und gilt als Abkürzung für Adolf Hitler. Sie werden von Anhängern der rechten Szene häufig auf vermeintlichen Sporttrikots getragen oder sogar auf die Haut tätowiert. Andere Zeichen wie etwa die »Schwarze Sonne« dienen dazu, das Hakenkreuz als Botschaft zu transportieren. Es setzt sich aus drei Hakenkreuzen und zwölf Sig-Runen zusammen. Nur auf den ersten Blick wirkt es wie ein harmloses Ornament. Doch harmlos ist in der rechten Szene in Deutschland nichts.

Im November 2011 wurde eine rechte Mordserie bekannt, die das Vertrauen in die Funktionsfähigkeit der deutschen Sicherheitsarchitektur grundsätzlich in Frage stellte. Die geheime Terrorzelle Nationalsozialistischer Untergrund (NSU) hatte zwischen 2000 und 2007 acht türkischstämmige und einen griechischen Kleinunternehmer ermordet. Zu den Opfern zählte auch eine Polizistin, die während ihres Dienstes erschossen wurde. Die Mitglieder der Gruppe einten ihr rechtsextremes Weltbild und die Bereitschaft zur Gewalt bis hin zum Mord.

Wie viele Verbrechen die rechtsextreme Gruppe noch begangen hat, stand zum Zeitpunkt der Veröffentlichung des Buches noch nicht genau fest. Auch die Zahl der Unterstützer ist nicht eindeutig bekannt. In Sicherheitskreisen geht man davon aus, dass die NSU bis zu 200 Anhänger und Sympathisanten in der rechtsextremen Szene hatte. Der im Mai 2013 begonnene Prozess gegen das NSU-Mitglied Beate Zschäpe soll hier Klarheit bringen. Doch die Angeklagte schweigt. Und der Selbstmord der beiden NSU-Mitglieder Uwe Böhnhardt und Uwe Mundlos verhindert zusätzlich, dass jemals Klarheit über mögliche Unterstützer der Zwickauer Terrorgruppe herrschen wird.

Den deutschen Sicherheitsbehörden wurden im Zusammenhang mit Ermittlungen zur NSU-Mordserie schwere Fehler vorgeworfen und erhebliche Vorhaltungen gemacht, sogar bis hin zur Vertuschung und Verstrickung in die rechtsextreme Mordserie. Der frühere Präsident des Bundesverfassungsschutzes, Heinz Fromm, sowie zahlreiche hochrangige Mitarbeiter des Verfassungsschutzes auf

Landesebene mussten ihren Hut nehmen. Im Abschlussbericht der Bund-Länder-Kommission »Rechtsterrorismus« kam die Expertengruppe zu dem Ergebnis, dass
»eine Reihe von Sicherungsfunktionen im System versagt«
habe. In Bezug auf die Polizei empfiehlt die Expertengruppe,
dass die Zusammenarbeit mit dem Verfassungsschutz
»weiter intensiviert werden« müsse, »um das Gefähr-
dungspotenzial von extremistischen/terroristischen Personen und Gruppierungen frühzeitig zu identifizieren und in
gemeinsamer Abstimmung darauf reagieren zu können«.
Hauptursache für die schlechte Abstimmung und Zusammenarbeit zwischen Polizei und Verfassungsschutz ist laut
der Untersuchung ein »Trennungsgebot in den Köpfen gewesen«. Diese Kopfsperre, wie sie in dem Bericht genannt
wird, müsse abgebaut werden. Stattdessen sollen die beiden Sicherheitsorgane ein gemeinsames Verständnis »von
Verantwortung für die Sicherheit« entwickeln. An der
Stelle muss die Wortwahl genau beachtet werden. Denn an
dem grundsätzlichen Trennungsgebot zwischen Polizei
und Verfassungsschutzbehörden soll weiterhin nichts verändert werden. Wieso das eine wichtige Erfahrung aus der
deutschen Vergangenheit ist und nur mit den spezifischen
Erfahrungen der deutschen Geschichte im Dritten Reich
erklärt werden kann, wird im zweiten Kapitel im Zusammenhang mit dem Aufbau der Polizei deutlich.

Ein Hauptproblem im Umgang mit der Terrorzelle NSU
war, dass Informationen zu spät oder nur unvollständig
zwischen den Behörden ausgetauscht wurden. Ansonsten
hätte schon viel früher ein Muster hinter den Anschlägen
erkannt werden können. Für die Polizei lautet die Lehre
daraus ganz klar, dass die ermittelnden Beamten alle Informationen auch dahingehend prüfen sollen, ob sie für ande-

re Behörden oder Strafverfahren relevant sein könnten. Zudem empfiehlt die Innenministerkonferenz, dass darauf genauso wie auf die »Klarheit der übermittelten Inhalte« in der Aus- und Fortbildung für den Polizeidienst künftig besonders geachtet werden soll. Auf diese Weise soll verhindert werden, dass sich solch ein Ermittlungsskandal wiederholt. Für die Opfer des NSU kommt diese Einsicht hingegen zu spät.

In einem Positionspapier zum »Rechtsextremismus: Eine anhaltende Gefahr für die Demokratie umfassend bekämpfen« warnt die Gewerkschaft der Polizei im März 2012 – also ein halbes Jahr nach dem Auffliegen der NSU-Mordserie: »Nirgendwo sonst in der Bundesrepublik als in den fünf neuen Bundesländern hat sich die rechtsextreme und neonazistische Subkultur so stark etabliert.« Der Einfluss rechter Parteien und Gruppierungen präge zunehmend das »politische und aber auch alltägliche Bild im Osten Deutschlands«. Dabei sei es eine ernstzunehmende Gefahr, dass »ländliche Strukturen auch wegen des häufig damit verbundenen Rückzugs demokratischer Akteure für eine rechtsextreme Subkultur besonders anfällig sind«. Das führt laut GdP zu einer gefährlichen Entwicklung: »Gerade in ländlichen und kleinstädtischen Bereichen droht in den Abend- und Nachtstunden die Übermacht an jungen Menschen mit rechtsextremen Überzeugungen. In einigen Gegenden ist diese Übermacht Realität.« Die Gewerkschaft der Polizei warnt daher in ihrem Positionspapier davor, dass ein weiterer Personalabbau im ländlichen Bereich im Osten dazu führen könnte, dass »eine rechtsextreme Subkultur« sich in Teilen Ostdeutschlands als »Herrschaftsmacht selbst wahrnimmt«. Die GdP warnt: »Die Polizei will keine ›braune Übermacht‹ wegen Personalmangels erdulden müssen.«

Heute ist der weitere Personalabbau bei der Polizei im Osten – vor allem in Sachsen, Sachsen-Anhalt und in Brandenburg – bereits beschlossene Sache.

Eine Herausforderung für den deutschen Rechtsstaat: internationale Konflikte

Angekündigt war die Veranstaltung als Kulturfest. Doch was sich am 8. September 2012 in Mannheim abspielte, stellte selbst für erfahrene Polizisten eine neue Dimension der Gewalt dar. Einige Tage zuvor hatten 150 Kurden einen Demonstrationszug von Straßburg nach Mannheim gestartet. Die Polizei rechnete mit gewalttätigen Auseinandersetzungen und war vor Ort, als die Gruppe auf dem Maimarktgelände ankam. Was die Beamten nicht wussten oder unterschätzt hatten, war, was sich zwischenzeitlich in sozialen Netzwerken wie Facebook zugetragen hatte. Dort hatten Teilnehmer des »Festivals« zur Gewalt gegen die Polizisten aufgerufen. Für sie war die Anwesenheit der Polizisten eine reine Provokation. Im Internet hatten sie die Stimmung angeheizt, indem sie von vermeintlichen Todesfällen aufseiten der Kurden und Ausschreitungen der deutschen Staatsmacht berichteten. Junge Männer bewarfen die Polizisten mit Steinen und allem, was sie zu fassen bekamen. Nur mit Mühe konnten sich die Polizisten zurückziehen und sich selbst und verletzte Kollegen in Sicherheit bringen. 73 Beamte wurden im Laufe des Tages in Mannheim verletzt, zahlreiche Polizeiautos beschädigt.

Das Erschreckende an diesem Vorfall: Eine kleine Gruppe zu äußerster Gewalt bereiter Männer hat es hier geschafft, ein Festival mit 40 000 Teilnehmern aufzuwiegeln und eine Situation zu erzeugen, die für die Polizei zeitweise völlig außer Kontrolle geraten war. Rund 100 Angreifer gelten als PKK-Aktivisten. Sie sorgten dafür, dass ein internationaler Konflikt, der hauptsächlich die türkische Regierung in Ankara und die kurdische Minderheit in der Türkei betrifft, mitten in Deutschland ausgetragen wurde und unschuldige Bürger und sie schützende Polizisten in Gefahr gerieten.

Was sich 2012 in Mannheim abspielte, ist allerdings nur die spontane gewalttätige Spitze eines neuen Phänomens, das sich ansonsten von der Gesellschaft weitgehend unbemerkt ausbreitet. Der deutsche Rechtsstaat mit seinen Instanzen und rechtmäßigen Vertretern wird von einer immer größer werdenden Gruppe nicht mehr anerkannt. Nur selten zeigte sich dieser Hass auf den deutschen Staat aber bislang in so extremer Form wie bei dem vermeintlichen Kulturfest. Doch das verschleiert die wahre Dimension des zugrundeliegenden Problems, das sich daher weitgehend ungestört ausbreiten und verschlimmern kann.

In deutschen Großstädten entsteht vor allem in muslimisch geprägten Vierteln eine Paralleljustiz, die nach Einschätzung von Kriminalbeamten in den kommenden Jahren noch an Bedeutung zunehmen wird. Das auf demokratischen Strukturen basierende deutsche Rechtsverständnis wird dabei außer Kraft gesetzt. Stattdessen wird von sogenannten Friedensrichtern ein Recht gesprochen, das sich meist an religiösen Vorgaben oder sonstigen bandeninternen Regeln orientiert. Anhand dieser Definition wird klar, dass es sich hierbei nicht um ein Phänomen handelt, das nur innerhalb einer muslimisch geprägten Gesellschaft vorkommt, sondern überall dort, wo bestimmte Gruppen, etwa aus der organisierten Kriminalität, das Sagen übernommen haben. Dazu gehören auch Rockerbanden oder

Mafiaclans. Ihnen allen ist gemeinsam, dass der Staat als Rechtssprecher verdrängt und die Angelegenheit lieber untereinander geklärt wird.

Innerhalb des islamischen Kulturkreises berufen sich die Friedensrichter auf eine mehr als 3000 Jahre alte Tradition. Im Codex Hammurapi aus dem 18. Jahrhundert vor Christus waren bereits Rechtsschriften enthalten, auf die sich die Scharia – die islamische Rechtsprechung – heute noch bezieht. Entweder darf das Opfer die Tat vergelten, also Rache nehmen, oder es erfolgt eine Schlichtung. Dabei erhält das Opfer als Wiedergutmachung eine bestimmte Geldsumme. In früheren Jahrhunderten waren es dagegen meist Lebensmittel, Vieh oder Schmuck. An dieser rechtsstaatswidrigen Art des Islam, Konflikte zu lösen, halten einige Muslime auch in Deutschland bis heute fest.

Das wäre noch akzeptabel, wenn sich die Schlichtung auf kleinere Fälle oder Nachbarschaftsstreitigkeiten beschränken würde. Doch in bestimmten Vierteln von Berlin, Bremen oder Dortmund drängt die Scharia häufig den deutschen Rechtsstaat zur Seite. Recht spricht dort nicht ein Richter, sondern ein Imam. Dabei beruft er sich nicht auf ein Gesetzbuch, sondern allein auf den Koran. Die Polizei kann dabei häufig gar nichts ausrichten, denn die Geistlichen gehen geschickt vor. Verurteilt er ein Mitglied seiner Gemeinde beispielsweise zu einer Geldstrafe, spricht er gleichzeitig keine direkte Drohung für den Fall aus, dass das Mitglied die Strafe nicht zahlt. Da es aber immer wieder vorkommt, dass genau diese Strafzahlungen von Clanmitgliedern der Gegenseite mit Gewalt eingefordert wurden, ist jedem Verurteilten der Ernst der Lage bewusst.

Grundsätzlich sieht die Scharia drei verschiedene Möglichkeiten vor, Streitereien zu lösen oder Verbrechen zu ahnden. So kann der Imam versuchen, zwischen den Familien des Täters und des Opfers zu schlichten und eine Versöhnung herbeizuführen. Eine andere Variante ist eine Geldstrafe, um den entstandenen Schaden wiedergutzumachen. Als dritter Weg, und das ist natürlich der gefährlichste, bleibt die Selbstjustiz. Dabei geht es vorwiegend darum, Rache für ein Verbrechen zu üben. In Deutschland hat jedoch der Staat das Gewaltmonopol inne. Selbstjustiz ist selbstverständlich verboten. Recht sprechen hier deutsche Richter und Gerichte. Die Anhänger der Scharia schreckt das allerdings nicht ab. Solange ihnen der Imam recht gibt, können sie aus ihrer Sicht und unter dem Deckmantel der Scharia auch gewalttätig gegen andere Clans vorgehen. Die im Koran vorgesehenen Strafen erstrecken sich dabei auch auf so barbarische Methoden wie das Abhacken einer Hand oder sogar Mord.

Bis zu 40 verschiedene arabische Großfamilien sind den Sicherheitsbehörden in Deutschland in diesem Zusammenhang bekannt (Welt am Sonntag, 10. 11. 13). Die größten Clans kommen auf bis zu 500 Mitglieder, von denen jeder unter einem besonderen Schutz steht. Sie verweigern sich in der Regel jeder Form von Integration in das deutsche Gesellschaftssystem und lehnen den deutschen Rechtsstaat ab. Jugendämter und Sozialarbeiter sind hier weitgehend machtlos. Erschwert wird die Eingliederung selbst der hier geborenen Familienmitglieder durch die hohe Zahl an Kindern. Viele Mütter bekommen schon als Jugendliche ihr erstes Baby und ziehen häufig mehr als zehn Kinder groß. Ursprünglich handelt es sich bei den meisten arabischen Clans um libanesische Kurden aus dem Grenzgebiet zwischen Syrien und der Türkei. Viele von ihnen kamen zu Zeiten des Libanonkriegs in den siebziger Jahren als Flüchtlinge nach Deutschland. Da ihre Staatsangehörigkeit aber oft nicht eindeutig bestimmt werden kann, können Kriminelle selbst dann nicht abgeschoben werden, wenn sie der Polizei einschlägig bekannt oder schon häufig rückfällig geworden sind und damit als »Intensivtäter« gelten.

Weibliche Polizisten haben es beim Vorgehen gegen diese Clans besonders schwer. Sie werden oft gar nicht als Vertreter des deutschen Staates ernst genommen, die zur Durchsetzung von Recht und Ordnung bestimmt sind. Dass sie bei ihren Einsätzen, genauso wie ihre männlichen Kollegen, eine Polizeiuniform tragen, hilft ihnen in solchen Situationen auch nichts. Das Frauenbild vieler Clanmitglieder ist menschenverachtend und zutiefst frauenfeindlich und duldet keine weibliche Autorität.

Wie viele Fälle außerhalb der deutschen Gerichtsbarkeit von Scharia-Richtern in Deutschland gelöst werden, kann niemand genau beziffern. Integrationsbeauftragte und Innenexperten gehen davon aus, dass in muslimisch geprägten Stadtteilen durchschnittlich jede zehnte Straftat von der betroffenen Gruppe selbst geregelt wird. Die Polizei steht hier vor einem riesigen Problem. Dass sie die Zahl der Fälle nicht eindeutig festlegen kann, verdeutlicht geradezu ihre Hilflosigkeit. Sie hat keinen Zugang zu diesen Gruppen. Selbst wenn die Opfer teilweise durchaus ein Interesse daran hätten, dass ihre Angelegenheiten innerhalb des deutschen Rechtssystems geklärt werden, trauen sie sich nicht zu einem deutschen Anwalt, geschweige denn zu einem deutschen Gericht zu gehen. Sie haben dazu oft auch gar keine Möglichkeit, da das innerhalb ihres Clans als Verstoß gegen die Regeln der Gruppe angesehen wird und ihnen dadurch zusätzlicher Ärger bis hin zu brutaler Gewalt droht. Darunter leiden in besonderem Maße junge Mädchen und Frauen. Ihre Situation wurde durch ein neues Gesetz in Deutschland zuletzt sogar noch verschlimmert. Eine Ehe kann jetzt auch ohne Anwesenheit eines Standesbeamten geschlossen werden. Es reicht, wenn ein Kirchenvertreter die Trauung vornimmt. Dadurch haben Frauen die oft letzte Möglichkeit verloren, sich außerhalb ihres Clans gegen eine Zwangsverheiratung oder gegen Mehrfachehen zu wehren.

Zudem fehlt eine breit angelegte öffentlich Diskussion über dieses Phänomen. Wenn Polizisten in der Öffentlichkeit auf solche Fälle hinweisen, wird ihnen nicht selten unterstellt, Vorurteile gegenüber Ausländern schüren zu wollen und Einzelfälle wichtiger zu nehmen, als sie es in Wahrheit tatsächlich seien. Eine Besserung der Lage und klare Ansagen an Scharia-Richter sind nicht in Sicht.

Zwar hat die schwarz-rote Bundesregierung in ihrem Koalitionsvertrag zu dem Thema erklärt: »Wir wollen das Rechtssprechungsmonopol des Staates stärken. Illegale Paralleljustiz werden wir nicht dulden.« Doch passiert ist bisher nichts. Noch immer sprechen selbsternannte Friedensrichter in Deutschland Urteile an der deutschen Justiz vorbei und untergraben dadurch das Rechtssystem.

Nur wenige Politiker sprechen die Probleme in der gebotenen Offenheit auch tatsächlich an. Bayerns Innenminister Joachim Herrmann (CSU) hat eine klare Vorstellung davon, wie mit Friedensrichtern zu verfahren sei. Er forderte in der BILD-Zeitung harte Strafen für diese Form der »Amtsanmaßung«. Herrmann sagte: »Deutsche Richter dürfen nicht durch das Diktat krimineller muslimischer Clans und selbsternannter ›Friedensstifter‹ verdrängt werden. Recht sprechen noch immer unsere deutschen Gerichte und keine Scharia-Richter!« Hermann fordert daher »eine strenge Bestrafung für derartige Amtsanmaßung, die mit unserer deutschen Rechtsordnung nichts zu tun hat«.

Das Verbrechen geht neue Wege: Waffenkriminalität

Schusswaffen spielen bei Kriminellen in Deutschland eine große Rolle. Experten schätzen den illegalen Waffenbesitz in Deutschland auf 15 bis 20 Millionen Schusswaffen ein. Der legale Waffenbesitz in Deutschland ist hingegen deutlich niedriger. Nach der Einführung des zentralen Waffenregisters im Herbst 2011 konnte die Anzahl der legalen Waffen, die sich im Privatbesitz in Deutschland befinden, mit rund 6,5 Millionen Schusswaffen erstmals genau beziffert werden. Sie wurde zuvor viel höher eingeschätzt und mit rund zehn Millionen Waffen angegeben. Die legalen Waffen befinden sich in erster Linie im Besitz der rund 350 000 Jäger und 2,6 Millionen Sportschützen. Sie dürfen sie nur unter strengen Auflagen besitzen und verwenden. Die Gefahr, die daher vom legalen Waffenbesitz in Deutschland ausgeht, ist bis auf dramatische Einzelfälle relativ gering. Die Straftaten, die mit legal besessenen Waffen begangen werden, liegen im Promillebereich.

Anders sieht es bei den Straftaten aus, die mit illegal besessenen Schusswaffen begangen werden. Im BKA-Lagebild »Waffenkriminalität 2011« heißt es dazu: »Für die Betroffenen geht insbesondere mit dem illegalen Einsatz von Schusswaffen eine erhebliche Gefährdung für Leib und Leben einher.« Zwar gehen in Deutschland die Straftaten unter Verwendung von Schusswaffen seit Jahren leicht zurück, doch das macht die Gefahr, die besonders vom illegalen Waffenbesitz ausgeht, keineswegs kleiner. Wurden im Jahr 2009 noch 13 055 Straftaten unter Verwendung von Schusswaffen registriert, waren es im BKA-Lagebild »Waffenkriminalität 2012« 10 828 Fälle. Das ist ein Rückgang von 17 Prozent. Unterschieden wird dabei in der Kriminalstatistik zwischen den Fällen »Drohen mit der Schusswaffe« und »Schießen mit der Schusswaffe«. Im Jahr 2013 wurde in 4940 Fällen mit der Schusswaffe gedroht (2012: 5696 Fälle). Noch im Jahr 2012 wurde in 5132 Fällen mit der Schusswaffe auf »Personen oder Sachen« geschossen (2011: 5597 Fälle) – die Zahl der Schüsse hat also abgenommen.

Insgesamt sind Straftaten mit Schusswaffen sowie die Verstöße gegen das Waffengesetz laut BKA-Bundeslagebild 2012 »in der Langzeitbetrachtung rückläufig«. Das macht die Gefahren, die von Schusswaffen ausgehen, jedoch nicht kleiner. Das zeigt sich, wenn man auf die Verteilung der Straftaten auf verschiedene Deliktsbereiche blickt, in denen laut Bundeslagebild Waffenkriminalität im Jahr 2012 mit Waffen gedroht wurde. Den größten Teil – 56 Prozent – machen »Raub, räuberische Erpressung und räuberischer Angriff auf Kraftfahrer« aus. Danach folgen Fälle von »Bedrohung« (32 Prozent), »Körperverletzung« (fünf Prozent), »Nötigung« (zwei Prozent), »Straftaten gegen das Leben und die sexuelle Selbstbestimmung« (ein Prozent) sowie Straftaten gegen die persönliche Freiheit (ein Prozent) und sämtliche »sonstigen Straftaten« (drei Prozent).

Ein besonderes Sicherheitsrisiko geht inzwischen in der Waffenkriminalität auch von moderner Computertechnik aus. Dabei sind es nicht nur Computerviren und Schadsoftware, die deutschen Sicherheitsbehörden zu schaffen machen, es sind auch frei verfügbare 3D-Drucker, die zur wachsenden Gefahr für die öffentliche Sicherheit werden. Die Polizei steht auch diesen neuen Phänomenbereichen nahezu machtlos gegenüber und reagiert entsprechend nervös.

So warnt das BKA inzwischen in mehreren als vertraulich

eingestuften Papieren vor funktionsfähigen Schusswaffen,
die bei geringen Kosten mit Hilfe moderner 3D-Drucker in
Heimarbeit hergestellt werden können. Die entsprechenden Waffenbaupläne waren Anfang 2013 frei im Internet
erhältlich und wurden bis zu ihrer Indizierung weit über
100 000-mal heruntergeladen. Danach sorgten die Behörden dafür, dass die Konstruktionspläne nicht mehr ohne
weiteres frei und vor allem straffrei verfügbar sind.

Mitte Mai 2013 kamen die Spitzen der deutschen Geheimdienste, der Bundespolizei und des BKA zu einem Ge-
heimtreffen im Bundeskanzleramt in Berlin zusammen.
Bei der »Nachrichtendienstlichen Lage« (ND) ging es in
erster Linie um die möglichen Gefahren durch selbsther-
gestellte Faustfeuerwaffen aus modernen 3D-Druckern. In
der geheimen Runde referierte ein BKA-Waffenexperte unter dem Tagesordnungspunkt »Die Waffe aus dem 3D-
Drucker« über die neuesten Erkenntnisse der Sicherheitsbehörden zu Funktionsweise und möglicher Verbreitung
der illegalen Kunststoff-Drucker-Waffen. Die Runde war
von Staunen ergriffen.

Notwendig gemacht hatte das Spitzentreffen der Sicherheitsexperten in Berlin die Beharrlichkeit eines amerikanischen Studenten aus Texas. Cody Wilson hatte in mühsa-
mer Kleinarbeit und mit reger Unterstützung amerikani-
scher Waffennarren »eine Pistole aus Plastik erfunden, die
jeder Bürger mit einem 3D-Drucker herstellen kann. Sie ist
von Metalldetektoren nicht zu erkennen und in der Lage,
Menschen zu töten«, so das Magazin DER SPIEGEL
(23/2013) in einer Reportage über den Erfinder von dem
»Terror aus Plastik«.

Wieso wollte Wilson unbedingt eine Plastikwaffe erfin-
den? Im SPIEGEL gab er an, mit seiner Waffe »demokrati-
sche wie undemokratische« Regierungen demütigen und

eine »Revolution in Gang setzen« zu wollen. Und »sollten dabei Unschuldige ums Leben kommen, dann sei das hinzunehmen, denn ›immerhin ist die Freiheit als solche bedroht‹«, sagte Wilson. Seine Waffe sei der »Beweis dafür, dass Waffenkontrolle durch den Staat eine Illusion« sei. Die Konstruktionspläne für die Waffe, die Wilson vollmundig den »Liberator« (dt.: »Befreier«) nannte, verbreiteten sich rasant über das Internet. Die australische Polizei reagierte schließlich als erste Sicherheitsbehörde weltweit. Sie baute die Waffe mit einem handelsüblichen 3D-Drucker selbst nach und stellte das Video samt Waffentest bei YouTube ein. Das überraschende Fazit: Der »Liberator« kann töten, auch wenn der Schütze dabei selbst verletzt werden kann!

Auch der Waffenexperte des BKA bestätigte den besorgten Teilnehmern der eilig einberufenen ND-Lage im Kanzleramt im Mai 2013: »Die Feuerwaffen sind grundsätzlich funktionsfähig, weisen aber noch Unsicherheiten auf.« Schussfähige Waffen aus 3D-Druckern, so der Experte weiter, seien mit der frei erhältlichen Technik grundsätzlich »machbar«, aber bisher nur für die Verwendung »leistungsschwacher Munition« geeignet.

Die Zündungsenergie (d. h. der Gasdruck, der beim Verbrennen des Zündpulvers nach dem Abfeuern der Patrone entsteht und auf die Außenwand des Patronenlagers wirkt) und die entstehende Hitze bei der Verbrennung der Treibladung der Patrone (sie besteht aus Nitropulver), können Plastikwaffen beim Schuss vollständig zerstören. Genau das passierte dann auch bei der im Internet dokumentierten Versuchsanordnung der australischen Polizei. Der BKA-Mitarbeiter versicherte, dass die 3D-Waffen genau aus diesem Grund zurzeit grundsätzlich auch nur einmal verwendet werden könnten, da das Plastik nach dem ersten Schuss spröde zu werden drohe und bei einem weiteren Schuss explodieren könnte. Hochwertigeres Plastik und leistungsschwächere Kaliber könnten jedoch zu anderen Ergebnissen führen. Das BKA begann daraufhin die Wirkung der illegalen Schusswaffen aus modernen 3D-Druckern in einer streng geheimen Versuchsreihe zu testen. Fazit: Die Waffe funktioniert! Waffenentwickler Wilson trat in unzähligen Versuchsreihen ebenfalls den Beweis an und dokumentierte seine erfolgreichen Tests mit dem »Liberator« in mehreren Internetvideos. Das brachte auch aus Sicht der deutschen Polizei das Fass zum Überlaufen. Jetzt mussten die Spezialisten vom BKA erneut ran. Diesmal ging es darum, die Kollegen zu informieren. Der Auftrag ging an das Kriminalistische Institut (KI) des Bundeskriminalamts. Die Fachabteilung stellte deshalb in Windeseile für die wichtigen Stellen der Polizeien des Bundes und der Länder ein geheimes Informationsblatt mit dem Namen »Neue Technologien« zum Thema »›3D-Drucker‹ und ihre Bedeutung für die Polizei« (Kennnummer: KI 2/KI 21, Nr. 21, 05/13) zusammen.

Der Fachbereich KI 21 hat die Aufgabe, für das BKA neue Technologien, die für die Polizei künftig eine besondere Bedeutung haben könnten, zu identifizieren und zu bewerten. Dabei sind vor allem jene Technologien interessant, die zu kriminellen Zwecken missbraucht werden können. Das Kriminalistische Institut soll die Polizeibehörden also auf Augenhöhe mit der technischen Entwicklung halten und eine »ständige Anpassung der polizeilichen Arbeit« und eine »Früherkennung« sowie »rechtzeitige Sensibilisierung« für neue Gefahren ermöglichen.

Das KI-Papier zu 3D-Druckern war nur für den internen Gebrauch gedacht und sollte laut einem mit dem Thema befassten BKA-Mitarbeiter »nicht an die Presse weitergegeben werden«. Das hat seinen Grund, denn das Papier warnt explizit vor den Missbrauchsmöglichkeiten und dem »kriminogenen« (d. h. »die Kriminalität fördernden«) Potenzial der modernen 3D-Druck-Technik.

Sorge bereitet den BKA-Experten dabei vor allem, dass 3D-Drucker mittlerweile zu relativ niedrigen Preisen (mehrere hundert Euro) zu haben sind. Sie sind damit »massenmarkttauglich, also für den privaten Anwender ohne Werkstoffausbildung und ohne fundierte technische Kenntnisse nutz-, steuer- sowie erwerbbar und erschwinglich«. Sie haben laut BKA sogar das »Potenzial, analog zum Computer oder Smartphone, als alltäglicher Gegenstand Einzug in unsere Gesellschaft zu halten«.

In dem Papier kommt das BKA zu dem Schluss, dass es prinzipiell möglich sei, »Bauteile/-gruppen von Waffen mit einem 3D-Drucker auszudrucken. Allerdings müssen diese Teile in einem digitalen Format vorliegen, welches der 3D-Drucker verarbeiten kann.« Falls die Konstruktionsdaten nicht im Original vorliegen sollten, müssten die entsprechenden Einzelteile mit dem 3D-Scanner aufwendig eingescannt werden und mit einer Konstruktionssoftware (CAD-Software) rekonstruiert werden. Dies setze ein »konstruktionstechnisches Können voraus«.

Dass dies durchaus auch für den Laien möglich ist, hatte US-Waffennarr Cody Wilson mit seiner Plastikpistole »Liberator« zuvor bereits hinreichend bewiesen. Die Baupläne dafür hatte er gemeinsam mit anderen Aktivisten auf der Interseite »Defence Distributed« hochgeladen. Dort fanden sich unter anderem auch die Konstruktionspläne für ein extragroßes Plastikmagazin für ein amerikanisches Sturmgewehr, das laut dem BKA-Papier mit einer »größeren als der gesetzlich zulässigen Kapazität entwickelt« wurde.

Noch gibt es allerdings erhebliche Hindernisse auf dem Weg zur voll einsatzfähigen Plastikwaffe. Zum einen kranken die 3D-Drucker-Waffen noch an der Tatsache, dass sie aufgrund der verwendeten thermoplastischen Polymere nur »geringen mechanischen Belastungen standhalten«. Das bedeutet: Sie können bei der Verwendung zu starker Munition einfach explodieren. Zum anderen sind wirklich hochwertige 3D-Drucker noch immer sehr teuer.

Diese Anfangsprobleme werden dann ein Ende haben, wenn 3D-Drucker der neuesten Generation marktreif sind, die es erlauben, Waffenteile aus Keramik oder gar aus Metall nachzudrucken. Mit ihrer massenhaften Verbreitung würde dann natürlich auch die Gefahr steigen, dass 3D-Drucker tatsächlich den Nachbau voll funktionsfähiger und zuverlässiger Faustfeuerwaffen erlauben.

In dem BKA-Papier heißt es dazu: »3D-Druckverfahren werden sukzessive auf keramische und metallische Ausgangsstoffe ausgeweitet. Anlagen für direktes Metall-Lasersintern sind bereits käuflich zu erwerben. Sie fertigen Werkstücke durch Lasersintern vollautomatisch, werkzeuglos und direkt auf der Basis von elektronischen Konstruktionsdatensätzen. Dazu schmilzt ein mehrere hundert Watt starker Faserlaser feines Metallpulver und baut das Produkt Schicht für Schicht auf. Die Kosten hierfür sind noch erheblich.«

Doch das stört die Aktivisten von »Defence Distributed« laut BKA-Papier nicht: »Es ist allerdings erklärtes Ziel der Internetgruppe, eine druckbare Pistole (die sog. ›Wiki-Weapon‹) zu entwickeln, die Munition im Kaliber .22 LR verschießt, halbwegs genau trifft und mindestens einen Schuss abgeben kann, ohne dabei ›in der Hand zu explodieren‹.«

Für die Polizei hätte diese Entwicklung verheerende Folgen: Jedermann kann sich preisgünstig eine illegale Schusswaffe ausdrucken, die tödlich wirkt und von herkömmlichen Körper- und Gepäckscannern am Flughafen oder bei Sicherheitskontrollen an Fußballstadien und Großveranstaltungen nicht mehr entdeckt werden kann.

Ein Alptraum für jeden Sicherheitsexperten! André Schulz, Vorsitzender des Bundes Deutscher Kriminalbeamter (BDK) warnt: »Wenn es dazu kommt, dann gute Nacht! Wenn jeder seine eigene Waffe einfach ausdrucken kann, dann droht ein sicherheitspolitischer Alptraum, in dem niemand mehr sicher ist. Es kann nicht sein, dass die Polizei mit diesem Problem allein gelassen wird.«

Noch stehen dieser Entwicklung technische Details im Weg. »Waffenteile, die hohen mechanischen Belastungen ausgesetzt sind, wie z. B. Schlagbolzen, Verschluss, Patronenlager und Rohr bzw. Lauf, müssen nach dem gegenwärtigen Kenntnisstand nach wie vor aus Metall unter Zuhilfenahme von industriellen Werkzeugen und Maschinen, wie z. B. Drehbänken, CNC6-Fräsen und Pressen, gefertigt werden.« Und Metallteile fallen bei Sicherheitskontrollen natürlich auf.

Waffenexperten betrachten die Entwicklung trotzdem mit Sorge. So ist etwa Ingo Rottenberger, Geschäftsführer der Deutschen Versuchs- und Prüf-Anstalt für Jagd- und Sportwaffen e.V. (DEVA), der Auffassung, dass Waffen aus 3D-Druckern in absehbarer Zeit zu einem echten Problem werden könnten. »Ich schließe derzeit zwar aus, dass voll funktionsfähige Waffen aus Kunststoff, die für mehrere Schüsse taugen, mit 3D-Druckern hergestellt werden können. Doch das kann sich vielleicht mit Entwicklungen aus dem Bereich der Werkstofftechnik ändern. Momentan ist es so, dass der verwendete Kunststoff nicht die Eigenschaften von Laufstählen besitzt. Schon der Gasdruck eines

Schusses und die extreme Verbrennungstemperatur des
Treibladungspulvers von über 3000 Grad Celsius reichen
aus, dass der Lauf den Belastungen nicht standhält und
explodiert. Aber vielleicht ändert sich das, wenn andere
Werkstoffe mittels 3D-Drucker eingesetzt werden können, wie zum Beispiel hochfeste Kunststoffe oder gar Me-
talle«, sagt der gelernte Büchsenmachermeister und Ma-
schinenbauingenieur.

Selbst für einen Schuss reicht die bisher verfügbare 3D-
Drucker-Waffe »Liberator« nur beschränkt aus, so Rottenberger, selbst wenn dabei zum Beispiel nur das kleine,
leistungsschwache Kaliber .22 LR verwendet wird. Die
Aufnahmen und Versuche der australischen Polizeibehörden zeigen laut dem DEVA-Experten nämlich, dass mit der
Waffe zwar ein Schuss ausgelöst werden kann und dass das
Geschoss den Lauf in der anvisierten Schussrichtung auch
verlässt, doch die »ausgedruckte« Pistole war danach zer-
stört. »Trotzdem ist bereits die Möglichkeit für einen
Schuss ein Schuss zu viel«, sagt der Waffenexperte. Die
DEVA testet im Auftrag von Firmen und Privatpersonen
jede Art von Jagd- und Sportwaffen. Sie verfügt über jahr-
zehntelange Erfahrungen im Bereich der Innenballistik
(Gasdruckmessungen) und der Außen- und Zielballistik
von Geschossen. Die DEVA weiß also, wann Waffen gefährlich sind.

Das Risiko durch 3D-Drucker muss natürlich in erster
Linie die Polizei ausbaden. Wer künftig eine eigene Waffe
will, wird sie sich in nicht allzu ferner Zukunft zu Hause
ausdrucken können. Dabei ist es egal, ob der Kriminelle,
der die Waffe haben will, selbst einen 3D-Drucker besitzt,
denn laut BKA-Papier kann er sich entweder einen solchen
Drucker preiswert »leasen« oder seine Waffenteile schon
bald »zentral in Druck-Centern« durch die »Bestückung

der Drucker via Internet« und den »Versand des Aus-
drucks per Post an den Besteller« in unauffälligen Päck-
chen nach Hause kommen lassen. Die oft beschworenen
»amerikanischen Zustände« im Umgang mit Schusswaffen
wirken dagegen fast harmlos …

Trotz aller Gefahren, die durch eine mögliche massen-
hafte Verbreitung von 3D-Drucker-Waffen in Deutschland entstehen könnten, ist schon heute der Bau und Druck
von Waffen und wesentlichen Waffenteilen bei uns verboten. Das liegt an den restriktiven Bestimmungen des deutschen Waffenrechts, die zum einen im Waffengesetz, zum
anderen im Kriegswaffenkontrollgesetz geregelt sind. Danach sind laut BKA »nach deutschem Recht ›wesentliche‹
Waffenteile, also Patronenlager, Rohr, Verschluss, bei
Kurzwaffen auch das Griffstück, den Waffen gleichgestellt
und somit grundsätzlich auch kennzeichnungs-, also regis-
trierungs- und erlaubnispflichtig«.

Schon der Besitz funktionsfähiger Waffen und Waffenteile ist ohne Erlaubnisschein strafbar. Aber das hält Kriminelle in Zukunft natürlich ebenso wenig davon ab, sich
Waffen mit Hilfe eines 3D-Druckers nachzubauen, wie sie
es heute schon nicht davon abhält, sich echte Waffen illegal
auf dem Schwarzmarkt zu besorgen. Diese Gefahr ist derzeit auch noch deutlich größer.

»Eine Anzeige bringt doch eh nichts!«: Die Dunkelziffer des Verbrechens

Die Kriminalitätsstatistik allein reicht nicht aus, um eine
Aussage darüber zu treffen, wie sicher die Bürger sich fühlen. Im November 2013 veröffentlichte das Innenministe-

rium in Niedersachsen eine zu dem Zeitpunkt bundesweit
einzigartige Dunkelfeldstudie. In einem Fragebogen haben
fast 20 000 zufällig ausgewählte Bürger anonym Auskunft
darüber gegeben, ob sie selbst schon einmal Opfer von Verbrechen wurden und wie sie die Polizeiarbeit bewerten.
Solch eine umfassende Studie gab es zuvor nicht. In der
Polizeilichen Kriminalstatistik sind nur die Straftaten auf-
geführt, die entweder von den Bürgern angezeigt oder von
einem Polizisten beobachtet und folglich erfasst wurden.
Für die Polizei ist die Umfrage daher eine gute Basis, um
ihre Arbeit vor allem im Bereich der Prävention besser aus-
zurichten. Laut Niedersachsens Innenminister Boris Pistorius (SPD) ist ein solches Instrument dringend notwendig,
um eine »realitätsbezogene Beurteilung der Sicherheitslage« vornehmen zu können. »Die bloße Aufklärungsquote
sorgt ja nicht dafür, dass sich die Niedersachsen sicher fühlen«, so Pistorius. Sie müsse immer differenziert betrachtet
und im Kontext anderer Faktoren gesehen werden.

Laut den Rückmeldungen der befragten Bürger wurde
jeder dritte Bürger in Niedersachsen 2012 Opfer mindestens einer Straftat. Dabei ging es natürlich nicht immer um
extreme Fälle wie Raub, Körperverletzungen und Sexualstraftaten. Eine positive Erkenntnis der Studie ist, dass gerade solche schweren Delikte am seltensten bei der Befragung vorkamen. Neben Diebstahl wurden die Befragten
am häufigsten Opfer von Verbrechen, die im Zusammenhang mit der Nutzung technologischer Geräte stehen. Jeder Zehnte hat bereits eine solche Straftat erlebt. Das bestätigte den ohnehin schon vorherrschenden Eindruck,
dass es gerade bei der sogenannten Cyberkriminalität ein
sehr hohes Dunkelfeld gibt, das in der PKS nicht auftaucht.

Doch gerade das wird von vielen Bürgern unterschätzt.
Die meisten befürchten, dass in den kommenden Monaten

oder Jahren irgendwann bei ihnen eingebrochen oder ihnen auf eine andere Weise etwas von Wert gestohlen wird. In der Untersuchung bestätigte sich, dass ältere Menschen wie zuvor bereits beschrieben, im Allgemeinen seltener Opfer einer Straftat werden als jüngere. Doch die Studie offenbarte auch ein interessantes Detail. Diese Aussage gilt nicht für Wohnungseinbrüche. Davon sind ältere Menschen ebenso häufig betroffen wie jüngere. Blickt man auf die Gruppe der hochaltrigen Personen von über 80 Jahren, ist das Ergebnis noch deutlicher. Bei keiner anderen Altersgruppe wurde laut Dunkelfeldstudie häufiger in die Wohnung oder das Haus eingebrochen als bei den ältesten Mitgliedern unserer Gesellschaft.

Überraschend war auch, wie sehr sich die Bürger mittlerweile scheuen, nachts den öffentlichen Nahverkehr zu benutzen. Aus Angst vor Kriminalität steigt mehr als jeder Fünfte der Befragten abends nicht mehr in einen Bus, die Tram oder die U-Bahn ein.

Dazu tragen Fälle wie die brutalen Übergriffe und Raubüberfälle in öffentlichen Verkehrsmitteln bei. Dort sind zeitweise Banden unterwegs, die sich über den gesamten Zug verteilen. Sie arbeiten meist in Zweierteams. Während einer die Abteile abläuft und nachsieht, ob möglicherweise ein Sicherheitsdienst unterwegs ist, sucht ein anderer nach geeigneten Opfern. Auf diese Weise werden ganze Züge regelrecht ausgeraubt. Die Täter achten dabei darauf, dass sie sich nie zu lange in einem bestimmten Zug aufhalten. Besonders gefährdet sind Passagiere, die beispielsweise ihren iPod oder einen MP3-Player offen bei sich tragen oder mit einem teuren Mobiltelefon öffentlich herumhantieren. Auch wer in der Bahn einschläft, macht sich natürlich besonders angreifbar.

Widerstand sollte man nach Einschätzung eines Beamten

jedoch besser nicht leisten. Denn die Täter zögern nicht, auch ein Messer oder andere Waffen einzusetzen, um an die gewünschte Beute zu bekommen. Ein Nahkampfausbilder der Berliner Polizei sagt:»Wer den Helden spielt, kann dabei schwerste Verletzungen davontragen. Die Diebe sind auf alles gefasst und rechnen ja auch mit Widerstand. Das Opfer hingegen weiß meistens nicht, wie es sich effektiv wehren soll.«

Obwohl die Bürger das Sicherheitsrisiko insgesamt recht realistisch einschätzten, gab es in der Dunkelfeldstudie vor allem bei jungen Menschen eine erstaunlich hohe Kriminalitätsfurcht. Insbesondere junge Frauen haben laut der Studie nachts sowohl allein in der Wohnung als auch wenn sie in ihrer Nachbarschaft unterwegs sind, mehr Angst, als den Sicherheitsbehörden bisher bewusst war. Insgesamt meidet jeder Dritte aus reiner Vorsicht bestimmte Straßen, Plätze und Parks. Sogar die Hälfte gab an, bewusst nicht viel Geld im Portemonnaie mitzuführen.

Dass sich diese Einschätzung verbessert, ist indes nicht zu erwarten. Im Gegenteil:»Rein statistisch betrachtet, ist Deutschland ein sicheres Land, aber nur im Vergleich zu anderen Staaten in der Welt«, sagt Rainer Wendt, Bundesvorsitzender der Deutschen Polizeigewerkschaft.»Es bröckelt an allen Ecken und Enden.« Sicherheitspolitiker haben laut Wendt ihre Gestaltungsmacht längst an die»Sparkommissare aus der Haushaltsabteilung« abgegeben, und dort regiere der Kahlschlag.»Zigtausende Beschäftigte aus den Ordnungsämtern der Kommunen, die in Problemfamilien, in öffentlichen Parkanlagen, Schulen und in Fußgängerzonen für Ordnung sorgen und kleinere Störungen beseitigen könnten, sind entweder verschwunden oder nur noch mit dem Verteilen von Strafzetteln für falsch parkende Autos beschäftigt, um die Einnahmen der chronisch klammen Städte und Gemeinden aufzubessern.« Die öffentliche Sicherheit komme dabei »eindeutig zu kurz«, sagt Wendt.

Für die Polizei war zudem eine wichtige Erkenntnis der Dunkelfeldstudie, dass 72 Prozent der Opfer keine Strafanzeige erstattet haben. Die Bürger machen demnach vor allem dann eine Anzeige, wenn sie sich einen Ersatz von der Versicherung erhoffen. Dazu zählen natürlich Autodiebstahl und Wohnungseinbrüche. Auch der Wunsch, dass der Täter bestraft werde und seine Tat nicht noch einmal begehe, spielt bei der Anzeige eine Rolle.

Die Dunkelfeldstudie verrät aber auch, dass vor allem Opfer von Sexualdelikten eine sehr geringe Anzeigequote (vier Prozent) haben. Hier werden erschreckende 96 Prozent der Taten offenbar nicht bei der Polizei gemeldet. Ähnliches gilt für die Opfer von Cybercrime, hier zeigen 91 Prozent der Opfer die Vorfälle nicht an. Im Durchschnitt der Dunkelfeldbefragung erstatteten fast drei Viertel der Opfer nach einem Verbrechen keine Strafanzeige. In manchen Fällen ist den Betroffenen der Aufwand im Vergleich zur Tatschwere zu groß. Andere gingen nicht davon aus, dass die Polizei den Fall aufklären könne. Das ist für die Polizei ein echtes Problem, das sie auch dringend lösen muss. Vor allem dann, wenn sie den großen Vertrauensvorschuss, den sie laut Dunkelfeldstudie genießt, behalten will. Denn laut der Befragung vertrauen weit über 90 Prozent der Befragten der Polizei als rechtsstaatlicher Institution.

Die Kriminalität wird zunehmen:
ein Zwischenfazit

Bei allen hier beschriebenen Sachverhalten handelt es sich
nicht um Panikmache. Die hier beschriebene Kriminalität
hat viele Ursachen. Doch so unterschiedlich alle diese Einflussfaktoren auch sein mögen, gibt es doch entscheidende
Gründe, die für einen dauerhaften Anstieg der Kriminali-
tätsrate in Deutschland sprechen. Dieser Entwicklung
trägt die Politik noch immer nicht Rechnung, und die Polizei hat nach fehlenden politischen Entscheidungen das
Nachsehen.

Aufgrund der Personaleinsparungen kann die Polizei
in Deutschland die Massenkriminalität, wie etwa den
Wohnungseinbruchdiebstahl, nicht wirksam eindämmen.
Gleichzeitig wird sie auf die kriminellen Herausforderungen der Zukunft durch die Digitalisierung und grenzüberschreitende Verbrechen nicht adäquat vorbereitet.

Für die kommenden Jahre sind das keine guten Aussichten. Denn dieser Trend wird sich allenfalls bremsen, nicht
aber umkehren lassen. Und wie das folgende Kapitel zeigt,
werden gerade hier die falschen Weichen gestellt.

Kapitel 2

Die Polizeiarbeit aus
der Innensicht

Es ist zwar nur eine Randerscheinung, sie zeigt aber exemplarisch, mit welchem Irrsinn die Polizeibeamten neben ihrer eigentlichen Aufgabe zu kämpfen haben. So sollten Polizisten in Berlin im Frühjahr 2012 plötzlich ein Parkticket ziehen, wenn sie den Dienstwagen in einem entsprechend gekennzeichneten Bereich stehen ließen. Die gute Nachricht: Die Regel galt nicht, wenn »Gefahr im Verzug« war und die Polizisten mit Blaulicht im Einsatz waren. Sie mussten also nicht erst nach Kleingeld suchen, wenn sie gerade einem Einbrecher oder Bankräuber auf den Fersen waren. Die schlechte Nachricht: Sie galt sehr wohl, wenn die Beamten nur auf Spurensuche waren, den Tatort untersuchten, Ruhestörungen oder Verkehrsunfällen ohne Personenschaden nachgingen. Das Geld für das Ticket sollten sie aus eigener Tasche vorschießen und am Monatsende mit der Polizeibehörde abrechnen. Dauerte die Arbeit am Tatort etwas länger, musste der Beamte abbrechen und in der Parkuhr Münzen nachwerfen – oder ein Knöllchen riskieren.

Nach heftiger Kritik unter anderem von der Deutschen Polizeigewerkschaft in Berlin wich der Verkehrssenator von diesem Vorhaben wieder ab. Für die Berliner Polizisten wurde eine zwei Jahre dauernde Ausnahmegenehmigung erteilt, so dass sie nun vorerst doch keine Parktickets ziehen müssen. Ausgestanden ist die Angelegenheit damit allerdings noch nicht. Denn wie es nach Ablauf der Frist weitergeht, ist offen.

Man mag darüber lachen. Aber zum Lachen ist kaum einem Polizeibeamten in Deutschland mehr zumute. Sie sind frustriert über die schlechten Karrierechancen. Sie sind frustriert über bürokratische Hürden. Und sie sind frustriert über die mangelnde Rückendeckung durch die Politik. Bei manchen Einheiten arbeiten Polizeibeamte, die seit über zehn Jahren nicht befördert worden sind. Dazu kommt noch die aus Sicht der Beamten schlechte Bezahlung. Dabei geht es nicht einmal um das Tarifgehalt. Der Ärger entzündet sich vor allem an den geringen Zulagen für besonders gefährliche Einsätze, denn davon gibt es viele. So bekommt ein Polizist beispielsweise für das Entschärfen einer Bombe gerade mal 25,56 Euro Zulage.

Dabei muss man immer im Hinterkopf behalten, dass Polizisten alles andere als notorische Nörgler sind. Eine Umfrage bei der Berliner Polizei (BILD, 18.4.12) ergab im Jahr 2012, dass die meisten Beamten sowohl das Zusammengehörigkeitsgefühl der Kollegen untereinander als auch die Wertschätzung ihrer Arbeit als überwiegend positiv bewerteten. Sogar mit dem Verhältnis zu ihren Vorgesetzten waren die meisten zufrieden. Was sie an ihrem Job am meisten nervt, ließe sich sogar vergleichsweise leicht ändern. Doch hierfür fehlt entweder der politische Wille oder das Geld.

In den meisten Polizeistationen gibt es zu wenige Computer. Die Beamten müssen daher oft stundenlang warten, bis sie ihre Berichte tippen können. Haben sie ein freies Gerät gefunden, geht der Ärger weiter. 80 Prozent der Befragten fanden das Polizeicomputersystem »POLIKS« zu kompliziert und umständlich, da viele teils unnötige Details eingegeben werden müssen. Die Zeit würden sie aus ihrer Sicht lieber sinnvoller auf der Straße verbringen. Fast alle Beamten wünschen sich auch eine stärkere Spezialisierung und eine Verringerung ihres Aufgabenspektrums. Sie fänden es besser, wenn es für die jeweiligen Delikte auch bestimmte Zuständigkeiten gäbe. Das Hauptproblem ist aber der Stellenabbau. Am schlimmsten ist Ostdeutschland betroffen. Hier fallen bis 2020 voraussichtlich fast 10 000 Stellen bei der Polizei weg. Besonders schlimm ist die Lage ausgerechnet in der deutschen Hauptstadt. Bis 2016 müssen dort 250 Stellen bei der Polizei eingespart werden. Das entspricht 2,4 Prozent der Polizisten und klingt erst mal noch verschmerzbar.

Doch der Eindruck täuscht. Denn die Anforderungen werden für die Polizisten in der Zwischenzeit nicht weniger, eher das Gegenteil ist der Fall. Jedes Jahr ziehen Tausende neuer Einwohner nach Berlin. Die Senatsverwaltung rechnet damit, dass die Zahl der Einwohner bis 2030 um 250 000 auf dann 3,7 Millionen steigt. Gleichzeitig wird die Bevölkerung in Berlin immer älter. Das Durchschnittsalter der Berliner wird bis 2030 um rund zwei Jahre auf 44,2 Jahre steigen.

Berlins Polizeipräsident Klaus Kandt sagte auf einer Veranstaltung mit Berliner Bürgern Anfang Februar 2013: »Die Polizei ist ans Limit gespart. Ich kämpfe jeden Tag um Ressourcen.« Laut Kandt fehlen schon jetzt sowohl auf der Straße als auch in der Verwaltung Polizeistellen. Die Sicherheitslage in der deutschen Hauptstadt bezeichnete er aber trotzdem als »vorzeigbar«. Im Vergleich zu London oder Paris könne man sich nicht beklagen.

Fakt ist aber auch: In der Bundeshauptstadt Berlin kommt es bei rund 3,5 Millionen Einwohner im Schnitt jeden Tag zu 120 Körperverletzungsdelikten. Wenn nicht bald mehr Polizisten eingestellt werden, wird diese Zahl steigen.

Also kann Polizeipräsident Kandt mit der Sicherheitslage in der Hauptstadt nicht zufrieden sein. Erst recht nicht
im Vergleich zu anderen europäischen Metropolen. Sowohl in London als auch in Paris gibt es ganze Stadtviertel,
in denen die dortige Polizei aufgegeben und die Macht an
lokale Banden abgegeben hat. Dabei handelt es sich natürlich nicht um die zentralen Gegenden, die Touristen so
gerne besuchen, sondern um die Vorstädte, in denen der
Großteil der arbeitenden, aber paradoxerweise auch der
arbeitslosen jugendlichen Bevölkerung lebt. Das kann
nicht der Maßstab sein, an dem sich die Berliner Sicherheitslage messen lassen sollte.

Kandt hat noch ein ganz anderes Problem. Er fürchtet
um genug Bewerber bei der Polizei. Es sei »sicherheitsrele-
vant, dass wir als Arbeitgeber attraktiv bleiben.« Leider sei
die Polizei da »in einem kritischen Bereich«. Das bedeutet:
Schon jetzt gibt es zu wenig qualifizierte Bewerber für den
Polizeidienst in Berlin. Wenn sich der demografische Wandel in den kommenden Jahren immer deutlicher bemerkbar macht und Fachkräfte in Deutschland knapp werden,
hat die gesamte Polizei ein Problem – und damit die Bevölkerung. Die Sicherheit kann dann nicht mehr zuverlässig
gewährleistet werden.

25 Millionen Einsätze führen die 260 000 Polizisten in
Deutschland jährlich durch. Sie stehen bei über 30 Grad in
voller Montur vor dem Berliner Hotel Ritz Carlton, wenn
US-Präsident Barack Obama zu Besuch kommt, und lassen sich von den Bürgern für die Unannehmlichkeiten beschimpfen. Sie halten wütende und betrunkene Besucher
von Fußballspielen davon ab, gewalttätig aufeinander los-
zugehen. Und sie müssen von Amts wegen Demonstrationen der rechtsextremen NPD begleiten und die Teilnehmer
schützen, obwohl sie deren Gedankengut innerlich ableh-

nen. Vor allem Einsätze wie der zuletzt genannte führen dazu, dass das Ansehen der Polizei leidet, da es für viele Bürger auf den ersten Blick schwer nachvollziehbar ist, warum die Polizei solch einen Aufmarsch durch ihre Anwesenheit vermeintlich noch unterstützt.

Gleichzeitig werden Polizisten im Dienst selbst immer häufiger zu Opfern von Gewalt. Auf Verständnis für ihre Probleme vonseiten der Politik hoffen sie dabei vergebens. Zumindest erwecken die geplanten Polizeireformen nicht diesen Eindruck, im Gegenteil.

Welchen Aufbau und welche Struktur hat die deutsche Polizei?

Bei allen Reformen zur Neuaufstellung der Polizei geht es in erster Linie ums Sparen und nicht um eine sinnvolle Anpassung der Strukturen. Dabei wäre dies dringend nötig, da sich das Aufgabenfeld und die damit einhergehende Belastung der verschiedenen Polizeieinheiten in den vergangenen Jahrzehnten stark gewandelt haben.

Um den Aufbau der Polizei heute nachzuvollziehen, muss man in die Jahre nach Ende des Zweiten Weltkriegs zurückblicken. Damals waren die USA, Großbritannien, Frankreich und die Sowjetunion als Besatzungsmächte für die innere Sicherheit in Deutschland verantwortlich. Soweit dieser Begriff für ein Land überhaupt passend ist, das sich eben erst von der Zeit des Nationalsozialismus erholte und mit der Schuld umgehen musste, einen Völkermord an sechs Millionen Juden begangen zu haben.

Mit der Gründung der Bundesrepublik Deutschland gaben die Besatzungsmächte die Verantwortung für die innere

Sicherheit wieder ab. Beim Aufbau der Polizei wurde darauf geachtet, Fehler der Vergangenheit zu vermeiden. Denn durch die parteipolitische Einbindung der Polizei während des Dritten Reichs sowie den Umbau der Verwaltungsstruktur konnten die Nationalsozialisten ihre Machtposition zusätzlich festigen.

Dazu haben vor allem zwei Dringe wesentlich beigetragen: So wurde durch die sogenannte Verreichlichung 1935 die Macht über die Landespolizeieinheiten an das Reich abgegeben. Die andere wichtige Maßnahme war die Militarisierung der Polizei. Sie wurde vollzogen, indem die Landespolizeieinheiten in die Wehrmacht eingegliedert wurden. Die dadurch zahlenmäßig ohnehin schon geschwächte Ordnungspolizei, zu der Schutzpolizei und Gendarmerie gehörten, trat in den darauffolgenden Jahren gegenüber der Sicherheitspolizei SS (Kriminalpolizei, Gestapo) in den Hintergrund. 1939 wurden beide unter der Leitung des Reichsführers SS und Chef der Deutschen Polizei, Heinrich Himmler, zu einer Einheit zusammengeführt, womit die von Anfang an geplante Parallelschaltung von Staat und der Nationalsozialistischen Deutschen Arbeiterpartei (NSDAP) im Polizeibereich endgültig vollzogen wurde.

Diese Hintergründe muss man kennen, um zu verstehen, wieso sich Innenexperten heute gegen den immer wieder vorgebrachten Vorschlag wehren, der Polizei Aufgaben der Geheimdienste zu übertragen oder hier die Übergänge fließender zu machen. Geheimdienst und Polizei sorgen zusammen für die innere Sicherheit in Deutschland, zwischen beiden Behörden werden aber nur so viele Informationen ausgetauscht, wie für die Erfüllung ihrer Aufgaben jeweils zwingend notwendig sind, und nicht mehr. An der strikten Trennung – auch »Trennungsgebot«

genannt – darf nicht gerüttelt werden. Während des Dritten Reiches sammelte die Geheime Staatspolizei (Gestapo) Informationen und verhaftete die von ihnen zuvor ausgespähten Opfer gleich selbst. Damit hatte sie eine nicht mehr zu kontrollierende Machtfülle erhalten.

Beim Aufbau der jungen Bundesrepublik ab 1949 wurde daher streng darauf geachtet, die Behörden des Verfassungsschutzes von der Polizei zu trennen. Festgehalten ist dies im Polizeibrief, den die Militärgouverneure der westlichen Besatzungsmächte schrieben. Er ging 1949 an den Parlamentarischen Rat, der das Grundgesetz für die BRD ausarbeitete.

Der Bund sollte sich vor allem auf den Schutz der Grenzen und den Aufbau einer kriminalpolizeilichen Einheit konzentrieren. Alle anderen polizeilichen Aufgaben fielen den Ländern zu.

Konkret bedeutete das: Bundesgrenzschutz (BGS) und Bundeskriminalamt sind als Polizeien des Bundes unter anderem für die Personen- und Güterüberwachung an den Grenzen sowie die Verbrechensverfolgung zuständig. Den Landespolizeien sind sie nicht übergeordnet und können ihnen auch keine Weisungen erteilen. Das Bundesamt für Verfassungsschutz (BfV) hingegen soll als Inlandsnachrichtendienst Auskünfte über alle Aktivitäten sammeln, die sich gegen die freiheitlich-demokratische Grundordnung der Bundesrepublik richten. Polizeiliche Befugnisse hat der Verfassungsschutz nicht. 2005 wurde der Bundesgrenzschutz grundlegend reformiert und als Signum der Reform in »Bundespolizei« umbenannt.

Zusätzlich zu dieser grundlegenden Struktur wurde 1950 die Bereitschaftspolizei geschaffen, um bei großen Lagen die Landespolizeien durch geschlossene Einheiten zu unterstützen.

In der ehemaligen DDR war die Volkspolizei dagegen direkt dem Innenministerium unterstellt. Sie hatte allerdings keine Befugnisse in einem großen Korridor entlang der Landesgrenzen der DDR. Dort übernahmen die Grenztruppen der Volksarmee die polizeilichen Aufgaben. Sie waren wiederum direkt dem Verteidigungsministerium unterstellt. 1990 wurde die Volkspolizei aufgelöst und ging hoheitlich an die fünf neuen Bundesländer als Landespolizei über. Grenztruppen und Grenzpolizei wurden abgeschafft. Einige Mitarbeiter wurden dem Bundesgrenzschutz und damit später auch der Bundespolizei zugeteilt.

In den ersten Jahren war die Bereitschaftspolizei vor allem damit beschäftigt, die Besatzungsmächte zu unterstützen. Diese Aufgabe gewann während des Kalten Krieges an Bedeutung, als die Auseinandersetzung zwischen den Westmächten und der Sowjetunion jederzeit zu einem Atomkrieg zu eskalieren drohte. Zeitgleich wurden Bereitschaftspolizisten immer häufiger zu Großeinsätzen gerufen. Eine besondere Rolle spielten dabei die Einsätze bei Demonstrationen von Atomkraftgegnern, die in den siebziger und achtziger Jahren in ganz Deutschland stattfanden. Heute ist für die Bereitschaftspolizisten noch eine weitere Aufgabe dazugekommen. So sind sie zusammen mit den Kollegen aus den Landespolizeien vor Ort, um Einsätze zu planen und Vorgehensweisen zu besprechen. Sie stellen nicht mehr nur zusätzliche Einsatzkräfte, sondern bieten aufgrund ihrer bundesweiten Erfahrung mit großen Lagen auch Beratung an.

Alle diese Aufgaben zusammen führen für die Beamten der Bereitschaftspolizei mittlerweile zu einer fast schon untragbaren Überlastung. Denn mit der Fülle an Einsätzen gehen zwangsläufig unregelmäßige Arbeitszeiten (im Fachjargon: »Dienst zu ungünstigen Zeiten«) und ständig wechselnde Einsatzorte einher, wobei sie finanziell kaum durch eine Schicht- oder Erschwerniszulage entschädigt werden. 70-Stunden-Schichten sind keine Seltenheit. Dabei sind sie regelmäßig bei allen Großlagen vor Ort, egal ob es um Fußballspiele, Staatsbesuche oder die jüngste Flutkatastrophe in Deutschland geht. So gut wie immer sind Bereitschaftspolizisten im Einsatz. Doch mit der zunehmenden Zahl an Aufgaben haben die Entwicklung ihrer Personalstärke und ihre Ausstattung nicht mitgehalten.

Die Bundespolizei sorgt für die Sicherheit der über 200 Millionen Passagiere an 14 Verkehrsflughäfen in Deutschland. Dazu kommen fast zwei Milliarden Bahnreisende und 5700 Bahnhöfe. Zudem überwacht die Bundespolizei 3760 Kilometer Landesgrenzen und 760 Kilometer Seegrenzen. Diese Aufgabe teilen sich 38 640 Beamte und Tarifbeschäftigte. 2009 waren es noch 39 524 Bundespolizisten. Wieso diese Zahl zurückgehen kann, obwohl die Aufgaben nicht zuletzt aufgrund des steigenden Reiseverkehrs zunehmen, ist unbegreiflich. Rund 31 000 Beamte sind ausgebildete Polizisten. Mehr als 1199 Beamte der Bundespolizei sind dabei 2012 allein im Ausland eingesetzt. 549 davon stellen den Objekt- und Personenschutz für deutsche Botschaften im Ausland. 342 sind für die Vereinten Nationen oder in bilateralen Projekten, wie etwa der Polizeiausbildung in Afghanistan, eingesetzt.

So wichtig diese Aufgaben auch sind: 1199 Polizeivollzugsbeamte fehlen der Bundespolizei für ihre Einsätze in Deutschland. Dazu kommen noch einmal 1000 Dienstposten der Bundespolizei, für die es gar keine entsprechende Haushaltsstelle gibt, und noch die normale Fluktuation (Schwangerschaften) und einen Krankenstand, der zeitweise bei 30 Prozent liegt. Faktisch fehlen der Bundespolizei im Inland also deutlich mehr als die 2200 Polizisten, die im Ausland arbeiten oder als Dienstposten ohne Haushaltsstelle nicht vorhanden sind. Das ist umso beunruhigender, weil die Bundespolizei die letzte Sicherheitsreserve des Bundes für den Ernstfall in der inneren Sicherheit ist. Und dieser Ernstfall droht jeden Tag einzutreten.

Ein großes Defizit hat sich aber auch im Streifendienst der Polizei gebildet. Das macht sich vor allem auf dem Land bemerkbar. Dabei wären diese Beamten dringend notwendig, um die Einbruchskriminalität und auch die Verbrechen in Städten und Dörfern im Grenzgebiet wirksam einzudämmen. Dort haben sie es mit einem immer schneller agierenden und gut organisierten Gegner zu tun. Aber auch der von der Gewerkschaft der Polizei beklagten »braunen Übermacht« auf dem Land in Ostdeutschland können fehlende Streifenpolizisten und geschlossene Wachen natürlich kein Paroli mehr bieten.

Vor allem aber bei der organisierten Kriminalität zeigt sich die Schwachstelle der deutschen Sicherheitsbehörden. Zu schaffen macht den Ermittlern nämlich in erster Linie die hohe Beweglichkeit krimineller Banden. Dies steht in einem krassen Gegensatz zum deutschen Behördenapparat. Selbst wenn die Polizisten einen Seriendieb erwischen, behandeln sie ihn oft wie einen Ersttäter, da sie gar nicht wissen, mit wem sie es zu tun haben. Diese Fehler entstehen vor allem durch schlecht gepflegte Datenbanken und schlampig geführte Kriminalakten. Damit ein Seriendieb unerkannt bleibt, reicht es schon aus, wenn beispielsweise die erkennungsdienstlichen Instrumente wie etwa Fingerabdrücke und Fotos nicht aktualisiert werden. Doch das eigentlich zugrundeliegende Problem ist der mangelnde Austausch und die unzureichende Kommunikation zwischen den einzelnen Dienststellen. Vereinfacht gesagt: Wenn ein Dieb in eine Kölner Wohnung einbricht und gefasst wird, können die Beamten nicht einfach per Knopf-druck feststellen, ob er vielleicht in Dresden oder Nürn-berg auch schon ein Auto aufgebrochen hat. Bislang kommt die Polizei ohne Hilfe des Bundeskrimi-nalamts nicht weiter. Dort können die Beamten besser als die örtlichen Polizeidienststellen den Überblick über das Vorgehen der mobilen Diebesbanden behalten. Doch das kann auf Dauer nicht die Lösung sein. Erleichterung könn-te etwa eine Zentralstelle schaffen, bei der alle Informatio-nen über die Intensivtäter im kleinkriminellen Bereich zu-sammenlaufen. Das setzt natürlich voraus, dass die Beam-ten die Daten der Einbrüche und Hinweise auf Verdächtige auch zuverlässig in das System eingeben. Doch hier arbei-ten Polizisten häufig absichtlich nicht zuverlässig, da sich die Beamten von den vorhandenen Erfassungssystemen in Wahrheit keine Hilfe bei der Verbrechensaufklärung ver-sprechen.

Wie steht es um unsere Hauptstadt?

Berlin ist als Hauptstadt vor eine besondere Herausforde-rung gestellt. Hier müssen die Beamten deutlich mehr Aufgaben übernehmen als in anderen Städten, da sie bei-spielsweise auch vor den Botschaften Wache stehen und den sicheren Aufenthalt von Staatsgästen garantieren müs-sen. 1120 Polizisten sind derzeit im sogenannten Zentralen Objektschutz tätig. Sie sind für die Sicherheit besonders gefährdeter Objekte zuständig. Dazu gehören neben den diplomatischen Vertretungen auch Gebäude des Landes Berlin sowie jüdische Einrichtungen wie etwa Synagogen und jüdische Schulen. Man erkennt die Polizisten des Ob-

jektschutzes an ihrer anderen Uniform. Sie hat schwarze
Schulterklappen und ein schwarzes Mützenband. Zudem
tragen sie, anders als andere Polizisten, Streifen auf den
Schulterklappen, keine Sterne.

Berlin bekommt für diese erweiterten Polizeiaufgaben
60 Millionen Euro im Jahr zusätzlich. Doch nach Einschätzung von Berlins Innensenator Frank Henkel (CDU)
liegt der Bedarf für die hauptstadtbedingten Sicherheitsaufgaben »locker über 100 Millionen Euro« (Berliner Morgenpost, 24.10.12). Vor allem die Aufgaben für den Objektschutz hätten stark zugenommen. Zwar gibt es immer
wieder Gespräche zwischen Vertretern des Bundes und
des Landes Berlin über die Finanzierung dieser zusätzlichen Sicherheitsaufgaben. Doch diese blieben bislang immer ohne Ergebnis.

Im Gegenteil. Immer häufiger werden die Polizisten, die
vor den Botschaften Wache schieben, Opfer der Sparbe-
mühungen der verschuldeten Stadt Berlin. 2011 etwa musste der vollzugsnahe Dienst, zu dem der Objektschutz und
das Gefangenenwesen gehören, bereits sechs Millionen
Euro und 2012 weitere fünf Millionen Euro einsparen. Für
die Objektschützer bedeutet das ganz konkret, dass sie für
das gleiche Gehalt länger arbeiten müssen.

Theoretisch hätte man die Summe einsparen können, indem man die Zahl der zu schützenden Objekte verringert.
Das hat die Innenverwaltung angeblich auch erwogen.
Doch bei der Prüfung stellten die Mitarbeiter fest, dass aus
Sicherheitsgründen kein Objekt von der Liste gestrichen
werden konnte. Also blieb kein anderer Weg, um das Spar-
ziel zu erreichen, als weniger Geld zu zahlen.

Dabei hatten die 1120 Polizisten des zentralen Objektschutzes allein schon bis Anfang 2012 rund 400 000 Überstunden angesammelt. Rein rechnerisch bräuchte eine Per-

son allein 45 Jahre, um diese Zeit abzufeiern. Laut einem internen Prüfbericht ist akute Personalknappheit die Hauptursache für die angespannte Lage. Anfang 2012 waren fast 195 Vollzeitstellen nicht besetzt. Zudem sah der Tarifvertrag eigentlich eine Reduzierung der Wochenarbeitszeit vor. Bis 2016 dürfte die Lücke auch wegen des altersbedingten Ausscheidens von Beamten auf 445 Vollzeitstellen anwachsen. Eine andere Lösung als die auf dem Rücken der Beamten fiel der Innenverwaltung nicht ein. Durch eine – nach Einschätzung der Berliner Innenverwaltung –»moderate Erhöhung der Arbeitszeit« soll das weitere Anwachsen der Überstunden beim Objektschutz künftig gebremst werden.

Anders als die Kollegen des Objektschutzes haben die Beamten im Berliner Streifendienst sehr wohl eine Möglichkeit, ihren Unmut über ihre Arbeitsbedingungen zum Ausdruck zu bringen. In Berlin kam es im Juli 2013 zum sogenannten Knöllchenstreit. Die Gewerkschaft der Polizei hatte ihren Mitgliedern empfohlen, keine Strafzettel mehr zu verteilen, sondern »verkehrserzieherische Gespräche« zu führen. Dadurch sinken natürlich die Einnahmen, die der Finanzsenator normalerweise durch die Bußgelder von Falschparkern erhält. Damit wollte die GdP ihn spüren lassen, wie es sich anfühlt, wenn ausgerechnet die Berliner Polizisten von der bundesweiten Tariferhöhung für Angestellte im öffentlichen Dienst ausgeschlossen sind. Während die Gehälter der Angestellten rückwirkend von Januar 2013 an gerechnet auf zwei Jahre verteilt um 5,6 Prozent stiegen, bekamen die Polizisten 2013 gar keine Verbesserung und für August 2014 höchstens 2,5 Prozent in Aussicht gestellt. Dabei verdienten Berliner Polizisten zu dem Zeitpunkt bereits zwölf Prozent weniger als der Bundesdurchschnitt. Die Nullrunde sorgte dafür, dass dieser Abstand noch größer wurde. Die Berliner Polizisten waren nicht die Einzigen, die durch so eine ungewöhnliche Maßnahme auf sich aufmerksam machten. Zuvor hatten schon die Gewerkschaftskollegen in Bremen einen »bürgerfreundlichen Sommer« dank eines Strafzettelstreiks angekündigt (Berliner Morgenpost, 1.7.13).

Vom Gesundsparen zum Kaputtsparen

In vielen Bundesländern haben die Innenminister in den vergangenen Jahren Polizeireformen angestoßen. Das ist eigentlich immer nur mit Einsparungen beim Personal verbunden. Vor allem auf dem Land werden zahlreiche Polizeiwachen geschlossen. Frei werdende Stellen bleiben dagegen unbesetzt. Lars Francke, der ehemals stellvertretende Landeschef der Deutschen Polizeigewerkschaft in Brandenburg spricht daher von »scheintoten Standorten« (BILD, 26.1.13). Seiner Ansicht nach wird die Sicherheit vieler Orte nicht mehr tatsächlich gewährleistet, sondern den Bürgern »nur noch vorgegaukelt«.

Die Kriminalitätsstatistik spiegelt das Bild seiner Einschätzung nach nicht mehr richtig wider. Das hat einen ganz banalen Grund. Wenn nach einem Einbruch in einer Reihenhaussiedlung danach gleich noch einmal eingebrochen wird und der Täter unerkannt verschwindet, wird das im System als Anzeige gegen unbekannt erfasst. Obwohl mehrere Hausbesitzer geschädigt wurden, tauchen die Einbrüche in der Statistik jeweils nur als ein einziger Fall auf. Anders ist es, wenn der Täter gefasst wird. Dann wird natürlich jeder einzelne Einbruch gesondert erfasst.

Doch das wird angesichts der Sparmaßnahmen bei der Polizei immer schwieriger und unwahrscheinlicher. »Alltagskriminalität wird mehr verwaltet als verfolgt«, sagt Francke. Von der Politik fühlen sich die Beamten mit ihren Sorgen nicht ernst genommen. Das trieb Francke im Juni 2012 zu einem außergewöhnlichen Schritt. Anstatt um Nachwuchskräfte zu werben, empfahl er den Schulabgängern in Brandenburg in einem Interview offen, sich doch besser in einem anderen Bundesland zu bewerben, wenn sie sich für den Polizeidienst interessieren (BILD, 21. 6. 12). Ein entscheidender Grund ist nach Franckes Ansicht die Bezahlung. Gegen den Polizeidienst in Brandenburg spricht aus seiner Sicht, dass die Zulagen hier so gering ausfallen wie nirgendwo sonst in Deutschland. Dabei ist die Besoldung in Brandenburg schon bundesweit die zweitniedrigste. Doch vielleicht noch frustrierender sind die kaum vorhandenen Entwicklungschancen. So können Beamte auf die erste Beförderung im Schnitt erst nach 20 Jahren hoffen. Stephan Mayer, innenpolitischer Sprecher der Unionsfraktion im Bundestag, hält den Zustand inzwischen für untragbar. Mayer sagt: »Zur Attraktivität des Polizeiberufs gehört natürlich, dass ausreichend Beförderungsstellen vorhanden sind und frei gewordene Stellen schnell nachbesetzt werden.«

Dass sich die Arbeitsbelastung verringert, ist angesichts der Sparpläne der Innenminister der Länder unwahrscheinlich. Sie bereiten nämlich einen teils massiven Personalabbau in den Polizeidienststellen vor. Betroffen sind vor allem die neuen Bundesländer. Hier gibt es immer weniger Polizisten zum Schutz der Bevölkerung. Besonders stark wird sich diese Entwicklung in Sachsen und Sachsen-Anhalt bemerkbar machen. Dort rechnet die Deutsche Polizeigewerkschaft damit, dass im Zuge der geplanten Ein-

sparungen insgesamt jeweils ein Fünftel aller Stellen wegfallen.

Die Gewerkschaft hat in einer internen Studie untersucht, wie sich die Pläne der Innenministerien der Länder
auf die Polizei auswirken würden. Auch wenn die Ge-
schwindigkeit des Stellenabbaus unterschiedlich ist, ergibt
sich für alle Länder im Osten Deutschlands dasselbe Bild
(Vergleichsjahr ist jeweils 2010). In Sachsen sinkt demnach
die Zahl der Beamten bis 2020 auf 8672 (minus 20 Prozent),
in Brandenburg auf 7000 (minus 18 Prozent), in Sachsen-
Anhalt bis 2016 auf 6000 (minus 21 Prozent) und in Meck-
lenburg-Vorpommern bis 2015 auf 5800 (minus vier Prozent). Einzig in Thüringen dürfte die Zahl mit 6471 Polizisten zumindest bis 2015 noch stabil bleiben.

Der Deutsche Beamtenbund (dbb) warnt gleichzeitig
vor den verheerenden Folgen des Personalabbaus im öffentlichen Dienst. Ein internes Gewerkschaftspapier pro-
gnostiziert eine Personallücke von 700 000 Stellen über die
nächsten 15 Jahre – mit gravierenden Folgen bis hin zum
vollständigen Verlust der »Funktionsfähigkeit des Staates«. In dem vertraulichen Papier heißt es dazu: »In den
kommenden 15 Jahren scheiden 1,5 Millionen der Beschäftigten altersbedingt aus dem öffentlichen Dienst aus. Rechnet man davon die erwartbaren Neueinstellungen ab, wird
es immer noch eine Personallücke von rund 700 000 Beschäftigten geben, die dem öffentlichen Dienst bei seiner
Aufgabenerfüllung fehlen werden.«

Das dbb-Papier listet zudem Bereiche des öffentlichen
Dienstes auf, in denen es »schon heute massive Unterbe-
setzungen« gibt. Vor allem im Bereich öffentliche Sicherheit müssten »die Bürgerinnen und Bürger künftig Abstri-
che machen«. Die Analyse des Beamtenbundes liest sich
dramatisch: »Durch massiven Stellenabbau und Umstruk-

turierungen hat sich die Polizei insbesondere aus der Fläche zurückgezogen, die wenigen verbliebenen Beamtinnen
und Beamten können oft nicht jeden Einsatz leisten, bei
den Hundertschaften verschlingt der Schutz von Großveranstaltungen wie Fußballspielen oder Demonstrationen
oft schon die Hälfte der Dienstzeit. 10 000 Beamtinnen und
Beamte fehlen den Polizeien der Länder und des Bundes –
wären die Ordnungshüter präsenter, könnten dramatisch
steigende Kriminalitätsraten wie etwa bei Einbruchs- und
Diebstahldelikten, die Schäden in Milliardenhöhe anrichten, wieder in den Griff bekommen werden.«

Angesichts des Spardrucks sind viele Polizisten inzwischen dazu übergegangen, ihre eigene Ausrüstung anzu-
schaffen oder persönlich nachzubessern. So haben beispielsweise in Berlin die Polizisten, die nicht beim Objektschutz tätig sind, keine eigenen kugelsicheren Westen. Sie
müssen sich diese aus einer Sammelstelle leihen. Das ist
nicht nur unwürdig, das ist auch nicht gerade hygienisch.
So muss man sich nur einmal fragen, ob man selbst gerne
eine Weste tragen würde, die ein anderer Kollege kurz zuvor möglicherweise den ganzen Tag bei 30 Grad im Schat-
ten anhatte. Wer sich eine eigene kugelsichere Weste kauft,
erhält einen Zuschuss von 800 Euro. Doch gute Modelle
kosten 1000 Euro, so dass die Polizisten meist 200 Euro
aus dem eigenen Portemonnaie drauflegen müssen, wenn
ihnen ihr Leben etwas wert ist.

Für Rainer Wendt, Bundesvorsitzender der Deutschen
Polizeigewerkschaft, ist diese Entwicklung nicht mehr
länger hinnehmbar.

*»In den Grenzregionen im Osten Deutschlands ver-
zweifeln die Menschen angesichts Tausender Einbruchs-
und Diebstahldelikte, die von den Staatsanwaltschaften*

*meist nur als Versicherungsfälle verwaltet und abgear-
beitet werden. Mit hohem Aufwand versuchen die Anwohner, ihr Eigentum zu schützen, weil der Staat weit
weg scheint. Die Bereitschaftspolizei schlägt sich derweil
mit Fußballeinsätzen, Rockerrazzien oder auf Demonstrationen mit Rechts- und Linksextremisten herum und
ist kaum noch in der Lage, die Behörden vor Ort zu unterstützen. Derweil versuchen die Innenminister, den
brutalen Stellenabbau mit Hilfe unfassbar naiver Or-
ganisationsreformen zu kaschieren, und willige Spitzen-
leute schreiben ihnen auch noch auf, dass dies der inneren Sicherheit diene.«*

Die Polizeien der Länder und des Bundes sind heute schon
unterbesetzt und arbeiten bei vielen Einsätzen personell
am Limit. Das wird besonders deutlich bei polizeilichen
Großlagen (Fußballspiele, Festivals, Demonstrationen
etc.), bei denen viele Polizisten über längere Zeit eingesetzt
werden müssen. Doch nur selten wird das Personalpro-
blem der Polizei von der Öffentlichkeit überhaupt wahrgenommen. Ein gutes Beispiel dafür ist der »Eurovision
Song Contest« (ESC), der am 14. Mai 2011 in Düsseldorf
stattgefunden hat und der 114,5 Millionen Zuschauer weltweit vor die Fernseher gelockt hat.

Knapp ein Jahr zuvor hatte die Sängerin Lena Meyer-
Landrut mit ihrem Lied »Satellite« im norwegischen Oslo
unerwartet den beliebten internationalen Liederwettbewerb gewonnen. Diesen Titel wollte sie jetzt in der nord-
rhein-westfälischen Landeshauptstadt verteidigen. Und
das geht natürlich nicht ohne den entsprechenden Polizeischutz.

Ein vertrauliches fünfseitiges Dokument des Polizeipräsidiums Düsseldorf vom 18. April 2011 mit dem Aktenzei-

chen »-60. 11. 01-ESC« beschreibt knapp einen Monat vor
dem Ereignis ausführlich die geplanten »Maßnahmen der
Polizei« zum Schutz des Eurovision Song Contest. Deutlich wird in dem internen Rundschreiben, dass die Polizei
Düsseldorf auch mit Hilfe anderer Landeskräfte der Polizei die Veranstaltung nicht alleine bewältigen kann. Sie
braucht zusätzliche Polizeibeamte und plant daher eine
»Kräfteanforderung« bei der Bereitschaftspolizei.

Die Einsatzkräfte sollen dazu beitragen, die »Vielzahl
von offiziellen und inoffiziellen Begleitveranstaltungen«,
die über die Stadt verteilt »ablaufen und noch nicht in
Gänze abzusehen sind«, zu bewältigen. Aber in erster Linie
sollen die zusätzlichen Bereitschaftspolizisten der Düsseldorfer Polizei helfen, »erhebliche soziale Härten gegenüber den eigenen Beamten« zu vermeiden. Solche Einsätze
funktionieren nämlich nicht ohne Überstunden, Urlaubs-
verzicht und Mehrarbeit. Das Dokument zeigt, wie groß
der Sicherheitsaufwand damals war und wie sehr die Polizei in Düsseldorf durch parallele Großereignisse in den
ersten beiden Maiwochen überstrapaziert wurde.

Schon bei der Vorbereitung der Polizeimaßnahmen wird
klar, dass die Besucherzahl in der Stadt nur »schwerlich
prognostizierbar« ist. Das Polizeipräsidium Düsseldorf ist
sich sicher, dass eine Gesamtbesucherzahl »im fünfstelli-
gen Bereich nicht zu hoch gegriffen« ist. Das Präsidium
sorgt sich bei seinen Planungen des Polizeieinsatzes vor
allem um die Reaktion von Migranten in Deutschland. In
der Sicherheitsanalyse der Polizei heißt es dazu, dass die in
Deutschland lebenden Bürger mit Migrationshintergrund
»solcherlei nationale Vergleiche regelmäßig zum Anlass
nehmen, ihre jeweilige Herkunft voller Stolz und Emotio-
nalität zu leben. Das Spektrum reicht hierbei von in der
Regel friedlichen Festivitäten, Feiern und Autokorsi bis zu

anlassbezogenen Auseinandersetzungen verfeindeter Ethnien.«

Zudem müsse wegen der »zentralen Lage Düsseldorfs zu entsprechenden Ballungszentren eine hohe Mobilisierung von Angehörigen der verschiedenen Teilnehmernationen mit einkalkuliert werden«. Und weiter: »Dies bringt eine erhebliche Summe an Unwägbarkeiten in Bezug auf die (...) Begleitveranstaltungen mit sich. So kann nicht ausgeschlossen werden, dass die Auftritte der einzelnen Darsteller, die in ihrer Heimat teilweise über regelrechten Starstatus verfügen, zu einem Anziehungspunkt für eine erhebliche, nicht kalkulierbare Anzahl von Fans (...) werden.«

Die Düsseldorfer Polizei ruft zur Bewältigung des Großereignisses damals für die Grand-Prix-Zeit (14 Tage) eine »Besondere Aufbau-Organisation« (BAO) mit dem Codenamen »Lena« ins Leben. Das Polizeipräsidium setzt dafür »täglich zwischen 160 und 430 eigenen Beamtinnen und Beamten und Beamte aller Direktionen ein«. Die Beamten arbeiten teilweise »in 12-Stunden-Schichten sowie darüber hinaus in zusätzlichen Rufbereitschaften«. An der Veranstaltungshalle sorgen dann BKA-Beamte und die Bundespolizei für die Sicherheit der Besucher, und vor der Bühne kommen zum Schutz der Sänger noch Zivilfahnder der Polizei zum Einsatz.

Obwohl das Polizeipräsidium Düsseldorf soziale Härten für die eigenen Beamten weitgehend vermeiden will, erfolgt der Einsatz damals »unter Verzicht auf Aus- und Fortbildung, einer partiellen Dienstfrei- und Urlaubssperre, in einem vom Regelschichtplan abweichenden Schichtbetrieb«. Faktisch sind die Düsseldorfer Polizisten vom 30. April bis zum 15. Mai 2011 zur Vorbereitung und Sicherung des Eurovision Song Contest also rund um die Uhr im Einsatz.

Für die Finalwoche holt die örtliche Polizei zusätzlich noch zwei Hundertschaften der Bereitschaftspolizei zur Verstärkung in die Landeshauptstadt. Doch das ist nicht alles. Denn der ESC ist nicht das einzige Großereignis, das von Ende April bis Mitte Mai 2011 in Düsseldorf und Umgebung stattfindet – deshalb werden zur Bewältigung der Einsätze und der »geschilderten Gefahrenmomente« noch weitere Bereitschaftspolizisten benötigt.

In dem Dokument des Polizeipräsidiums Düsseldorf heißt es dazu: »Vor diesem Hintergrund wurden die bestehenden Einsatzkonzeptionen erneut geprüft. Hiernach kommt das Polizeipräsidium Düsseldorf nicht umhin, um die Unterstellung folgender, für die Bewältigung des Einsatzes unverzichtbarer Kräfte zu bitten: (1) 30. April, Tanz in den Mai: 1 Einsatz-Zug (30 Beamte); (2) 1. Mai, DGB Demo: 1 Einsatz-Zug (30 Beamte); (3) 2.–6. Mai, Raumschutz ›BAO-Lena‹: 4 Einsatz-Züge (120 Beamte); (4) 7.–15. Mai, Raumschutz ›BAO Lena‹ und Schutz der einzelnen Veranstaltungen: 2 Bundespolizeihundertschaften (Hundertschaftsführungen kommen nur zu bestimmten Zeiten zum Einsatz); (5) 8. Mai, Fortuna Düsseldorf – Alemannia Aachen: 1 weitere Bundespolizeihundertschaft für den Einsatz im Stadion; (6) 7. Mai Drehscheibe/Saisonabschlussfahrt anlässlich der Fußballbegegnung Leverkusen – HSV: optional weitere Kräfte je nach Lageentwicklung (Parallelveranstaltung zur Eröffnungsveranstaltung).«

Deutlich wird an dem Papier des Düsseldorfer Polizeipräsidiums, wie mehrere Großlagen gleichzeitig dazu führen können, dass die Polizei mit ihren Einsatzkräften an ihre Grenzen kommt. Dazu braucht es keine Schlachten um den Castor-Transport oder gewaltsame Proteste gegen den G8-Gipfel in Heiligendamm. Dafür reichen ein internationaler Liederwettbewerb, der Tanz in den Mai, eine

Gewerkschaftsdemo zum Tag der Arbeit und ein, zwei Bundesligaspiele – denn überall muss die Polizei gleichzeitig sein und für Ruhe und Ordnung sorgen.

Und sie muss – wie beim ESC-Einsatz in Düsseldorf auch geschehen – bei sinkenden Polizeibeamtenzahlen dafür sorgen, dass die Dienstplangestaltung für solche Einsätze »freie Tage für Teilkräfte zur Wahrung der Sozialverträglichkeit sowie zur Überstundenminimierung vorsieht«. So steht es in der Einsatzplanung. Doch das hört sich bei 12-Stunden-Schichten mit Rufbereitschaft und einer Urlaubssperre wie die Geschichte von Don Quijotes Kampf gegen die Windmühlen an – es ist ein Ding der Unmöglichkeit, völlig aussichtslos, dabei zu gewinnen.

Selbstverständlich ist der Eurovision Song Contest 2011 in Düsseldorf damals ohne größere Probleme und Zwischenfälle abgelaufen. Aber das spielt bei der Einsatzplanung der Polizei im Vorfeld von vergleichbaren Großereignissen überhaupt keine Rolle.

Die Polizei muss immer mit dem Schlimmsten rechnen und durch ihre sichtbare und unsichtbare Präsenz jede Form von Eskalation verhindern. Doch dafür fehlen ihr nicht erst in Zukunft, sondern schon jetzt immer häufiger die notwendigen Einsatzkräfte.

Bislang warnen die Gewerkschaften vergebens vor dem Personalabbau und den damit zwangsläufig einhergehenden Engpässen. Dabei ignoriert die Politik ein ganz entscheidendes Problem, das langsam heraufzieht. Die Polizeibeamten werden immer älter.

Die Polizei wird immer älter

Völlig unterschätzt werden derzeit noch die Folgen der demografischen Entwicklung für die Polizei. Während die Auswirkungen einer immer älter werdenden Gesellschaft auf die Rentenkasse schon als gravierendes Problem erkannt worden sind, blendet die Politik die öffentliche Sicherheit weitgehend aus. Vielleicht erfolgt das auch ganz bewusst, denn ansonsten würde man in vielen Innenministerien der Länder jedenfalls anders handeln. Fakt ist jedoch, dass in manchen Gebieten die Polizei schon heute nicht mehr in der Lage ist, ihre Aufgaben wie erforderlich wahrzunehmen. Zu sehr hat sich die Alterspyramide bereits verschoben. Rund 40 Prozent der Polizisten in Deutschland sind 45 Jahre und älter. In den neuen Bundesländern ist der Anteil der älteren Kollegen im Durchschnitt etwas größer als in den alten Ländern. Seit 1998 nimmt die Zahl der Polizisten im Alter zwischen 45 und 54 Jahren bundesweit zu. Gleichzeitig sinkt der Anteil der unter 35-Jährigen. So hat sich allein bei der Bundespolizei das Durchschnittsalter seit 2009 von 41,36 auf 43,28 Jahre in 2012 erhöht.

Die älteren Kollegen bringen einen unschätzbaren Vorteil für den Polizeidienst mit, und das ist ihre Erfahrung. In brenzligen Situationen verhalten sie sich oft gelassener. Sie haben sich im Laufe ihres Berufslebens eine gute Menschenkenntnis angeeignet. Für ihre tägliche Arbeit ist das sehr wichtig, da sie ihr Gegenüber besser einordnen können. Denn natürlich gibt es im Umgang mit Straftätern nicht nur schwarz und weiß, sondern einen großen Bereich dazwischen, der viel Einfühlungsvermögen und vor allem viel Menschenkenntnis erfordert.

In einer idealen Welt würden die älteren Kollegen durch junge Neueinstellungen ergänzt. Doch das ist kaum mehr

der Fall. Anstelle von Teams, wo sich ältere und jüngere
Kollegen ergänzen, bleiben in vielen Wachen nur die Älteren zurück. Doch sie sind irgendwann kaum mehr in der
Lage, im selben Ausmaß wie junge Menschen Schicht-
dienste in der Nacht zu übernehmen oder in großer Hitze
und in voller Montur für die Sicherheit bei Großeinsätzen
zu sorgen. Kein Wunder, dass die Zahl der Krankschrei-
bungen älterer Kollegen vielerorts dramatisch zunimmt.
Nur wenige Bundesländer reagieren auf dieses Problem. In
Nordrhein-Westfalen etwa ist man vielerorts dazu übergegangen, ältere Polizisten aus dem körperlich anstrengen-
den Wachdienst abzuziehen und stattdessen in anderen
Einheiten wie etwa dem Bezirksdienst einzusetzen.

Von solchen konkreten Maßnahmen abgesehen, könnten die Polizeidienststellen aber auch selbständig Ideen
entwickeln. Niemand hindert sie daran, ihr Angebot an
Sportkursen zu verbessern und Vorträge über gesunde Er-
nährung anzubieten. Die Erfahrung zeigt, dass viele Kollegen darauf besser reagieren, als man vielleicht annehmen
würde. Sobald sie nämlich selbst erkannt haben, dass sie
etwas ändern müssen, um fit und gesund zu bleiben, tun es
die meisten auch.

Sollte man Sicherheit privatisieren?

In den vergangenen Jahren hat die Bedeutung privater Sicherheitsfirmen für die öffentliche Sicherheit zugenommen. Damit lässt sich der Staat von gewinnorientierten
privatwirtschaftlichen Unternehmen in einem Bereich ver-
drängen, der eigentlich zu seinen ureigenen Aufgaben, ja
zu seinen Kernanliegen gehört.

Auch die Kosten spielen eine Rolle. Zwar können private Sicherheitsfirmen durchaus Aufgaben von Polizisten übernehmen, ohne dass man dadurch gleich die öffentliche Sicherheit im Land gefährdet sehen muss. So müssen nicht zwingend verbeamtete Polizisten einen Schwertransport begleiten. Das kann auch ein privater Dienstleister übernehmen. Doch ob die zunehmende Privatisierung für den öffentlichen Haushalt am Ende tatsächlich billiger wird, ist fraglich.

Noch deutlicher wird das Kostenargument bei der elektronischen Fußfessel. Damit sollen Straftäter beim Freigang überwacht werden. Bei der elektronischen Fußfessel etwa wird ein Signal an eine private Firma gesandt, wenn sich der Träger außerhalb seines zugelassenen Bereichs bewegt oder auf eine sonstige Weise auffällig verhält. Die Firma meldet dies wiederum an die zuständige Polizeistation, die sich anschließend um den Fall kümmert. Die eigentliche Arbeit bleibt daher bei den Polizisten. Gleichzeitig bekommt ein Unternehmen aus der Privatwirtschaft Geld für eine Tätigkeit, die eigentlich den Sicherheitsbehörden obliegt.

Wie viel Sicherheit kann und darf sich ein Staat überhaupt leisten, und wann müssen die Bürger ein Mehr an Sicherheit privat finanzieren? Auf diese Frage antwortet auch eine Studie der privaten Berenberg Bank mit dem Titel: »Sicherheitsindustrie: Strategie 2030«:

»Da dem Staat eine wichtige Rolle bei Prävention und Gefahrenabwehr zukommt, stellt sich die politisch relevante Frage, in welchem Umfang Sicherheit hergestellt werden soll oder genauer: welcher Mittelaufwand betrieben und welche Maßnahmen durchgeführt werden sollen. Die als Ergebnis eines politischen Abstimmungs-

prozesses resultierende Sicherheitspolitik ist jedoch besten-
falls ein Kompromiss, da einerseits die Risikobewertun-
gen und andererseits die im Schadensfall resultierenden
Reaktionen der Wähler – und damit ihr Sicherheitsbe-
dürfnis – divergieren. Einigen wird daher zu viel Sicher-
heit, anderen zu wenig Sicherheit bereitgestellt. Für
Letztere ergibt sich ein über die staatliche Grundversor-
gung hinausgehender Bedarf an Sicherheit, der die Basis
für die Nachfrage nach privaten Sicherheitsdienstleis-
tungen und Sicherheitstechnik bildet. Gleichermaßen
kann aber ein Zuviel an Sicherheit zu zusätzlichen Kos-
ten führen, da hohe Sicherheitsbestimmungen, starke
Kontrollen oder Genehmigungsverfahren die Mobilität
und Aktivität der Bürger über den Nutzen der zusätzli-
chen Sicherheit hinaus hemmen können.«

Die Polizei wehrt sich gegen die Privatisierung der Sicherheit. Auch die Kommunen stehen dem Schritt skeptisch
gegenüber. Aus diesem Grund hat die Gewerkschaft der
Polizei Mitte Januar 2014 gemeinsam mit dem Deutschen
Städte- und Gemeindebund ein Positionspapier zur »Sicherheit in Städten und Gemeinden« herausgegeben. Darin fordern sie eine Sicherheitspartnerschaft von Städten,
Gemeinden und Polizei. Für private Sicherheitsdienste sehen sie dabei nur begrenzten Raum. In dem Papier heißt
es: »Der Einsatz von privater Sicherheit kann polizeiliche
Aufgabenwahrnehmung nicht ersetzen. Der Personalabbau bei der Polizei muss beendet werden. Private Sicherheit ist keine Alternative zur Polizei.«

Wie überlastet wir wirklich sind

Doch auch die mögliche Privatisierung einzelner Bereiche des Polizeidienstes ändert nichts an der Tatsache, dass die Polizei überlastet ist. Immer mehr Aufgaben für immer weniger Polizisten – diese Rechnung kann nicht aufgehen. Der Frust bei den Beamten ist groß. So groß sogar, dass im Sommer 2013 mehrere Polizeipräsidenten in Nordrhein-Westfalen die Aufgaben ihrer Beamten auf den Prüfstand gestellt haben.

Ruhestörung, häusliche Gewalt, Verkehrsunfälle ohne Verletzte – sollen Polizeibeamte bei diesen Vergehen künftig überhaupt noch ausrücken, oder lässt sich ein Teil davon an private Sicherheitsdienste übertragen? Oder – noch weiter gedacht – soll die Verantwortung für die Lösung dieser verschiedenen Probleme künftig nicht vielleicht sogar ganz in der Hand der Bürger liegen? Das Thema sorgte für viel Wirbel bei Polizei und Politik …

In einem internen Rundschreiben stellten die leitenden Polizeibeamten aus sechs Großstädten in NRW damals ihre hoheitlichen Polizeiaufgaben in Frage. In dem zweiseitigen Dokument mit dem Titel »Übersicht Rückmeldung Polizeiliche Aufgabenkritik«, das auf den 18. Juni 2013 datiert ist, hinterfragten sie dabei unter anderem die polizeiliche Begleitung von Schwertransporten, die Bearbeitung von Beschwerden wegen Ruhestörung sowie das Eingreifen bei Fällen von häuslicher Gewalt.

Die Liste war im Frühsommer 2013 auf Initiative des Polizeipräsidenten von Münster, Hubert Wimber, entstanden. Wimber hatte bereits ein Jahr zuvor für Schlagzeilen gesorgt und gefordert, dass die Polizei ihre Aufgaben in einigen Bereichen deutlich zurückschrauben solle. So etwa bei der Aufnahme von reinen Blechschäden bei Unfällen im Straßenverkehr und bei Fällen von Ruhestörung – beides sollten die betroffenen Bürger, so Wimber im Jahr 2012, in Zukunft am besten selbst regeln.

Die dann schließlich erweiterte Liste der in Frage gestellten Polizeiaufgaben aus dem Sommer 2013 umfasst insgesamt 33 Aufgaben (von denen sich einige doppeln) und spiegelt eine Übersicht der Kritikpunkte der Polizeichefs von Düsseldorf, Köln, Dortmund, Münster, Essen und Aachen wider. Sie alle beklagten mit dem Dokument indirekt eine Überlastung ihrer Polizeibeamten und plädierten dafür, die Aufgaben ihrer Polizisten stark zu reduzieren.

Zu den hoheitlichen Polizeiaufgaben, welche die Polizeipräsidenten gerne loswerden wollten, gehören laut der Liste unter anderem: (1) Verkehrsunfälle ohne Verletzte; (2) Fälle von häuslicher Gewalt; (3) Begleitung von Schwertransporten; (4) Objektschutzaufgaben; (5) Ruhestörungen, beispielsweise durch Partyradau; (6) Abschleppen von Fahrzeugen; (7) Umgang mit hilflosen Personen und (8) Aufenthaltsermittlungen für die Justiz.

Einige der Aufgaben – so die Logik der »Polizeilichen Aufgabenkritik« – sollten privatisiert oder von anderen Behörden, wie etwa dem Ordnungsamt, wahrgenommen werden. Andere Aufgaben hingegen sollten in Zukunft ganz einfach reine Angelegenheit des Bürgers sein.

Und tatsächlich – der Vorschlag der Polizeipräsidenten klingt zunächst einmal ziemlich verlockend: »Entlastet die Polizei, befreit sie von einer Bearbeitung von Bagatelldelikten und gebt die Jobs, die jemand anders erledigen kann, gefälligst auch jemand anderem. Dann kann sich die Polizei in aller Ruhe auf wichtigere Aufgabe konzentrieren!« – so kann man den Inhalt der Liste jedenfalls auch lesen. Weniger Stress und weniger Frust bei den Polizeibeamten wären die erhoffte Folge. Doch was ist mit dem Bürger?

Natürlich kann man sich fragen, ob die Polizei »Einsätze im Zusammenhang mit dem Nichtraucherschutz« wirklich wahrnehmen muss, wie es etwa der Polizeipräsident von Aachen auf seiner Streichliste für Polizeiaufgaben moniert. Ob in einer Kneipe geraucht werden darf oder nicht, ist schließlich in jedem Bundesland anders geregelt. Und am Ende ist es nun wirklich eine Angelegenheit zwischen Wirt und Kneipengast, sich darüber zu einigen, ob der Glimmstengel glühen darf oder nicht.

Natürlich rückt die Polizei in vielen Bundesländern bei einem Verstoß gegen das Rauchverbot in Gaststätten und Kneipen allein schon deshalb aus, weil der Staat kräftig abkassiert, wenn ein Wirt gegen das Gesetz verstößt und das Rauchen trotz des allgemeinen Verbots in seiner Kneipe duldet. Das ist eine Aufgabe, die beim Ordnungsamt viel besser aufgehoben ist.

In der umstrittenen Streichliste der Polizeipräsidenten werden am häufigsten folgende Polizeiaufgaben genannt: (1) »Objektschutzaufgaben«, (2) die »Begleitung von Schwertransporten« und (3) Einsätze infolge von »Beschwerden wegen Ruhestörung«. Das ist auffällig, und hier scheint bei den Polizeichefs in NRW Konsens zu herrschen.

Doch was passiert wirklich, wenn man den Bürgern zum Beispiel die Lösung eines Problems wie etwa das der nächtlichen Ruhestörung selbst überlässt? »Bereits nach kurzer Zeit herrschen Anarchie und Selbstjustiz«, sagt ein hochrangiger Mitarbeiter des Bundesinnenministeriums (BMI). Er hält schon allein die Debatte darüber für einen riesigen Fehler. »Es darf nicht der Eindruck entstehen, dass der Staat sich zurückzieht.«

Im Klartext bedeutet das für den Fall der nächtlichen Ruhestörung: Spätestens beim dritten Mal wird der freundliche Nachbar von nebenan nicht mehr so höflich um Ruhe bitten wie noch kurz zuvor. Er wird sich auf das Faustrecht – also auf das Recht des Stärkeren – berufen, dem Gastgeber der betreffenden Party eine schallende Ohrfeige verpassen und die laut dröhnende Musikanlage einfach aus dem Fenster werfen.»Was danach passiert, kann sich wahrscheinlich jeder selbst ausmalen«, so der BMI-Mitarbeiter.

Klar ist: Danach muss die Polizei auf jeden Fall anrücken, und dann hat sie auch gleich ein viel größeres Problem zu bewältigen ...

Das Faustrecht führt geradewegs zurück ins Mittelalter. Wenn jeder Bürger das Recht selbst in die Hand nimmt und seine Ansprüche – ob berechtigt oder nicht, spielt hier keine Rolle – gegenüber anderen mit Gewalt durchsetzt, wird das Gewaltmonopol des Staates faktisch außer Kraft gesetzt. Dann verlieren die Bürger endgültig das Vertrauen in den Staat und dieser seine Bedeutung.

CSU-Innenexperte Hans-Peter Uhl brachte diese Sorge in seiner heftigen Kritik an der Streichliste der sechs NRW-Polizeipräsidenten auf den Punkt. Uhl sagte der BILD: »Das ist eine ungeheuerliche Liste! Die Polizeipräsidenten wollen ganz offenbar die Kernaufgaben der Polizeiarbeit aufgeben. Das ist ein Schlag ins Gesicht der Bürger, die auf Sicherheit und Ordnung angewiesen sind.«

Bereits jetzt sagen zwei Drittel der Deutschen (67 Prozent), dass es zu wenig Polizisten in Deutschland gebe (Quelle: Forsa-Umfrage vom Juli 2009). Aber was sagen sie erst, wenn die Polizei bei Fällen von nächtlicher Ruhestörung oder bei Fällen von häuslicher Gewalt nicht mehr vorbeikommen will?

Diesen Eindruck wollte die Deutsche Polizeigewerkschaft (DPolG) im Laufe der Debatte gar nicht erst entstehen lassen. Ihr Landesvorsitzender in Nordrhein-Westfalen, Erich Rettinghaus, machte seinem Ärger über die

Streichliste der Polizeipräsidenten aus NRW damals ebenfalls in der BILD-Zeitung Luft: »Es darf nicht der Eindruck entstehen, dass die Polizei nicht mehr kommt, wenn sie gerufen wird. Die Polizei ist für den Bürger da. Das gilt ganz besonders in Notsituationen wie etwa bei Fällen von häuslicher Gewalt. Die Liste schießt deutlich über das Ziel hinaus.« Selbst die Polizei wehrt sich also gegen die Vorstöße aus den eigenen Reihen. Sie will keine Entlastung zu Ungunsten der Bürger.

Doch die Liste der unliebsamen Polizeiaufgaben ging noch weiter. So stellte der Polizeipräsident von Dortmund damals die verstärkten Streifen im Vorfeldbereich und am Zaun des Dortmunder Flughafens in Frage. Was aber ist, wenn sich – wie bereits mehrfach geschehen – jugendliche Chaoten mit Laserpointern auf das Vorfeld stellen und Piloten bei Start und Landung absichtlich blenden wollen? Oder was passiert, wenn islamistische Terroristen Schlimmeres planen und vorhaben, mit »Fliegerfäusten« (Boden-Luft-Raketen) auf startende Flugzeuge zu schießen?

Das Szenario ist nicht so unwahrscheinlich, wie es klingt. Selbst das BKA hatte in der Vergangenheit in internen Analysen mehrfach vor diesem Szenario als mögliche Variante der terroristischen Anschlagsplanung in Deutschland gewarnt. Vor allem nach dem Sturz des libyschen Diktators Muammar al-Gaddafi und dem ungeklärten Verbleib großer Teile der Waffen seiner Armee.

Auch Abgeordnete des Bundestags hatten dazu in der Vergangenheit Anfragen an die Bundesregierung gerichtet. In einem vertraulichen Schreiben des Bundesinnenministeriums an die CSU-Landesgruppe im Bundestag heißt es dazu: Der »zivile Luftverkehr stellt für den islamistischen Terrorismus nach wie vor ein exponiertes Anschlagsziel dar«. Dieses Risiko bestehe erst recht nach dem »ungeklärten Verbleib zahlreicher Boden-Luft-Abwehrraketen aus staatlichen libyschen Stellen«.

Ein im März 2014 veröffentlichter UN-Bericht zur Sicherheitslage und zur Verfügbarkeit von Waffen in Libyen kommt zu dem Schluss, dass gestohlene Waffen aus libyschen Beständen inzwischen in 14 Staaten entdeckt worden sind. Darunter auch Krisenstaaten und Konfliktgebiete wie Syrien, der Tschad, Mali, Somalia, die Zentralafrikanische Republik und Nigeria. »Befürchtungen, dass Terrorgruppen in den Besitz dieser Waffen gelangen würden, haben sich bewahrheitet«, heißt es in dem Bericht weiter.

Die meisten Waffen stammen aus den Beständen des gestürzten libyschen Diktators Gaddafi. Dabei handelt es sich um alte Militär- und Polizeiarsenale. Sie wurden während des Bürgerkriegs geplündert. Dazu gehören laut UN-Angaben gerade auch die sogenannten Fliegerfäuste (Boden-Luft-Raketen).

Aber bei aller Kritik gibt es auch überlegenswerte Punkte auf der umstrittenen Streichliste für Polizeiaufgaben. So schlug der Polizeipräsident von Münster zur Entlastung seiner Beamten etwa den »Verzicht auf Blutproben zugunsten einer Atemalkoholanalyse« vor. Dieser Schritt ist wirklich sinnvoll, denn das könnte bundesweit rund 50 000 Bluttests überflüssig machen. Doch die Voraussetzung dafür ist eine Gesetzesänderung. Zurzeit reicht eine Atemalkoholanalyse als Beweismittel nämlich nicht aus. Nur der Bluttest hat letzte Aussagekraft. Und nur ein Richter kann anordnen, dass – zum Beispiel nach einer Verkehrskontrolle – einem Verdächtigen eine Blutprobe entnommen werden muss. Der Grund dafür ist, dass eine unfreiwillige Blutentnahme als massive Grundrechtsverletzung gilt. Also muss die Polizei den Verdächtigen bis zum Richterentscheid nachts oft stundenlang festhalten.

Das frustriert nicht nur die Beamten, sondern auch die Betroffenen selbst.

Tatsache ist: Moderne Atemalkoholmessgeräte arbeiten inzwischen sehr präzise und liefern bis zu einem bestimmten Promillebereich sogar gerichtsfeste Beweise.

Aber auch wenn einzelne Punkte der Streichliste für Polizeiaufgaben durchaus sinnvoll erscheinen, kamen die Pläne der sechs Polizeipräsidenten aus NRW bei der Politik keineswegs gut an. SPD-Innenexperte Gerold Reichenbach stellte die Aufgabe hoheitlicher Polizeiaufgaben grundsätzlich in Frage. Reichenbach sagte der BILD: »Ich bin gegen die Privatisierung polizeilicher Aufgaben. Wir müssen dafür sorgen, dass der Staat genug Geld hat, um ausreichend Polizei zu bezahlen.«

Nach der scharfen Kritik an den Überlegungen seiner Polizeipräsidenten bemühte sich das zuständige Innenministerium in Nordrhein-Westfalen, die Streichliste schnell wieder einzufangen. »Es wird keine Schnellschüsse geben«, ließ SPD-Innenminister Ralf Jäger umgehend mitteilen. »Wenn die Polizei gerufen wird, kommt sie und hilft«, so Jäger.

Was die Streichliste und die sich anschließende politische Diskussion über Sinn und Unsinn von Polizeiaufgaben jedoch deutlich macht, ist, wie stark die Polizeien der Länder inzwischen überlastet sind und wie groß der Frust der Beamten wirklich ist. »Der Krug geht so lange zum Brunnen, bis er bricht«, sagt ein altes Sprichwort. Auf die Situation der Polizei in Deutschland übertragen, bedeutet das: Noch mehr Aufgaben mit noch weniger Personal sind irgendwann einfach nicht mehr zu bewältigen. Das geht nur zu Lasten der Sicherheit.

Die Antwort auf das Problem kann natürlich nicht sein, dass der Staat seine Kernaufgaben preisgibt und die Polizei

nicht mehr kommt, wenn der Bürger sie braucht, sondern
dass der Staat »genug Geld hat, um ausreichend Polizei zu
bezahlen«, wie SPD-Politiker Gerold Reichenbach es fordert.

Eine neue Gesellschaftskrankheit
trifft die Polizei: Burn-out

Vor allem bei der Bundespolizei führt die hohe Belastung
der Beamten zu einer steigenden Zahl an psychischen Erkrankungen. 2009 veröffentlichte eine Gruppe von For-
schern um Prof. Dr. Irmtraud Beerlage von der Hochschule Magdeburg-Stendal die bislang umfangreichste Studie
zu dem Thema. Der Kurztitel der Untersuchung, die zwischen Dezember 2006 und Februar 2008 in zwei Befragungen durchgeführt wurde, lautet: »Organisationsprofile,
Gesundheit und Engagement im Einsatzwesen«.

Darin heißt es gleich zu Beginn: »Die psychische Gesundheit von haupt- und ehrenamtlichen Einsatzkräften in
Landes- und Bundespolizei, Feuerwehr, Rettungsdienst
und in der Bundesanstalt Technisches Hilfswerk findet zunehmende Aufmerksamkeit in der Forschung und im Ge-
sundheitsschutz der Behörden und Organisationen.«

Das Ergebnis ist ernüchternd: Ein Viertel der befragten
Bundespolizisten (25,4 Prozent) wurde dabei 2008 als
»hoch ausgebrannt« eingestuft, bei der Landespolizei waren es zehn Prozent. Während sich die Zahl der unter Burn-
out leidenden Beamten bei der Bundespolizei im Zeitablauf
erhöhte, blieb sie bei der Landespolizei in etwa gleich.

In zahlreichen Interviews versuchten die Forscher die
Gründe zu erfahren. Sie reichen von zu wenig Personal bei

hoher Aufgabendichte, Bürokratismus, schlechter Ausstattung, unklaren Anweisungen der Vorgesetzten bis hin zu einfachen Abstimmungsproblemen. Sind die Polizisten dann noch in Einsätzen unterwegs, bei denen sie persönlich betroffen sind oder die unter extremen Bedingungen stattfinden, steigt die Gefahr der seelischen Überlastung. Dazu gehören auch Einsätze, bei denen sie Angst oder Hilflosigkeit empfunden haben. Die Betroffenen verlieren ihr inneres Gleichgewicht und die Fähigkeit, nach dem Dienst abzuschalten. Sie fühlen sich müde und antriebslos. Darunter leidet langfristig auch ihre Arbeit. Oft erkennen die Polizisten darin keinen Sinn mehr, manche von ihnen flüchten sich in der Folge in Zynismus. Wie schwerwiegend die Folgen unabhängig von der persönlichen Betroffenheit des Einzelnen für die Polizei insgesamt sind, zeigt sich ebenfalls in der Studie. Drei Viertel der befragten Bundespolizisten fühlen sich mit ihrer Organisation »eher gering verbunden«. Bei den Landespolizisten sind das mit knapp zwei Drittel nur geringfügig weniger. Solch ein Ergebnis wäre für jeden Chef eines privatwirtschaftlichen Unternehmens Anlass genug, um etwas für das Betriebsklima zu tun. Nicht so bei der Polizei. Dort wird weiter Personal abgebaut.

Der ehemalige Bundesinnenminister Hans-Peter Friedrich bezeichnete die Bundespolizei als »stützende Säule der Sicherheitsarchitektur« in Deutschland. Sie nehme daher eine »Schlüsselposition« bei der Bevölkerung ein. Gleichzeitig kündigte er an, dass die Polizisten trotz immer mehr Aufgaben nicht auf Entlastung durch mehr Personal hoffen könnten. Dabei ignorieren die Verantwortlichen, unter was für einem immensen Druck eben genau diese für die Sicherheit der Bevölkerung so wichtigen Beamten stehen. Jeder fünfte Bundespolizist gab in einer repräsentativen Befragung an, mindestens einmal schon ein traumatisierendes Erlebnis während des Dienstes gehabt zu haben (Beerlage 2009). Ausgelöst werden sie vor allem durch das Angstgefühl und die latente Bedrohung während einer Großveranstaltung.

Äußerst belastend ist für die Beamten auch, wenn sie an ein Bahngleis gerufen werden, wo sich jemand das Leben genommen hat. Und natürlich zählen alle Einsätze dazu, bei denen ein Fremder durch einen Polizisten oder ein Kollege verletzt oder gar getötet wird. Diese Ereignisse sind aber nicht der Grund, weshalb sich immer mehr Polizisten überfordert und antriebslos fühlen. Die für ihren Beruf typischen Tätigkeiten sind offenbar nicht das Problem. Sie schaffen allerdings die Grundlage dafür, da sie die innere Widerstandsfähigkeit der Beamten senken und diese sich ganz allmählich ausgebrannt fühlen. Die Hauptursache für die zunehmenden psychischen Erkrankungen bei der Bundespolizei sind die Rahmenbedingungen. Wenn es häufig Abstimmungsprobleme gibt, Ärger mit dem Vorgesetzten, unklare Anweisungen, mangelndes Vertrauen, Kontrolle und kaum Möglichkeiten, selbst zu entscheiden, wirkt sich das frustrierend auf die Beamten aus.

Eine gefährliche Folge der starken psychischen Belastung ist vermehrter Alkoholkonsum. Das wird erst langsam innerhalb der Polizei als Problem erkannt, da es noch viel zu häufig ignoriert wird. Rund vier Prozent der Einsatzkräfte nehmen täglich eine so große Menge an Alkohol zu sich, dass auf Dauer Schäden für Körper und Psyche drohen. Zwar stellt sich durch den Alkohol bei den meisten kurzfristig ein Wohlbefinden ein – der Stress lässt nach, die Anspannung sinkt. Doch wenn daraus eine Abhängigkeit wird, setzt der Beamte nicht nur sein Privatleben, sondern auch seine Karriere aufs Spiel. Längst scheint denn auch laut der aktuellen Burn-out-Studie innerhalb der Bundespolizei »der Alkoholkonsum als Mittel der Bewältigung tätigkeitsspezifischer, arbeitsorganisatorischer und auch extremer Anforderungen bzw. Belastungen von Bedeutung zu sein«.

Zwar zeigen Polizisten in aller Regel eine sehr hohe Verbundenheit mit ihrem Beruf. Sie identifizieren sich mit ihrem Berufsbild und stehen hinter den Aufgaben, die sie zu erfüllen haben. Diese Bindung wird sogar noch stärker, je länger der Beamte im Dienst ist. Doch während ihnen diese Verbundenheit hilft, extrem belastende Einsätze psychisch zu bewältigen, nützt sie ihnen nichts bei Ärger im Dienstzimmer. Stimmen die Rahmenbedingungen nicht, kann jemand im Herzen noch so gerne Polizist sein, trotzdem sinkt die Begeisterung für seinen Beruf. Es ist sogar so, dass ein demotivierendes Arbeitsumfeld ausgerechnet jenen Polizisten noch stärker aufs Gemüt zu schlagen scheint, die eigentlich voll und ganz hinter ihrer Organisation stehen.

Für Polizisten mit psychischen Problemen gibt es einen speziellen ärztlichen Dienst. Dabei geht es nicht nur darum, den Betroffenen zu helfen. Die Verantwortlichen müssen auch eine ganz entscheidende Frage stellen: Ist dieser Polizist noch in der Lage, seine Dienstwaffe zu tragen? Dabei geht es nicht nur um die körperliche, sondern vor allem um die seelische Gesundheit. Meist lässt sich beides aber gar nicht strikt voneinander trennen.

So leiden vor allem ältere Kollegen unter häufig wechselnden Schichten. Ihnen fällt es schwerer, sich an unterschiedliche Tages- und Nachtrhythmen anzupassen. Häufig kommen sie übernächtigt zum Dienst, stehen dort aber sofort wieder unter Druck. Der dabei entstehende Stress wird laut Studie anschließend häufig an Familienmitgliedern zu Hause ausgelassen. Und das führt zu neuem, privatem Ärger.

Längst geht es bei den Polizisten in Sozialbetreuung nicht mehr nur um Extremfälle, in denen ein Polizist selbst in Lebensgefahr war oder ein Beteiligter starb. Auch Alkoholprobleme spielen eine geringere Rolle als noch vor zehn Jahren. An erster Stelle stehen nun sogenannte psychische Fehlbelastungen. Dazu gehören Anzeichen für Burn-out oder für Depression.

Wurden die Polizisten früher fast ausschließlich von den Vorgesetzten zur Sozialbetreuung geschickt, machen heute immer mehr Beamte von sich aus den ersten Schritt. In leichten Fällen reicht es aus, wenn die Polizisten zu bestimmten Kursen gehen, wo sie beispielsweise Entspannungstechniken lernen. In schwierigeren Fällen werden sie vorübergehend vom Streifendienst freigestellt und übernehmen Arbeiten, die sich am Schreibtisch erledigen lassen. Zudem wird bei Bedarf ein Therapeut vermittelt. Wenn es nicht anders geht, erfolgt als letzte Möglichkeit die Krankschreibung und für ältere Kollegen am Ende sogar der Vorruhestand.

Wie stark die Gewalt gegen Polizisten zunimmt

Früher waren die meisten Beamten stolz, wenn sie ihre Uniform trugen. Das hat sich in den vergangenen Jahren gravierend gewandelt. Polizisten werden beschimpft und tätlich angegriffen. Wenn sie ihre Arbeit gut machen, werden sie nur selten gelobt. Sobald einer einen Fehler begeht, wird aber der gesamte Berufsstand öffentlich verunglimpft. Dazu kommt, dass viele Beamte selbst nicht mit ihrer Arbeit zufrieden sind. Die anhaltenden Einsparungen behindern sie bei ihren täglichen Aufgaben. Heute sind Polizisten keine Respektspersonen mehr. Das zumindest sagt der Bezirksbürgermeister von Berlin-Neukölln, Heinz Buschkowsky (SPD), und beschreibt die Lage recht anschaulich: »Wer in Deutschland eine Uniform trägt, wird zum Freiwild.« (BILD, 16.1.13) Damit spielte Buschkowsky auf eine traurige Statistik an. So wird jeder vierte Polizist mindestens einmal im Jahr während des Diensts angegriffen, bedroht oder beleidigt. Die Entwicklung lässt sich nur schwer bremsen und schon gar nicht stoppen. Niedersachsens ehemaliger Innenminister Uwe Schünemann (CDU) sprach sich deshalb für eine »Null-Toleranz-Strategie« aus. Höhere Strafen sollen Täter davon abhalten, Einsatzkräfte anzugreifen. Dafür solle es, so Schünemann, bis zu fünf Jahren Haft geben.

Doch das allein dürfte nicht reichen. Wichtiger dürfte das Bild sein, das Eltern und Lehrer in den Schulen von der Polizei vermitteln. Nicht zu vergessen sind die Beamten selbst. Die Polizei muss ihrem Ruf als hilfsbereiter Ansprechpartner nachkommen, um als solcher auch wahrgenommen zu werden. Der ehemalige Bundesinnenminister Friedrich verteidigte Polizisten als »Repräsentanten unseres Staates«. Das heiße, so Friedrich, »sie handeln in unser aller Auftrag« (Berliner Morgenpost, 21.10.12).

Genau diese Stellvertretungsfunktion für den Staat macht Polizisten allerdings auch zur Zielscheibe von Gewalt. 2013 lag nicht nur die politisch motivierte Kriminalität insgesamt auf einem hohen Niveau. Auch bewusst gegen die Polizei gerichtete Straftaten folgten dem Trend und stiegen um ein Drittel von 1515 Fällen im Vorjahr auf nunmehr 2011 Fälle. Die Entwicklung ist ungebremst. So fahndete die Polizei nach Krawallen am 1. Mai 2014 in Hamburg nach zwei Unbekannten, die im Stadtteil St. Pauli einen Streifenwagen mit Molotowcocktails beworfen haben sollen. In dem Auto mit eingeschaltetem Blaulicht saßen zwei Polizisten. Sie wurden von zwei schwarz gekleideten Vermummten mit Brandsätzen angegriffen, von denen einer durch die Heckscheibe des Autos in das Innere des Wagens flog. Wie durch ein Wunder blieben die Beamten unverletzt. Dennoch ermittelten Staatsschutz und Staatsanwaltschaft wegen versuchten Mordes.

Auch die jüngsten Zahlen des Bundesinnenministeriums belegen die anhaltend hohe Gewalt gegen Polizisten. 2013 gab es demnach 2550 Angriffe allein gegen Beamte der Bundespolizei. 478 von ihnen wurden dabei verletzt. Bei mehr als 100 Polizisten handelte es sich um schwere Verletzungen, die in manchen Fällen sogar zu einer vorübergehenden Dienstunfähigkeit führten. Allein beim Fernreiseverkehr anlässlich von Fußballspielen kam es dabei in 2013 zu 751 Gewaltdelikten gegen Bundespolizeibeamte.

Zu den gefährlichsten Einsätzen für die Bundespolizisten gehören neben den Maidemonstrationen damit auch Fußballspiele und Castor-Transporte. Die meisten Angriffe passieren, wenn die Polizisten die Identität einer Person feststellen wollen und sie nach ihrem Ausweis fragen. Das reicht oft schon aus, um als Antwort eine Faust ins Gesicht zu bekommen. Zu den kritischen Momenten gehören auch Festnahmen, vor allem wenn sich die Person wehrt, oder wenn Situationen wie Kontrollen und Durchsuchungen anstehen.

Noch ein trauriges Detail enthält eine interne Statistikauswertung der Bundespolizei zur Entwicklung der Gewalt gegen Polizeibeamte. Faustschläge sind das mit Abstand häufigste Mittel, wenn Polizisten angegriffen werden. Danach folgen Fußtritte. In besonders extremen Fällen reagierten die Aggressoren mit Würge- und Drosselgriffen, bissen die Polizeibeamten oder versuchten sie durch Kopfstöße zu verletzen. Da ist es schon fast beruhigend, dass Wurfgegenstände, Brandmittel und Waffen vergleichsweise selten gegen Polizisten zum Einsatz kommen. Doch auch diese Zahlen stiegen im Vergleich zu früheren Jahren an. Vor allem Alkohol spielt dabei eine große Rolle. Mehr als die Hälfte der Angreifer war betrunken. Sieben Prozent hatten zuvor Drogen oder Medikamente genommen und dadurch die Hemmschwelle gesenkt. In fünf Prozent der Fälle kamen Alkohol und Drogen zusammen und ergaben eine besonders gefährliche Mischung. In der Statistikauswertung der Polizei wird explizit auch Alkohol als »bedeutsamer Faktor bei der Steigerung der Gewaltbereitschaft gegen Polizeibeamte« bezeichnet.

Der Drogenbericht der Bundesregierung vom Mai 2013 zeigt dabei keine guten Aussichten. Demnach trinken 45 Prozent der Männer im Alter zwischen 18 und 29 laut dem Bericht gefährlich viel Alkohol. Als riskant gilt, wenn Männer täglich mehr als ein bis zwei Gläser Wein (0,2 Liter) oder mindestens eine Flasche Bier (0,33 Liter) zu sich nehmen. Für Frauen liegt die Grenze etwas niedriger. Insgesamt überschreitet etwa jeder vierte Deutsche diese Grenze. 1,3 Millionen dieser 9,5 Millionen Bundesbürger gelten dabei als alkoholabhängig.

Knapp zwei Drittel der Übergriffe wurde von deutschen Tatverdächtigen ausgeübt, die übrigen Tatverdächtigen hatten eine andere Nationalität. Besonders aggressiv sind Männer. Sie sind für drei Viertel der Angriffe verantwortlich.

Weitet man die Untersuchung von der Bundespolizei auf die gesamte Polizei aus, ergeben sich weitere Erkenntnisse. Vereinfacht gesagt, ist die Gefahr für einen Polizisten auf dem Land geringer, Opfer eines Angriffs zu werden. Vor allem in den Stadtstaaten Berlin, Hamburg und Bremen ist aber Gewalt gegen Polizeibeamte ein großes Problem. In ganz Deutschland kommen auf 100 000 Einwohner 34 Fälle von Gewalt gegen Polizeibeamte. Man spricht dabei von der sogenannten Häufigkeitszahl. Den mit Abstand höchsten Wert liefert hier ausgerechnet die Hauptstadt Berlin. Hier kommen 117 Fälle auf 100 000 Einwohner. In Bremen liegt die Häufigkeitszahl bei 61. Darauf folgt Hamburg mit einem Wert von 58.

Noch deutlicher wird aber die traurige Sonderrolle Berlins bei einem anderen Vergleich: So leben zwar nur 4,2 Prozent der Bürger in der deutschen Hauptstadt, dafür finden hier 15 Prozent der Übergriffe auf Polizisten statt. Im bevölkerungsreichsten Bundesland, Nordrhein-Westfalen, wohnen hingegen 21,8 Prozent der Bundesbürger. Gleichzeitig finden hier zum Vergleich nur 16,8 Prozent der Angriffe statt.

Wie oft Polizisten bei Ausübung ihres Dienstes zum Opfer von Widerstandshandlungen, Gewaltdelikten und anderen Straftaten werden, zeigt auch ein Blick in die Polizeiliche Kriminalstatistik. Im Jahr 2013 wurden 59 044 Polizeivollzugsbeamten zum Opfer einer Straftat. In 38 527 Fällen kam es dabei zu Widerstandshandlungen, in 3065 Fällen wurden Polizisten bedroht, und in 3393 Fällen wurden sie gefährlich oder gar schwer verletzt.

Der Bundesvorsitzende der Gewerkschaft der Polizei, Oliver Malchow, hält die Entwicklung für sehr gefährlich:

»Parallel zu dem wachsenden Klima der Gewalt in der Gesellschaft erodiert seit einigen Jahren ganz eindeutig der Respekt gegenüber dem Staat und seinen Repräsentanten«, sagt Malchow. »Wer die rechtsstaatliche Ord-

nung in Frage stellt und das Gewaltmonopol des Staates ignoriert, greift selbst bald zur Gewalt, um seine Probleme zu lösen. Das führt natürlich auch zu immer mehr Gewalt gegen Polizisten. Paradoxerweise trägt dazu nicht zuletzt auch die Privatisierungsdebatte der letzten Jahrzehnte bei. Dabei wurden nämlich die staatlichen Institutionen ›verschmäht‹ und deren Wirken für einen funktionierenden Staat und den daraus entstehenden Vorzügen ignoriert, oder sie wurden ihm gleich abgesprochen. Wenn der Staat einige Aufgaben zunehmend in privatwirtschaftliche Hände übergibt, weil sie dort angeblich besser aufgehoben sind, dann leidet durch die negativ geführte Debatte und die Handlungen politisch Verantwortlicher auch der Respekt vor staatlichen Institutionen, vor Beamten und natürlich auch vor der Polizei darunter. Das bekommen Polizisten auf der Straße und bei ihren Einsätzen jeden Tag zu spüren. Polizeibeamte werden angespuckt, angepöbelt und brutal angegriffen – fast so, als handele es sich dabei nicht um Menschen. Im Vorfeld von Demonstrationen zeigt sich das besonders deutlich. Der Hass auf den Staat geht sogar so weit, dass Aktivisten im Netz regelrecht zum Angriff auf seine Vertreter aufrufen, das geht bis zu Mordaufrufen. Polizisten werden als Handlanger einer Diktatur dargestellt und für vogelfrei erklärt. Bei gewalttätigen Auseinandersetzungen größerer Gruppen im öffentlichen Raum kommt es dann zu brutalen Übergriffen auf Polizisten – da fliegen dann Molotowcocktails, Steine und Stahlkugeln aus Steinschleudern. Da läuft gerade etwas völlig aus dem Ruder: Die Regeln für das zivilisierte Zusammenleben werden aufgekündigt.«

Nirgendwo anders in Deutschland gerät die Gewalt gegen
Polizisten regelmäßig so sehr außer Kontrolle wie in der
Hauptstadt. Neun Polizeibeamte wurden hier 2011 Opfer
eines versuchten Totschlags. Meist gehen die Angreifer
hier mit Molotowcocktails auf die Polizisten los und nehmen bewusst in Kauf, dass diese schwer bis lebensgefähr-
lich verletzt werden. In einem Fall wurde in Berlin ein Beamter sogar Opfer eines Mordversuchs. Der Unterschied
zum Totschlag liegt in der Absicht des Täters. Beim Mord
kann dem Täter Heimtücke und Vorsatz nachgewiesen
werden. Dieser außergewöhnliche Vorgang ist es wert, genauer analysiert zu werden. Denn er ist selbst in der polizeilichen Statistik eine traurige Seltenheit.

Besagter Polizist war bei einer Demonstration als Zivil-
beamter im Einsatz. Er saß zusammen mit Kollegen in einem Auto, als sie von den Demonstranten entdeckt wurden. Die vermummten Demonstranten bewarfen das Fahrzeug mit Steinen und rammten eine Eisenstange durch die
zersplitterte Scheibe auf der Beifahrerseite. Wie durch ein
Wunder wurde der Beamte durch die Stange nicht verletzt.
Obwohl der Angreifer mit ihr absichtlich genau in Richtung seines Kopfes gezielt hatte.

Wenn es gut läuft, kommen die Beamten in diesen Fällen
mit einem Schock davon. Immerhin wird der Fall in der
Statistik erfasst. Doch viele Polizisten werden mittlerweile
auch außerhalb des Dienstes angegangen. Allein in der ersten Jahreshälfte 2012 verzeichnete die Berliner Polizei
26 Fälle, in denen Radmuttern an Fahrzeugen gelockert
worden waren (BILD, 23. 6. 12). In mehreren Fällen waren
es Autos, mit denen die Polizisten zum Dienst kamen. Den
Wagen hatten sie auf einem Parkplatz in der Nähe der Po-
lizeiwache abgestellt. Aber in diesen Konflikt werden allmählich auch die Familien der Polizisten hineingezogen,

vor allem wenn sie dasselbe Fahrzeug nutzen. Nicht auszudenken, was die Folgen einer solchen Tat wären.
Eine wichtige Kennzahl in diesem Zusammenhang ist
die sogenannte Polizeiopfergefährdungszahl. Sie gibt an,
wie viele von 100 Polizeibeamten im Dienst Opfer einer
Gewalttat wurden. Auch hier liegt Berlin unangefochten
an der Spitze. Während 2011 bundesweit jeder fünfte Polizist im Dienst angegriffen wurde, war es in Berlin mehr als
jeder dritte Beamte. Oder anders ausgedrückt: 37 von 100
Berliner Polizisten wurden Opfer eines Gewaltdelikts.
Kurz darauf folgt Hamburg mit 34 Geschädigten. Bundesweit waren 19 von 100 Beamten betroffen.

Die meisten Übergriffe finden während des Streifendienstes statt und betreffen somit zum überwiegenden Teil
die Beamten der Schutzpolizei. Überraschend ist dabei,
dass die meisten Attacken gar nicht einmal bei besonderen
Lagen wie etwa Fußballspielen, Demonstrationen oder anderen Großveranstaltungen erfolgen. Vier Fünftel der
Übergriffe müssen die Beamten bundesweit im täglichen
Dienst erleben. Meist rechnen sie nicht damit, dass die Situation eskalieren könnte, da es sich um einen Routinevorgang handelt. Oft sind dabei verbale oder tätliche Auseinandersetzungen der Hintergrund. Etwa die Hälfte der Fälle und damit die Mehrzahl passiert auf der Straße oder auf
öffentlichen Plätzen. Ein Fünftel der Vorfälle ereignet sich,
wenn die Polizisten in Privathäusern oder Wohnungen im
Einsatz sind.

Gegner der Videoüberwachung ziehen gerne diese Statistik heran, um zu behaupten, dass an Bahnhöfen und
Haltestellen des öffentlichen Nahverkehrs gar nicht so viele Übergriffe stattfänden. Das ist nicht ganz richtig. Für
die Sicherheit an diesen Orten ist nämlich die Bundespolizei zuständig, so dass hierfür die Zahlen des BKA herange

zogen werden müssen. Diese zeigen dann auch eine deutlich höhere Zahl an Übergriffen in öffentlichen Verkehrsmitteln und Bahnhöfen (41 Prozent). Bei den erfassten Gewaltakten handelt es sich nicht einfach nur um ein Gerangel oder harmlose Handgreiflichkeiten, die der Beamte aushalten muss. Das lässt sich aus einer weiteren Statistik ableiten. Nirgendwo sonst in Deutschland als in der Hauptstadt fehlen mehr Beamte aus Gesundheitsgründen im Dienst. Mit 7125 Kalendertagen nimmt Berlin bezüglich der Dienstunfähigkeit den Spitzenplatz ein. In keinem anderen Bundesland übersteigt die Zahl der Krankentage die Anzahl der geschädigten Polizeibeamten. Das kommt in folgendem Durchschnittswert zum Ausdruck: Wenn ein Polizist in Berlin während seiner Arbeit angegriffen wird, ist er im Durchschnitt 1,1 Kalendertage dienstunfähig. Bundesweit liegt dieser Wert bei 0,4 Tagen.

Bundesweit gilt, dass die meisten und vor allem längsten Ausfälle im Streifendienst stattfinden. Dort werden meist jene Beamten eingesetzt, die beim Gesundheitstest zur Einstellung am besten abgeschnitten hatten.

Hinter dieser sperrigen Größe verbirgt sich eine traurige Erkenntnis. Bei den Verletzungen handelt es sich nicht um die Folgen einer vergleichsweise harmlosen Handgreiflichkeit, die sich bei der Arbeit eines Polizisten gar nicht vermeiden lässt. Vielmehr sind die Beamten auch bei Routineeinsätzen zunehmend mit gewalttätigen Personen konfrontiert.

Die Innenverwaltung des Berliner Senats hat ermittelt, dass das Land 2011 über 3,5 Millionen Euro für die Heilungskosten seiner Staatsdiener ausgegeben hat. Dabei wurden zwar auch Feuerwehrmänner und Mitarbeiter des Ordnungsamts erfasst, die im Dienst verletzt worden sind. Doch Polizisten stellen ganz klar die überwiegende

Mehrzahl in dieser Gruppe. Ihr Einsatz für den Schutz der Bevölkerung macht sie dabei immer öfter selbst zum Opfer.

Im Juni 2013 wurden die Berliner Polizeibeamten mitten in der Bundeshauptstadt in einen Konflikt hineingezogen, der sich zu dem Zeitpunkt eigentlich Tausende Kilometer weiter in der Türkei abspielte. In Istanbul war die Auseinandersetzung zwischen den Demonstranten im Gezi-Park und der Polizei eskaliert. Tagelang hatten türkische Bürger zu dem Zeitpunkt den Park schon besetzt, in dem Ministerpräsident Recep Tayyip Erdogan ein Einkaufszentrum mit der Fassade einer alten Kaserne bauen lassen will. Dabei ging die türkische Polizei immer wieder mit unverhältnismäßiger Härte gegen die Demonstranten vor.

Zu spüren bekamen das an einem Juniabend dann deutsche Polizeibeamte bei einer Routinekontrolle im Berliner Stadtteil Kreuzberg. Als sie nachts am Kottbusser Tor eine Drogenkontrolle durchführten, wurden sie plötzlich von hinten von etwa 40 Vermummten angegriffen. Diese warfen Farbbeutel, Pflastersteine und Brandsätze auf die rund 20 Polizisten. Ihre Gesichter waren nicht zu erkennen, und die meisten von ihnen hatten Handschuhe an, um keine Fingerabdrücke zu hinterlassen. Ein Molotowcocktail ging auf der Frontscheibe eines Polizeiwagens in Flammen auf. Zwei Beamte wurden dabei verletzt. Nur durch ein Wunder ist nicht mehr passiert, denn ein Brandsatz flog knapp an einer Polizistin vorbei. Obwohl ihre Dienstkleidung bereits in Benzin getränkt war, fing die Uniform nicht Feuer. Sie kam mit Haut- und Augenreizungen davon. Nach wenigen Minuten war die ganze Aktion vorbei. In der Nähe des Tatorts fanden ermittelnde Beamte später weggeworfene Masken, Handschuhe – und ein Plakat mit den Worten »Berlin grüßt Istanbul – Für die soziale Revolte weltweit«. Zwei mutmaßliche Täter wurden festgenommen.

Nun kann natürlich nicht jeder Vorfall in Berlin automatisch mit dem teils brutalen und rücksichtslosen Vorgehen der Polizei in Istanbul in Verbindung gebracht werden. Doch tragen die Bilder nicht gerade dazu bei, das Verhältnis zu entspannen. Radikale Türken könnten dazu angestachelt werden, für die Interessen ihrer Landsmänner auch in Deutschland auf die Straße zu gehen. Gefährdet sind dabei vor allem Städte wie Berlin und Köln, in denen ein hoher Anteil türkischer Einwanderer lebt. Zumal der Konflikt zwischen einem diktatorisch regierenden Premier Erdogan und einer mündig auftretenden Bevölkerung mit dem Kampf um den Gezi-Park längst nicht ausgestanden ist.

Berlin ist bei der Gewalt gegen Polizisten auch keine Ausnahme. Zwar haben die regelmäßig wiederkehrenden Bilder von Straßenschlachten zwischen Autonomen und der Polizei am 1. Mai das Bild der Hauptstadt geprägt. Doch auch die Polizei in Hamburg registriert eine zunehmende Brutalität gegenüber ihren Beamten. So ging die Zahl der verletzten Polizisten in der Hansestadt 2011 zwar stark zurück. Im Schnitt wurden 18 Beamte pro Monat verletzt. Doch die Zahl der Fälle, in denen die Polizisten ihren Dienst nicht mehr fortsetzen konnten, ist laut Lagebericht spürbar gestiegen. Zwar finden auch hier die meisten Übergriffe ohne Hilfsmittel (wie etwa Messer) statt. Dafür greifen die Täter aber immer häufiger auf Pyrotechnik (wie sogenannte Polen-Böller oder gar Molotowcocktails) zurück.

Von dieser Entwicklung bleiben auch die Beamten in mittelgroßen Städten und auf dem Land nicht verschont. Das erlebten Beamte bei ihrem Dienst auf einer Wache in Göttingen im Frühjahr 2013. Sie hatten einen Mann wegen

Urkundenfälschung festgenommen und auf die Wache gebracht. Dort wollten sie seine Fingerabdrücke aufnehmen und ihn für die Akte fotografieren. Da entwendete der 43-Jährige plötzlich einem Beamten die Waffe. Die Polizisten hatten ganz offensichtlich nicht mit so einer Aktion gerechnet, sonst hätten sie nicht derart überrumpelt werden können. Das rächte sich bitter. Mit der Dienstwaffe schoss der Mann zwei Polizisten in die Beine. Dabei handelte es sich keineswegs um Neulinge im Dienst, sondern um erfahrene Kollegen. Göttingens Polizeipräsident Robert Kruse sprach nach dem Angriff von einem weiteren »Beleg für die kontinuierlich angestiegene Gewaltbereitschaft gegen Polizeibeamte in Ausübung ihres Dienstes zum Wohle der Bürger« (Hessische/Niedersächsische Allgemeine, 18.3.13).

Die Polizei hat es seit einigen Jahren mit einem besonderen Phänomen zu tun. Dabei handelt es sich um gewaltbereite Gruppen, die sich ganz spontan bilden und gemeinsam gegen die Beamten vorgehen. Besonders häufig tritt dieses Phänomen in Großstädten auf. Ganz vorne auf der Liste steht hierbei natürlich erneut die Hauptstadt. Hier werden etwa 15 Prozent der Gewalttaten gegen Polizisten aus Gruppen heraus begangen. Die Polizei hat sich diese Struktur daher genau angesehen, um hinter das Phänomen zu kommen. Dabei stellte sie fest, dass in Berlin die meisten Übergriffe von Gruppen begangen werden, die zwischen 51 und 200 Personen umfassen. Sie sind überwiegend männlich. Bundesweit sind es dagegen Gruppen von vier bis zehn Personen. Das zeigt, dass in Berlin eine besondere Gefahr gegeben ist, wenn sich eine große Masse an Menschen zu Demonstrationen trifft.

Wer einen Polizisten angreift, muss zwar theoretisch mit einer harten Strafe rechnen, so drohen bis zu drei Jahren

Gefängnis. Doch das schreckt die Täter immer seltener ab. Dabei sind schon bei verbalen Entgleisungen teils hohe Geldstrafen fällig. Wer beispielsweise einen Polizisten mit »Leck mich doch« beschimpft, kann mit 300 Euro bestraft werden. Einen Polizisten zu duzen kann bereits bis zu 600 Euro kosten. Den Mittelfinger zu zeigen wird in Abhängigkeit von den Umständen mit bis zu 4000 Euro bestraft. Eigentlich müsste sich auch die Zahl der verhängten Strafen erhöhen, wenn die Gewalt gegen Polizisten zunimmt. Doch hier zeigt sich das gegenteilige Bild. Dies verdeutlicht exemplarisch eine Untersuchung des Landes Berlin, wo die meisten Übergriffe stattfinden. 2011 registrierte die Innenverwaltung 1947 Köperverletzungen bei Polizisten. In 249 Fällen wurden Ordnungshüter massiv bedroht und 106-mal genötigt. 4018-mal leisteten Menschen Widerstand gegen Polizisten. Doch nun kommt die eigentlich bemerkenswerte Zahl. Von all diesen Fällen wurden nur 436 Personen verurteilt. Wozu die Übergriffe überhaupt noch anzeigen, wenn die Täter kaum oder wenn, dann nur gering bestraft werden? Das fragen sich viele Polizisten nicht zu Unrecht.

Rund ein Viertel aller Beschäftigten bei der Bundespolizei leidet unter erheblichen psychischen Belastungen am Arbeitsplatz. Das Gefühl der Überforderung und Burnouts kommen allerdings nicht nur durch den hohen Druck, unter dem die Polizisten stehen, zustande. Das schwindende Selbstwertgefühl wegen des vermeintlich sinkenden Ansehens der Polizei in der öffentlichen Wahrnehmung trägt dazu entscheidend bei. Lob hören Polizeibeamte nur selten. Von ihnen wird erwartet, dass sie funktionieren. Und zwar zu jeder Tages- und Nachtzeit, unabhängig von persönlichen Befindlichkeiten. Kritik kommt dagegen sofort und mit voller Härte – vor allem in der Presse.

Das zeigte sich etwa im Juli 2013 nach dem tödlichen Schuss eines Polizeibeamten auf einen Nackten im Berliner Neptunbrunnen. Der Mann hatte sich zuvor mit einem Messer selbst verletzt. Passanten riefen daher die Polizei. Die Beamten versuchten, den nackten Mann zu beruhigen. Doch dieser fügte sich weiter selbst Verletzungen zu. Mit einer 20 Zentimeter langen Klinge ritzte er sich an den Armen sowie am Bauch und am Hals. Als er auf einen Beamten zuging und dieser selbst in Gefahr geriet, gab sein Kollege, der ihn sichern sollte, einen Schuss ab. Dabei zielte er auf den Oberkörper. Obwohl ein Notarzt zur Stelle war, starb der Mann noch am Brunnen. Natürlich musste daraufhin die Frage gestellt werden, ob der tödliche Schuss wirklich notwendig war. Viele wollten wissen, wieso der Polizist nicht in das Bein oder den Arm des Mannes geschossen hatte. Das hätte den Mann mit dem Messer aber sehr wahrscheinlich nicht gestoppt. Er war zwar nicht wie anfangs vermutet betrunken, rauchte aber regelmäßig Cannabis in großen Mengen. Dadurch war seine Wahrnehmung der Realität verändert. Für Polizisten ist das keine neue Erfahrung. Sie warnen regelmäßig vor den bewusstseinsverändernden Folgen von Haschisch oder Marihuana. So gilt es als erwiesen, dass der übermäßige Konsum dieser Drogen schizophrene Störungen auslösen oder begünstigen kann. Doch die Folgen dieser Droge werden von den meisten Konsumenten gerne heruntergespielt.

Für den Mann am Neptunbrunnen war diese Verharmlosung am Ende tödlich. Denn er reagierte nicht mehr auf die Ansprache der Polizisten. In einem solchen Extremfall muss der Polizist innerhalb von Bruchteilen einer Sekunde entscheiden, was zu tun ist. Er kann nicht auf den Befehl eines Vorgesetzten warten oder sich darauf verlassen, dass schon alles gutgehen werde. Ob der Beamte am Neptunbrunnen richtig oder falsch gehandelt hatte, wurde in den Medien ausführlich diskutiert. Dass die Staatsanwaltschaft das Verfahren gegen den Polizisten wegen erwiesener Notwehr nach wenigen Wochen eingestellt hatte, ging dagegen weitgehend unter.

Grundsätzlich setzen die Beamten in Deutschland nur äußerst selten die Schusswaffe ein. In Situationen wie der eben beschriebenen zeigt sich deutlich, dass sogenannte Taser eine sinnvolle Ergänzung für die Ausrüstung der Polizisten sein können. Mit solch einem Gerät könnten die Polizisten den Angreifer durch einen Stromstoß in eine Art Schockzustand versetzen und dadurch bewegungsunfähig machen. Dass der Einsatz solcher Elektroschockpistolen sinnvoll sein kann, wird später noch ausführlich erörtert.

Wie brutal die tägliche Gewalt gegen Polizeibeamte inzwischen ist, können Polizisten wie Thorsten F. (56)*, der seit mehr als 30 Jahren dabei ist, am besten beschreiben. Er schildert, wie es wirklich zugeht:

»Ich bin als Polizist im Funkwagen-Streifendienst tätig. Mit Gewalt sind meine Kollegen und ich dabei jeden Tag konfrontiert. Überraschen kann mich da eigentlich nichts mehr. Wenn es gut läuft, werden wir nur bespuckt und beschimpft. Doch Täter sind auch schon mit dem Messer auf uns losgegangen und mit scharfen Waffen. Auffällig dabei ist, dass die Angreifer immer jünger und brutaler werden.

Während des Einsatzes selbst ist man innerlich erstaunlich ruhig. Doch die verschiedenen Erfahrungen, die man selbst gemacht hat, oder die Geschichten von Kollegen führen dazu, dass man vor den Einsätzen häufig ein

---

* *Name und Alter geändert*

mulmiges Gefühl bekommt. Vor allem wenn man weiß, dass es hoch hergehen wird. Offen würde es keiner aussprechen, doch dabei geht einem auch durch den Kopf, ob das eigene Leben möglicherweise in Gefahr ist. Natürlich gehört das zu unserem Job dazu. Wenn Betrunkene in der Kneipe randalieren oder Banden aufeinander losgehen, sind wir zur Stelle. Wir schrecken davor nicht zurück, sondern kommen unserer Aufgabe nach. Dazu wurden wir ausgebildet. Jeder Polizist weiß, worauf er sich einlässt, wenn er sich für diesen Beruf entscheidet.

Was ich allerdings nicht wusste oder unterschätzt habe, ist, wie gering der Rückhalt aus der Politik für unsere Arbeit tatsächlich sein würde. Ausgerechnet bei der Polizei, die für die Sicherheit der Menschen in unserem Land sorgen soll, streichen sie Stellen! Ganz so, als ob wir zu wenig zu tun hätten und auf Kollegen verzichten könnten.

Keiner hat sich für diesen Beruf entschieden, weil er reich werden will. Aber die geringen und vor allem seltenen Gehaltserhöhungen schlagen auf Dauer aufs Gemüt. Denn darin kommt auch die geringe Anerkennung für unsere Arbeit zum Ausdruck. Für die Verwalter der öffentlichen Kassen sind wir nur ein Kostenfaktor. Aber wir sind mehr.

Polizisten sollen die Freiheit, das Leben und das Eigentum der Bürger schützen. Dafür sind wir bereit, unser Leben und unsere Gesundheit einzusetzen. Doch das scheint in der öffentlichen Wahrnehmung völlig untergegangen zu sein. Ein Angriff auf einen Polizisten ist immer auch ein Angriff gegen den Staat. Das muss den Menschen wieder bewusst werden.«

Die Polizei als Zielscheibe von rechtsextremer Gewalt

Polizisten waren immer schon im Visier der rechten Szene. So gilt der Berliner Neonazi Kay Diesner bis heute bei seinen Gleichgesinnten als Held. Diesner hatte 1997 einen Polizisten erschossen und kam dafür ins Gefängnis. In den vergangenen Jahren kam es allerdings zu einer Verschärfung der Lage. Die Haltung gegenüber Staatsbediensteten hat sich verändert. Polizisten werden von Rechtsextremen zunehmend als Gegner wahrgenommen und diffamiert. Zu diesem Schluss kommt die Untersuchung »Feindbild Polizei – Wie reden Rechtsextreme über die Polizei« des Innenministeriums des Landes Brandenburg. Dort heißt es: »Es existiert ein ›Feindbild Polizei‹ in der rechtsextremen Szene.« Das ist einerseits natürlich positiv, da es »die grundlegende Differenz von Polizei im demokratischen Verfassungsstaat gegenüber rechtsextremistischen Gesellschaftsvorstellungen« unterstreicht. Gleichzeitig resultiert daraus aber auch eine besondere Gefährdung der Polizisten.

Betroffen sind laut der Studie vor allem jene Polizisten, die sich besonders für den Kampf gegen rechts einsetzen oder die eine herausgehobene Position innehaben, wie etwa ein Einsatzleiter. Dafür werden vor allem zwei Gründe genannt. Einerseits kommt darin ein gestiegenes Selbstbewusstsein der rechtsextremen Szene zum Ausdruck. Gleichzeitig dürfte es aber auch eine Reaktion auf eine verbesserte Polizeiarbeit sein, was im Kern auch wieder etwas Positives hat. Es zeigt, dass die Konzepte funktionieren. Für die bedrohten Polizisten ist das allerdings nur ein schwacher Trost.

Sie werden vor allem in Liedern rechtsextremer Bands verunglimpft. Die Polizei wird darin »zum avisierten

Feind erklärt«, so die Studie des Landes Brandenburg. Deutschland wird als Überwachungsstaat dargestellt. Polizisten würden durch »angeblich willkürliche« Einsätze bei Konzertabbrüchen und Hausdurchsuchungen die rechte Szene bewusst unterdrücken, während sie gegen linke Kriminelle oder gegen Ausländerkriminalität vorsätzlich nichts unternähmen oder zu lasch vorgingen, so der Vorwurf. In den Liedtexten wird daraufhin offen zu Gewalt bis hin zum Mord aufgerufen: *»Du wirst bluten, Bulle! Wo bist Du, Bullenschwein?«*

Im Extremfall richtet sich der Zorn sogar gegen einzelne Polizisten, die auch noch namentlich genannt werden. Zu den Betroffenen gehört etwa der ehemalige Passauer Polizeidirektor Alois Mannichl, über den der folgende Vers im Internet kursiert: *»Knusper, Knusper Knäuschen, wer knuspert an Mannichls Häuschen? Mannichl geht's nicht gut. Mannichl geht's nicht gut, man hat ihn angestochen und dabei verlor er Blut.«*

Auch der Berliner Polizeidirektor Michael Knape kommt in einem Spottlied vor, in dem er hämisch als klügster Polizist der Welt und Nazijäger Nr. 1 bezeichnet wird.

Grundsätzlich haben Rechtsextreme ein gespaltenes Verhältnis zur Polizei. Einerseits fühlen sie sich zu ihr hingezogen. Sie schätzen die hierarchischen Strukturen und äußeren Attribute des Polizeidienstes wie etwa die Uniform. In Erinnerung an die unheilvolle Rolle der Polizei während der NS-Zeit sehen Rechtsextreme einen starken Sicherheitsapparat als unverzichtbar an, um eine ihrem nationalsozialistischen Weltbild entsprechende Gesellschaftsordnung aufzubauen. Gleichzeitig erfüllt die heutige Polizei diese Erwartungen natürlich mit gutem Grund nicht. Ebendiese Enttäuschung darüber kommt in Liedern und auch auf Websites im Internet zum Ausdruck.

So wird die Polizei in den Augen der Rechten als unfähig oder schlichtweg unwillig dargestellt. Sie werfen den Beamten vor, mit reiner Willkür gegen sie vorzugehen. Sich selbst sehen sie als Opfer. Damit rechtfertigen sie wiederum neue Straftaten bis hin zur Selbstjustiz. Gleichzeitig würden die Beamten bewusst wegschauen, wenn Ausländer Verbrechen begehen würden. Rechte Aktivisten kritisieren dabei auch die Anwerbung »fremdrassiger Polizisten«, also die Rekrutierung von Polizeibeamten mit Migrationshintergrund. Mit dem Internet haben Rechtsextreme neben ihren Konzerten und CDs eine schier endlose Plattform für ihren Hass auf den Staat und die Polizei gefunden. Dort werden einzelne Beamte gezielt genannt. Durch regelmäßige Information über die betroffenen Polizisten im Internet versuchen rechte Aktivisten, psychischen Druck auf die Polizisten auszuüben. Häufig werden auch biografische Details bis hin zum Wohnort veröffentlicht. Regelmäßig droht die Szene der Polizei dabei eine gewalttätige Abrechnung an.

Laut der Untersuchung fühlt sich die rechtsextreme Szene von der Polizei zu Unrecht und gezielt unterdrückt. Sie stellten Straftaten aus den eigenen Reihen als »alltäglichen jugendlichen Übermut« dar. Die Polizei hingegen wende immerzu »rohe Gewalt« an. Das erinnere »fatal an einen Stil, wie er auch bereits während des alten DDR-Unterdrückungsapparates angewendet worden war«.

Die Studie über das »Feindbild Polizei« zeigt, wie sehr die rechte Szene durch Fahndungsdruck auf ihre Organisationsstrukturen unter Druck gerät. Sie zeigt aber auch, wie groß ihr Hass auf Staat und Polizei ist.

Welcher Aufwand verbirgt sich hinter der Polizeiausbildung am Hindukusch?

Die Polizei ist überlastet, und ihr fehlt Personal an allen Ecken und Enden. Die Frage, welche zusätzlichen Aufgaben sie künftig noch übernehmen kann, ist daher essenziell. Sie bestimmt ganz wesentlich, ob es gelingt, Deutschland wieder sicherer zu machen.

Gerade die Auslandseinsätze der deutschen Polizei binden viel gutes Personal. Der Grund ist einfach: Nur die Besten gehen ins Ausland. Ein Beispiel dafür ist das deutsche Engagement bei Aufbau und Ausbildung der afghanischen Polizei. Doch was bringen solche Projekte wirklich? »Wir haben nicht viel erreicht«, sagt einer, der es weiß und genau beurteilen kann.

Doch bevor der deutsche Polizeiausbilder Hans T.* auspackt, zunächst die Fakten: Auf der Internetseite des Auswärtigen Amtes heißt es zur Lage in Afghanistan: »Nach 30 Jahren Bürgerkrieg verfolgt die afghanische Regierung heute das Ziel, eine Polizei aufzubauen, die rechtsstaatlichen Grundsätzen folgt und sich landesweit das Vertrauen der Bevölkerung erarbeiten soll. Die internationale Gemeinschaft unterstützt Afghanistan hierbei durch Beratung, Ausbildung, Ausstattungshilfe und finanzielle Zuwendungen.« Auch Deutschland ist dabei. Mit Geld, Ausrüstungshilfe und mit deutschen Polizeiausbildern. Sie beteiligen sich an zwei unterschiedlichen Missionen: Die erste findet als bilaterales Projekt zwischen Deutschland und Afghanistan statt, die zweite als gemeinsames Projekt der Europäischen Union.

Schon seit 2002 ist das »Deutsche Polizeiprojektteam«

---

* *Name und Alter geändert*

(»German Police Project Team«: GPPT) an vier Standorten in Afghanistan unterwegs: in Kabul, in Faizabad, in Kunduz und in Mazar-i-Sharif. Ziele der GPPT-Mission sind laut Bundespolizei der »Aufbau einer zivilen, rechtstaatlichen Prinzipien folgenden Polizei in Afghanistan. Das GPPT berät die afghanischen Sicherheitsbehörden und schafft nachhaltige Ausbildungskapazitäten. Das Team steht bei der Aus- und Fortbildung afghanischer Polizeibeamter unterstützend zur Seite und setzt sich insbesondere für die Qualifizierung afghanischer Polizeilehrer im Rahmen des Train-the-Trainer-Programms ein. Darüber hinaus gewährleistet das GPPT die Umsetzung der bilateralen polizeilichen Ausstattungshilfe.«

Seit 2007 ist zu der bilateralen deutschen Polizeiausbildung in Afghanistan noch das europäische Projekt »EUPOL Afghanistan« dazugekommen. Ziel dieser Mission sind laut Auswärtigem Amt »der Aufbau der nationalen afghanischen Polizei, die Korruptionsbekämpfung und die bessere Zusammenarbeit zwischen Polizei und Staatsanwaltschaft.« Rund 400 Experten arbeiten für die »EUPOL Afghanistan«-Mission – zwei Drittel sind Polizisten, ein Drittel Juristen (Rechtsanwälte und Richter). Neben Deutschland sind noch 22 weitere EU-Staaten, Kanada, Norwegen und Neuseeland an dem Projekt beteiligt.

Kurz gesagt, geht es dabei vor allem darum, die afghanischen Polizei- und Justizbehörden halbwegs zum Laufen zu bringen, um nach dem Abzug der Bundeswehr aus Afghanistan Ende 2014 einigermaßen funktionierende Rechtsstaatstrukturen hinterlassen zu können. Seit 2002 haben rund 1300 deutsche Polizisten aus Bund und Ländern für beide Projekte gearbeitet. Dabei waren zu jeder Zeit rund 180 deutsche Polizisten für das »Deutsche Polizeiprojektteam« und rund 60 deutsche Polizisten für die Mission

»EUPOL Afghanistan« im Einsatz. Die Kosten der Projekte sind erheblich: Rund 500 Millionen Euro sind in den vergangenen zwölf Jahren in die beiden Projekte geflossen. Doch das ist nicht alles: Deutschland zahlt nämlich – gemeinsam mit anderen Ländern – auch die Gehälter der Afghanischen Nationalpolizei (ANP).

Das Geld fließt in den Sicherheitsfonds »Law and Order Trust Fund: LOTFA«, der vom Entwicklungsprogramm der Vereinten Nationen (UNDP) verwaltetet wird. 30 Millionen Euro steckt Deutschland dabei jährlich in den Fonds, das sind rund fünf Prozent der Gesamtkosten. Laut Auswärtigem Amt dient der Sicherheitsfonds vor allem der Korruptionsbekämpfung: »Deutschland setzt sich auch für die Gewährleistung angemessener Polizeigehälter ein. Diese Maßnahme ist ein wichtiger Beitrag zur Eindämmung von Korruption.«

Was wurde dabei bisher eigentlich erreicht? Die Afghanische Nationalpolizei ist auf dem Papier rund 157000 Mann stark. 67000 Beamte davon wurden von deutschen Polizisten ausgebildet. Sie haben eine Grundausbildung erhalten, haben Führungslehrgänge besucht und konnten an Fortbildungsmaßnahmen teilnehmen, wenn sie sich dafür qualifiziert hatten. Das bedeutet: Sie wurden zu Urkundenspezialisten, Diensthundeführern, Bombenentschärfern oder zu Polizeiausbildern ausgebildet. Sie bekommen für ihre Arbeit sogar die Sprengstoffspürhunde aus Deutschland gestellt.

Doch Tatsache ist auch: Viele Polizeirekruten in Afghanistan können nicht lesen und schreiben und waren vor ihrer Polizeiausbildung sogar kriminell. Die »Süddeutsche Zeitung« (17. Mai 2010) brachte das Dilemma der deutschen Polizeiausbildung in Afghanistan schon 2010 auf den Punkt: »Nur Doofe und Halbkriminelle wollen in Afgha-

nistan zur Polizei«, sagte Afghanistan-Kenner Reinhard
Erös von der Entwicklungshilfeorganisation »Kinderhilfe
Afghanistan« der »SZ«. Erös arbeitet seit Jahren als Ent-
wicklungshelfer in Afghanistan und bildet deutsche Polizisten für ihre Ausbildungsaufgaben am Hindukusch aus.
Nur nach und nach geht die Verantwortung für die Ausbildung der afghanischen Polizeirekruten in die Hand der
Afghanen über. Sie bilden ihren eigenen Nachwuchs inzwischen selbst aus. Die deutschen Polizisten sind nur
noch beratend tätig und kümmern sich um die Ausbildung
der Ausbilder. Seit 2011 allein wurden auf diese Weise rund
1600 afghanische Polizisten zu Ausbildern gemacht.
    Jetzt müssen die Afghanen endgültig selbst ran. Im Juli
2012 wurde das Polizeitrainingszentrum (PTC) Faizabad
des »Deutschen Polizeiprojektteams« an die Afghanische
Nationalpolizei übergeben. Im August 2013 folgte dann
das PTC Kunduz. So soll es bis Ende 2014 auch noch mit
den anderen beiden Standorten geschehen.
    Im Fortschrittsbericht der Bundesregierung zur Lage in
Afghanistan heißt es dazu: »Die afghanische PTC-Leitung,
die Trainer, das Verwaltungs- und Betriebspersonal wurden im Vorfeld intensiv auf ihre zukünftigen Aufgaben
vorbereitet. Der Ausbildungsbetrieb in beiden PTC läuft
reibungslos. Bis Ende 2014 werden die PTC in Kabul und
in Mazar-i-Sharif nach gleichem Vorbereitungsmuster in
afghanische Verantwortung übergeben.«
    Fraglich ist indes, ob wirklich alles so »reibungslos« ver-
läuft, wie es die Bundesregierung in ihrem Fortschrittsbe-
richt auch behauptet. Korruption und Kriminalität sind in
Afghanistan auf dem Vormarsch, berichtet ein Polizist, der
lange vor Ort war. Die radikal-islamischen Taliban machen
wieder an Boden gut – und das alles macht natürlich auch
vor der afghanischen Polizei nicht halt. »Wir haben nicht

viel erreicht«, sagt der Beamte. Doch ab 2014 wird die Bundeswehr aus Afghanistan abziehen. Dann geht auch die Verantwortung für die innere Sicherheit im Land auf die Afghanen über – vor allem auf die afghanische Polizei ANP. Deutsche Ausbilder trainieren die Truppe seit 2002 und kennen die Stärken und Schwächen ihrer Schützlinge genau. Was ist bei der Polizeiausbildung in Afghanistan bisher herausgekommen? Ausbilder Hans T. (43)* packt aus:

»Afghanistan ist unsicher. Allein hat die dortige Polizei die Lage nicht im Griff. Ich kann das beurteilen, denn ich war zwölf Monate lang als Polizeiausbilder in Mazar-i-Sharif tätig. Dort habe ich Polizeianwärtern die Grundlagen ihrer Arbeit beigebracht. Ich habe ihnen gezeigt, wie man Fahrzeuge kontrolliert, Verdächtige festnimmt, sich selbst verteidigt und im Notfall schießt. Und ich weiß: Nach einem sechswöchigen Kurs ist man noch lange kein Polizist!
Seit zwölf Jahren bildet Deutschland in Afghanistan Polizisten aus. Wir trainieren einfache Polizisten und bilden begabte Rekruten unter ihnen zu Ausbildern aus. Das ist ein wichtiger Job, ganz klar, aber gemessen an dem immensen finanziellen und personellen Aufwand, den wir betreiben, haben wir nicht viel erreicht. Bis Ende 2014 sollen im ganzen Land knapp 160 000 afghanische Polizisten angelernt werden. Die meisten davon durch deutsche Polizisten und mit dem Know-how und der Ausrüstung aus Deutschland. Das wird auf dem Papier auch so sein, doch der Nutzen der afghanischen Polizeitruppe ist begrenzt.

* *Name und Alter geändert*

Selbst wenn die Polizisten fähig sind, scheitern sie an dem korrupten System. 160–180 US-Dollar Monatslohn verdient ein afghanischer Polizist im Durchschnitt. Viele von ihnen haben Großfamilien und sind die Einzigen mit einem regelmäßigen Einkommen. Um ihre Familien zu ernähren, reicht ihr Lohn als Polizist in der Regel nicht aus. Sie sind daher extrem anfällig für Korruption. Das gilt für den einfachen Straßenpolizisten ebenso wie für den Polizeichef einer Provinz.

Aber das ist längst nicht alles: In Afghanistan haben bis heute nicht Politiker, sondern kriminelle Clan-Chefs und korrupte Warlords das Sagen. Die haben oft ihre private Schutztruppe. Selbst wenn ein afghanischer Polizist einen Verbrecher festnimmt, kann der auf Befehl von ›oben‹ – also von einem der besagten Warlords oder Clan-Chefs – ganz schnell wieder freikommen. Widersetzt sich der Polizist, riskiert er sein Leben. In vielen Fällen lassen sich von uns ausgebildete Polizisten hinterher von Warlords als Leibwächter anwerben, weil sie dort viel mehr verdienen. Außerdem stehen sie dann aus ihrer Sicht auf der sicheren Seite in Afghanistan. Und das ist nicht die Seite des Staatsdienstes.

Regelmäßig verschwindet auch die Ausrüstung der afghanischen Polizei. Wir statten sie mit Waffen, Munition, Schutzkleidung und Funkgeräten aus, und dann verschwinden die Sachen spurlos. Die Polizisten schweigen, wenn wir sie danach fragen. Dabei ist uns völlig klar, dass die Sachen entweder auf dem Schwarzmarkt, bei den Taliban oder bei kriminellen Warlords landen. Oft laufen die Polizisten im Anschluss an den Diebstahl dann auch gleich noch zu den Taliban oder Warlords über.

Besonders skrupellos gehen in Afghanistan aber die Taliban gegen Polizisten vor. Sie entführen Familienmitglie-

der und stellen den afghanischen Polizisten anschließend vor die Wahl: Entweder lässt er sich zu einem Anschlag überreden, oder sie ermorden seine Verwandten. Aus diesem Grund haben schon viele afghanische Polizisten ihr Leben verloren. Sie haben dann plötzlich entweder auf ihren Kollegen geschossen oder sich an einem Checkpoint oder in einer Wache in die Luft gesprengt. Deutsche Polizisten sind so zwar noch nicht zu Schaden gekommen, aber das war nur Glück.

Die traurige Wahrheit ist: Afghanische Polizisten kennen keine Loyalität gegenüber ihrem Staat oder ihren westlichen Verbündeten. Sie hören auf den, der die Macht hat, und auf den, der ihnen am meisten Geld bezahlt. Ob das der afghanische Präsident Hamid Karzai ist, ein krimineller Warlord, der sein Geld mit Opium-Handel verdient, oder ob es die radikal-islamischen Taliban sind, ist ihnen am Ende völlig egal. Wenn wir abziehen, sehe ich schwarz.«

Die Kritik an der Polizei wächst

Zurück nach Deutschland. In der bereits zuvor erwähnten Dunkelfeldstudie zum individuellen Sicherheitsgefühl der Bürger in Niedersachsen gaben die Teilnehmer auch Auskunft darüber, wie sie die Arbeit der Polizei einschätzen. Die gute Nachricht dabei ist, dass weit über 90 Prozent der Befragten der Polizei in Deutschland als rechtsstaatlicher Institution vertrauen. Sie fühlen sich von den Polizisten auch gerecht behandelt. Grundsätzlich wird die Polizei als engagiert, hilfsbereit und kompetent wahrgenommen.

Allerdings gab es einen deutlichen Kritikpunkt. Wer Opfer einer Straftat wurde, fühlt sich hinterher oft nicht ausreichend von der Polizei darüber informiert, wie der Vorgang bearbeitet wird. Hier muss die Polizei ansetzen und ihre Kommunikation mit den Bürgern verbessern. Das Internet wäre dafür eine gute Möglichkeit. Doch erstaunlicherweise kam in der Studie heraus, dass diese Form der Kontaktaufnahme kaum oder zumindest in Niedersachsen nur selten eine Rolle spielt. Das gilt sowohl für E-Mails als auch für das Internetportal der Polizei, die Online-Wache. Die meisten der Befragten suchen nach wie vor die persönliche Ansprache.

Das schwieriger zu lösende Problem für die Polizei tritt durch ein weiteres Ergebnis der Umfrage hervor. 17 Prozent der Teilnehmer sind der Ansicht, dass es nichts bringe, sich an die Polizei zu wenden, »weil die sowieso nicht helfen wird«. Besonders schlimm ist diese Angabe, wenn sie von den Opfern von Straftaten selbst kommt, die vielleicht erst gar keine Anzeige erstattet haben. Dieses Gefühl kommt fast einer Resignation gleich. Der Eindruck darf sich nicht in der Bevölkerung festsetzen, sonst sinkt mittelfristig auch das grundsätzliche Vertrauen in die Sicherheitsbeamten des deutschen Staates.

Die Polizei selbst darf man von berechtigter Kritik nicht ausnehmen. Sie setzt durch unverhältnismäßige Einsätze wie Anfang Juni 2013 bei einer Demonstration von Blockup-Gegnern in Frankfurt am Main ihren Ruf aufs Spiel. Etwa 10 000 Anhänger der kapitalismuskritischen Bewegung hatten sich zu einem Protestzug versammelt. Schon nach kurzer Zeit stoppte die Polizei den Demonstrationszug und kesselte etwa 900 Teilnehmer ein. Nachdem die Demonstranten mehrere Stunden lang an derselben Stelle stehen geblieben waren, löste die Polizei die Versammlung mit Schlagstöcken und Pfefferspray auf. Mehr als 100 Demonstranten und 20 Beamte wurden verletzt. Ob dieser Einsatz tatsächlich richtig abgelaufen ist, ist fraglich. Der Vorfall brachte sogar Hessens damaligen Innenminister Boris Rhein (CDU) unter Druck, der sich dafür vor dem Landtag rechtfertigen musste. Nach Angaben des Einsatzleiters der Polizei habe sich eine Gruppe von etwa 500 Autonomen schon vor Beginn der Demonstration »außergewöhnlich aggressiv und gewaltbereit« gezeigt. Als sich der Zug schließlich in Bewegung setzte, hätten sie ihre Gesichter mit Tüchern und Sturmhauben vermummt und spitze Gegenstände sowie Schirme und Seile ausgepackt. Damit die Demonstration insgesamt weiter friedlich ablaufen konnte, entschloss sich der Einsatzleiter dazu, diese Gruppe vom Rest abzutrennen. Auf diese Weise wollte er Ausschreitungen verhindern. Da die Polizei bei den eingekesselten Demonstranten anschließend auch Werkzeug, Sprays und Farbflaschen fand, sah sie dieses Vorgehen als gerechtfertigt an. Einige Mitglieder der Opposition im hessischen Landtag, aber auch anwesende Journalisten schätzten die Lage dagegen anders ein. Nach Ansicht der Partei »Die Linke« ist die Polizei in Frankfurt mit »großer Härte und Brutalität« vorgegangen (Süddeutsche Zeitung, 6.6.13). Doch der Vorwurf – berechtigt oder nicht – trifft nicht den Kern des Problems. Es geht nämlich darum, ab wann die Polizei einschreiten darf. Reicht die bloße Vermutung, dass es in Kürze zu gewalttätigen Ausschreitungen kommen könnte, aus, und sind ein paar Regenschirme und Masken ein ausreichend starker Hinweis darauf? Oder müssen die Beamten warten, bis es tatsächlich so weit ist, und sich dann gegebenenfalls vorwerfen lassen, zu spät reagiert zu haben? Eine eindeutige Antwort darauf gibt es nicht. Die muss jeder Einsatzleiter vor Ort und unter höchstem Stress und Druck jedes Mal aufs Neue treffen. Immer wieder. Und zwar zum Schutze der Gesellschaft. Auch umstrittene Vorschriften sorgen dafür, dass der Ruf des einzelnen Beamten leidet. Dazu gehört auch die vieldiskutierte Regelung zu »verdachtsunabhängigen Kontrollen«. Dabei kontrollieren Polizisten Personen, die ihnen verdächtig vorkommen, allein aufgrund von Erfahrungswerten. Die Beamten dürfen die Ausweise kontrollieren und die Person durchsuchen.

Kritiker werfen der Polizei dabei vor, hier allein nach Hautfarbe oder Aussehen zu urteilen. Organisationen wie das Deutsche Institut für Menschenrechte fordern schon seit langem, dass Polizisten keine Kontrollen mehr allein aufgrund bestimmter körperlicher Merkmale wie Hautfarbe, der Frisur oder der Gesichtsform durchführen dürfen. Das sogenannte Racial Profiling sei rassistisch und führe dazu, dass Menschen, die keine weiße Hautfarbe haben, überdurchschnittlich oft ohne Anlass von der Polizei kontrolliert werden.

Nach Ansicht von Bürgerrechtsorganisationen werden Menschen dadurch schon allein wegen ihres Aussehens unter Generalverdacht gestellt. Die entsprechenden Vorschriften im Bundespolizeigesetz und auch in der Gesetzgebung der Länder sollten ihrer Ansicht so verändert werden, dass dies künftig vermieden wird. Denn eines ist klar: Wenn ein Polizist die betreffende Person aufhält und nach den Papieren fragt, wird dies von den meisten argwöhnisch beäugt. Klar ist aber auch, dass Bundespolizisten illegale Einwanderer stoppen sollen und müssen. Dabei müssen sie natürlich jedem Verdachtsfall nachgehen. Das führt in diesem Fall zwangsläufig zu Kontrollen, die von außen betrachtet »rassistisch« anmuten.

Vor allem an Flughäfen, Bahnhöfen und im Grenzgebiet kommt es dabei besonders häufig zu diesen verdachtsunabhängigen Kontrollen, da die Polizei dort nach illegalen Einwanderern sucht. Hendrik Cremer vom Deutschen Institut für Menschenrechte kam in einer Studie zu dem Ergebnis, dass diese Methode kaum etwas bringt. 2,5 Millionen Menschen wurden demnach zwischen 2002 und 2006 ohne konkreten Anlass von der Polizei kontrolliert. Dabei habe nur ein Prozent der Befragten tatsächlich keine Einreise- oder Aufenthaltsgenehmigung gehabt. Das sind zwar immerhin rund 25 000 Personen. Doch ob es diese Zahl rechtfertige, dass Menschen anderen Aussehens nur aus diesem Grund aufgehalten werden, sei fraglich, so Cremer.

Streng genommen machen die Beamten der Bundespolizei nur das, was von ihnen erwartet wird. Sie greifen ihrer Erfahrung und Ansicht nach auffällige Personen heraus und führen routinemäßige Kontrollen durch. Besonders häufig kommt es dabei aber zu verbalen Auseinandersetzungen. Die Angesprochenen wehren sich gegen die aus ihrer Sicht als ungerecht empfundenen Kontrollen und beschimpfen die Polizisten als »Rassisten«. Dadurch schaukelt sich die Situation schnell hoch, obwohl die Polizisten eigentlich nur genau das tun, was das Gesetz auch von ihnen verlangt.

Der Bundesvorsitzende der Deutschen Polizeigewerkschaft, Rainer Wendt, ist trotz dieser Bedenken dagegen, die sogenannten lagebildabhängigen Personenkontrollen abzuschaffen. Für ihn ist die Behauptung, dass die Polizei auf Flughäfen, Bahnhöfen und Zügen »rassistische Personenkontrollen« durchführt, ein schwerer Vorwurf. »Es stellt die Bundespolizei in eine bösartige und falsche Ecke und trägt dazu bei, die Arbeit der Kolleginnen und Kollegen zu diskreditieren«, so Wendt.

Fest steht auch, dass die Bundespolizei, anders als vom Deutschen Institut für Menschenrechte behauptet, messbare Erfolge mit der Maßnahme erzielt. So kontrollieren die deutschen Sicherheitsbehörden seit Einführung des Fernbus-Linienverkehrs verstärkt Fernbusse nach illegalen Einwanderern. Dabei hat die Bundespolizei allein im Jahr 2013 rund 4200 »unerlaubt eingereiste Personen« (d. h. Menschen ohne Pass und Visum) aufgegriffen. Zusätzlich haben die Beamten bei den Razzien in den Bussen 210 »unerlaubt aufhältige Personen« (d. h. Menschen ohne gültigen Aufenthaltsstatus) gefasst.

Die illegal eingereisten Einwanderer stammen vor allem aus Serbien, Syrien, Somalia, Eritrea, Afghanistan, Russland, der Ukraine, Mazedonien, Nigeria und Guinea. Allein die Staatsangehörigen aus diesen zehn Ländern machen laut einem BILD-Bericht (30. 1. 2014) mit 2250 Personen die größte Gruppe unter den in Fernbussen aufgegriffenen illegalen Einwanderern aus.

Nach Angaben der Bundespolizei dienen die »stichprobenartigen Kontrollen der Fernbusse« vor allem der »Abwehr von Gefahren, die die Sicherheit der Grenze beeinträchtigen«.

Darunter fällt im Grenzgebiet der Bundesrepublik (bis zu 30 Kilometer) speziell »die Verhinderung und Unterbindung der unerlaubten Einreise in das Bundesgebiet«.

Natürlich gibt es auch die Fälle, in denen Polizisten gegen das Recht verstoßen. In 2013 wies die Kriminalstatistik 1913 Fälle von Körperverletzung im Amt aus. Das sind 56 Fälle weniger als noch 2012. Längst nicht alle Fälle davon sind Fälle von Polizeigewalt.

Amnesty International nimmt die Vorfälle aber zum Anlass für scharfe Kritik an der deutschen Polizei. Im »Amnesty International Report 2013« heißt es dazu: »Die Behörden versäumten es weiterhin, Hindernisse für wirksame Untersuchungen von Misshandlungsvorwürfen gegen die Polizei zu beseitigen. In allen Bundesländern fehlten nach wie vor unabhängige Beschwerdestellen zur Untersuchung von Vorwürfen über schwere Menschenrechtsverletzungen durch die Polizei.«

Die Polizeigewerkschaften halten diese Kritik für überzogen. Fälle von Körperverletzung im Amt seien »im Großen und Ganzen Einzelfälle, aber diese werden verfolgt und auch streng geahndet«, sagt der Bundesvorsitzende der Gewerkschaft der Polizei (GdP), Oliver Malchow. Den betroffenen Beamten drohen schwere Straf- und Disziplinarverfahren, die im schlimmsten Fall in einem Gerichtsprozess münden und die Entlassung aus dem Staatsdienst zur Folge haben können. »Aber viele Fälle kommen auch deshalb zustande, weil diejenigen, die zuvor Widerstand gegen Polizeibeamte geleistet haben und als Reaktion darauf von den Einsatzkräften mit der gebotenen Härte angefasst wurden, auf ihre Festnahme und die daraus resultierende Anzeige mit einer Gegenanzeige reagieren«, so der GdP-Chef weiter.

Jetzt muss man wissen, dass eine Anzeige für einen Polizisten automatisch bedeutet, dass er aus den laufenden Beförderungsverfahren raus ist. Und das ist so lange der Fall, bis er nach einem möglichen Disziplinarverfahren wieder eine weiße Weste hat. In der Zwischenzeit kann er seine Beförderung und sein berufliches Fortkommen vergessen. Laut Malchow verunsichert und hemmt das viele Beamte »und schwächt auch die Polizei insgesamt«.

Kapitel 3

Woher kommt die Gewalt?

Polizisten nehmen Veränderungen im Zusammenleben einer Gesellschaft wahr, bevor sie auf den Kommentarseiten der Zeitungen landen oder auf Konferenzen diskutiert werden. Das bringt der Beruf mit sich. Polizisten erhalten Einblick in häusliche Strukturen, wenn sie zu einem Einsatz in eine Wohnung gerufen werden. Sie bekommen mit, welche Strömungen sich in bestimmten Stadtteilen entwickeln, welche kriminellen Handlungen zu- oder abnehmen, bevor diese in einer offiziellen Statistik auftauchen. Oliver Malchow, Bundesvorsitzender der Gewerkschaft der Polizei, bezeichnete die Polizei in einem Kommentar als »Seismografen unserer Gesellschaft, der gesellschaftspolitische Erschütterungen und tiefe Risse lange erspürt, bevor sie eintreten« (Deutsche Polizei, Nr. 11, 2013). Das bedeutet aber auch, dass Polizisten oft am besten einschätzen können, welche Probleme und Gefahren auf uns zukommen. Ihrer Einschätzung kommt daher neben dem verfügbaren Datenmaterial eine besondere Bedeutung zu und spielt bei der Analyse der Zahlen eine große, vielleicht sogar eine entscheidende Rolle.

Vergleicht man die Kriminalstatistiken der vergangenen Jahre, zeigt sich, dass ausgerechnet jene Straftaten zugenommen haben, die das subjektive Sicherheitsbedürfnis der Bürger mit am stärksten beeinflussen. Dazu gehören Gewaltdelikte, Einbrüche und die Internetkriminalität. Das hat erheblichen Einfluss auf die subjektive Sicht der Kriminalität, die sich von absoluten Zahlen unterscheidet.

Kriminalitätsfurcht ist nicht greifbar und sowohl in ihrer Entstehung als auch in ihrer Verbreitung schwer zu fassen. Am ehesten könnte man diese abstrakte Angst noch mit der Furcht vor dem Arbeitsplatzverlust vergleichen. Dieses Szenario ist für den einen Arbeitnehmer mehr und für den anderen weniger bedrohlich. Die Wahrscheinlichkeit verändert sich auch im Zeitablauf, ist vom eigenen Verhalten aber ebenso abhängig wie von äußeren Einflussfaktoren, wie etwa der gesamtwirtschaftlichen Lage. Wenn man jemanden kennt, der ohne Vorwarnung entlassen wurde, stellt man automatisch die eigene Position im Unternehmen in Frage.

Ähnlich verhält es sich mit dem individuellen Sicherheitsgefühl, das jeder Mensch in sich trägt. Wer mit Schmuck behangen durch ein bekanntes Problemviertel spaziert, bietet sich als Opfer geradezu an. Ein Überfall ist natürlich auch dann nicht gerechtfertigt, aber dürfte nicht sonderlich überraschend kommen. Anders verhält es sich, wenn Bürger in ihren eigenen, vermeintlich sicheren vier Wänden oder auf dem Weg zum Kaufhaus ausgeraubt werden. Dies senkt das subjektive Sicherheitsempfinden der Betroffenen sowie jenes von Familienangehörigen und Bekannten. Einbrüche, Gewaltdelikte, Körperverletzung und Betrug tragen in erheblichem Maße dazu bei. Solange Straftaten in diesen Bereichen über längere Zeiträume betrachtet zunehmen, bringt ein allgemeiner Rückgang der Straftaten wenig. So wünschenswert er auch grundsätzlich sein mag.

Aus diesem Grund spielt ebendieses subjektive Sicherheitsempfinden in der Forschung eine zunehmende Rolle. Kriminologen wollen verstehen, was genau die persönliche Wahrnehmung von Kriminalität beeinflusst und wie dies für die Polizeiarbeit genutzt werden kann. In einer

Studie des Kriminologischen Forschungsinstituts Niedersachsen benennen die Verfasser wesentliche Einflussfaktoren dieses subjektiven Grundgefühls.

So haben natürlich die Medien eine erhebliche Auswirkung. In Zeitungen, im Fernsehen und auf Nachrichten-Websites wird nicht nur allgemein über die Zahl der Straftaten berichtet. Spektakuläre Fälle werden herausgepickt und von jeder Seite beleuchtet. Dabei werden auch Gefühle wie Angst transportiert oder noch verstärkt. Gerade Boulevardzeitungen stechen dabei besonders hervor. Reißerische Überschriften und Fotos tragen dazu bei, dass sich Verbrechen in den Köpfen der Leser festsetzen. Laut der Studie haben daher vor allem die regelmäßigen Leser von Boulevardblättern auch eine viel höhere Kriminalitätsfurcht. Der umgekehrte Fall tritt ein bei den Lesern von überregionalen Tageszeitungen, die über denselben Fall vermeintlich differenzierter berichten.

Einen großen Einfluss haben neben dem Medienkonsum auch persönliche Erfahrungen, also die Frage, ob man selbst schon einmal Opfer einer Straftat war. Dies steuert unbewusst, wie man selbst die Kriminalitätsentwicklung einschätzt und ob man sich vor bestimmten Verbrechen fürchtet. Wer in den vergangenen fünf Jahren bestohlen oder körperlich angegriffen wurde, hat eine größere Angst davor, dass die Tat erneut passiert, als andere Personen. Dieser Zusammenhang gilt allerdings nicht, wenn die Kriminalitätserfahrung bereits lange zurückliegt und in der Kindheit oder Jugend gemacht wurde. Wer als Kind oder Jugendlicher dagegen häufig mit Gewalt konfrontiert war, verliert die Angst davor als Erwachsener nicht mehr.

Zuletzt spielen aber auch der Bildungsstand, die Lebensumstände und das Alter eine Rolle. Wer gebildet ist, wird sich in aller Regel umfassend informieren und lässt sich von plakativen Überschriften weniger beeindrucken. Zudem sind diese Personen besser in der Lage, einzelne Ereignisse in einen Gesamtkontext einzuordnen. Man könnte diese Liste noch um viele Punkte erweitern und etwa auch das persönliche Weltbild sowie Alter und Geschlecht mit einbeziehen. So haben beispielsweise Frauen und ältere Menschen eine höhere Kriminalitätsfurcht, was mit der vergleichsweise höheren Verletzlichkeit erklärt werden kann. Diese Personengruppen haben im Allgemeinen eine geringer ausgebildete Fähigkeit, sich selbst zu verteidigen. Auch wer in der Großstadt lebt, hat grundsätzlich eine höhere individuelle Kriminalitätsfurcht als Bewohner auf dem Land. Doch die Liste fortzusetzen würde an dieser Stelle zu weit führen. Fakt ist, dass das Sicherheitsempfinden eines jeden Menschen unterschiedlich stark ausgeprägt ist und auf die Wahrnehmung der allgemeinen Sicherheitslage – unabhängig von den absoluten Zahlen aus einer Kriminalstatistik – einen wesentlichen Einfluss hat.

In diesem Kapitel soll erklärt werden, was den Anstieg ebendieser für das individuelle Sicherheitsbedürfnis entscheidenden Straftaten verursacht. Denn nur wenn die Gesellschaft den Grund des Problems erkennt, kann sie als Staat dagegen vorgehen. Die Polizei allein kann diese Aufgabe nicht übernehmen, wie sich bald zeigen wird.

Jeder Mensch trägt in sich ein gewisses Gewaltpotenzial. Doch Erziehung und Mitgefühl sorgen dafür, dass die meisten Menschen friedlich miteinander umgehen. Was aber bringt Menschen dazu, andere Bürger scheinbar völlig grundlos anzugehen? Woher kommt diese Verrohung, gegen die auch die Polizisten machtlos sind, da eine umfassende und lückenlose Überwachung durch die Staatsdiener weder machbar noch wünschenswert ist?

Psychologen haben dafür keine eindeutige Erklärung. Sie unterscheiden zwischen zwei Phänomenen. Zum einem wollen die Angreifer einfach nur ihre Wut und Aggression abbauen, sich, vereinfacht gesagt, abreagieren. Unter ihnen sind viele Schulabbrecher und Arbeitslose. Die wenigsten befinden sich in einer stabilen Beziehung. Von ihrem Alltag sind sie frustriert. Dafür sind sie ursprünglich nicht einmal selbst verantwortlich. Meist haben sie in der Kindheit körperliche und seelische Gewalt erfahren. Ihre Eltern haben es versäumt, ihnen Werte zu vermitteln. Diese emotionale Lücke haben sie nie aufgefüllt. Stattdessen sind sie innerlich abgestumpft.

Die Nachahmer bilden die andere Gruppe. Sie unterscheiden sich von der zuvor genannten Gruppe insofern, als dass sie aus völlig unterschiedlichen sozialen Schichten stammen. Bei ihnen fällt es schwer, eine Einteilung nach Bildung und Herkunft vorzunehmen. Genau das macht aber ihre Gewaltausbrüche fast völlig unberechenbar. In ihrem Fall reicht es aus, dass sie von einem Übergriff lesen oder in der Gruppe darüber reden. Dadurch kann der Impuls entstehen, diese Tat nachzumachen. Häufig geht es dabei einfach nur darum, sich selbst etwas zu beweisen oder der Gruppe zu imponieren. Diese Nachahmungstaten sind »ein relativ neues Phänomen und großes Problem« (Berliner Morgenpost, 16. 10. 12).

Dazu kommen bestimmte Rahmenbedingungen, die einen solchen Gewaltausbruch wie gegenüber dem jungen Jonny K. begünstigen. Solche Fälle passieren besonders häufig in Gruppen. Die Mitglieder stacheln sich gegenseitig an. Wenn einer von ihnen den ersten Schritt gemacht hat, fällt es den anderen leichter, es ihm oder ihr nachzumachen. Sie fühlen sich dann weniger schuldig, da sie gemeinsam die Verantwortung übernehmen. Dadurch kommt ihnen ihr Anteil an der Tat vermeintlich kleiner vor. Greift ein Täter dagegen alleine an, hat er in aller Regel ein größeres Bewusstsein für die Schwere seiner Tat. Alleine gerät er nicht so leicht in einen tranceartigen Zustand, der ihn jedes Mitgefühl verlieren lässt. Meist sind bei solchen Gewaltexzessen auch Drogen im Spiel. Dadurch sinkt die Hemmschwelle und die Folgen der Tat werden ausgeblendet. Dafür reicht aber in aller Regel schon ein durchschnittlicher Alkoholkonsum aus. Haben die Täter harte Drogen wie Kokain genommen, sind die Ausfälle noch gravierender.

Das Problem wird noch zunehmen. Darauf deuten zumindest jüngste Zahlen zum Alkoholkonsum bei Jugendlichen vom April 2014 hin. Zwar ist der regelmäßige Alkoholkonsum der unter 12- bis 17-Jährigen von 18 auf 13,6 Prozent zurückgegangen. Doch die Drogenbeauftragte der Bundesregierung warnt ausdrücklich vor Alkoholexzessen unter Jugendlichen: Fast jeder zweite (44 Prozent) junge Erwachsene (18–25 Jahre) und jeder sechste (17 Prozent) Jugendliche (12–17 Jahre) trinkt sich mindestens einmal pro Monat in den Vollrausch. Demnach verlieren Kinder und Jugendliche im Umgang mit Alkohol immer häufiger das Gefühl dafür, ab wann der Konsum für sie bedrohlich wird. Das zeigt sich an der Zahl der stationär wegen Alkoholvergiftung behandelten Kinder und Jugendlichen (15- bis 20-Jährige), die 2013 bei 26 000 lag. Das sind 18 Prozent mehr als im Vorjahr (2012: 22 000).

Ihre Opfer suchen sich die Angreifer zufällig aus. Um ins Visier einer gewaltbereiten Gruppe zu geraten, bedarf es gar keiner Provokation. Oft genügt schon ein falscher Blick. Mit sicherem Gespür erwischen die Angreifer aber häufig schwächere Opfer, also Obdachlose, die allein unterwegs sind, oder Betrunkene, die sich nicht mit voller

Kraft wehren oder schnell weglaufen können. Auf die Täter einzureden und an ihre Vernunft oder gar ihr Mitgefühl zu appellieren bringt so gut wie nie etwas. Auch wegrennen hat wenig Aussicht auf Erfolg, da die Täter ihr Opfer meistens nicht so leicht entkommen lassen wollen und sich auch in der Verfolgung als besonders hartnäckig erweisen. Das haben die jüngsten Vorfälle gezeigt. Die einzige Chance ist es, laut um Hilfe zu rufen und andere Menschen auf den Vorgang aufmerksam zu machen. Wenn sich die Angreifer erschrecken lassen, besteht die Chance, dass sie vielleicht von ihrem Opfer ablassen. Aber diese Einsicht hilft einem Betroffenen mitten in der Nacht und auf einer leeren Straße auch nicht weiter. Das hat der Fall Jonny K. auf traurige Weise gezeigt.

Zumal es in Berlin häufiger zu solch gewalttätigen Attacken kommt, als viele Menschen wahrhaben wollen. Nur wenige Tage vor dem Angriff auf Jonny K. attackierten vier Männer einen 31-Jährigen auf dem Bahnhof einer S-Bahn. Der Mann wartete an der Haltestelle Hermannstraße auf den Zug, als er von der Gruppe erst beleidigt und dann zusammengeschlagen wurde. Sein vermeintlicher Fehler war es, sich die Beleidigungen nicht gefallen zu lassen. Er begegnete ihnen mit ähnlichen Sprüchen. Daraufhin ging die Gruppe auf ihn los. Einer der Täter stach ihm mit dem Messer in den Oberschenkel (Berliner Morgenpost, 16. 10. 12).

Der Vorfall an der Hermannstraße ereignete sich am späten Nachmittag. Doch normalerweise ist die Gefahr vor allem in den Randzeiten des Tages oder eben in der Nacht besonders groß. Im Oktober 2012 befand sich eine Gruppe junger Leute in Schöneberg morgens auf dem Heimweg von einer Party. Als sie ein Mann nach dem Weg fragte, dachte sich keiner etwas dabei. Doch schnell war klar, dass der Mann etwas ganz anderes wollte. Plötzlich und ohne Vorwarnung schoss er in die Luft. Die Gruppe wollte daraufhin fliehen. Doch einer von ihnen war nicht schnell genug. Der Täter traf ihn in den Bauch (Berliner Zeitung, 6. 10. 12).

Auffällig ist die Brutalität, mit der auch die hilflosesten Opfer in unserer Gesellschaft angegriffen werden. So sorgte der abscheuliche Angriff auf einen geistig und körperlich behinderten Fußballfan im September 2012 für bundesweites Entsetzen. Der junge Mann hatte sich in Berlin das Spiel des Vereins Hertha BSC gegen Dynamo Dresden angesehen. Auf dem Bahnsteig der Haltestelle Olympiastadion entdeckte eine Gruppe den 31-Jährigen. Es war Abend, etwa eine halbe Stunde zuvor war das Spiel abgepfiffen worden. Sie machten sich über ihn lustig. Aus einem schlechten Scherz wurde schnell brutale Realität. Der Mann hat Down-Syndrom, konnte sich schlecht wehren. Die Gruppe ging auf ihn los. Sie ärgerten ihn nicht nur mit bösen Witzen, sondern wurden handgreiflich und schlugen auf ihn ein. Am Schluss ihrer Tortur banden sie das Opfer mit seinem Schal an ein Geländer. Er konnte sich nicht befreien und wurde dabei fast erdrosselt.

Es ist nur ein Detail, aber zeigt, wie abgestumpft viele Menschen mittlerweile sind. Der Schal, mit dem der mongoloide Mann festgeknotet wurde, war sein Fanschal des Fußballvereins Hertha BSC. Normalerweise würde man von jedem Passanten erwarten, dass er ihm hilft. Und von den anderen Fans seines Fußballvereins doch erst recht. Doch angeblich fiel keinem der Passanten seine missliche Lage auf. Es dauerte eine Viertelstunde, vielleicht auch 20 Minuten, bis Bundespolizisten den Mann fanden. Passanten gingen vorbei und nahmen ihn nicht wahr. Als er schließlich entdeckt wurde, war der behinderte Mann fast bewusstlos.

Natürlich waren Polizisten auf dem Bahnsteig im Einsatz. Doch von der Schlägerei bekamen sie nichts mit. Sicherlich ein grober Fehler. Allerdings mussten sie zu dem Zeitpunkt Tausende Fußballfans beobachten und Ausschreitungen vermeiden. Noch mehr Einsatzkräfte hätten geholfen. Doch die Polizei fordert für solche Lagen vor allem den stärkeren Einsatz von Videoüberwachung. So sollen die Vorgänge auf allen Haltestellen lückenlos mit Videokameras überwacht werden. Vielleicht hätte dies dem jungen Mann das Martyrium erspart. Die wenigen eingesetzten Polizisten können nicht überall gleichzeitig sein. Ein Wachmann vor dem Bildschirm hätte die Vorgänge auf dem Bahnhof aber beobachten und seine Kollegen auf dem Bahnsteig gezielt informieren können. Zudem hätte dies die Chancen erheblich gesteigert, die Täter auch zu fassen. Sie sind bis heute auf freiem Fuß.

Ein Gespür für die wachsende Verrohung und Brutalisierung unserer Gesellschaft liefert dabei erneut die Polizeiliche Kriminalstatistik. So haben sich die Fälle von vorsätzlicher leichter Körperverletzung seit 1999 (251 229 Fälle) um 50,7 Prozent auf 378 747 Fälle (2013) erhöht.

Nach Ansicht des Bundesvorsitzenden der Gewerkschaft der Polizei, Oliver Malchow, gibt es eine Vielzahl an Ursachen für die zunehmende Gewalt in der Gesellschaft:

»Der Zusammenhalt in der Gesellschaft geht immer mehr verloren. In den Großstädten leben immer mehr Menschen auf sehr engem Raum. Sie sind sich aber völlig fremd, und die meisten kennen nicht mal die Nachbarn in ihrem eigenen Haus. Moderne Kommunikation und soziale Netzwerke gaukeln ihren Nutzern zwar Nähe vor, in Wahrheit wird ihr Leben dadurch aber immer

anonymer. Die konsequenzlose Benutzung rüder Umgangsformen oder Beleidigungen beispielsweise, die es beim direkten Kontakt so nie geben würde, führen auch zur Verrohung. Die Gesellschaft geht insgesamt wesentlich respektloser und enthemmter miteinander um. Gewalt, wenn sie ausgeübt wird, überschreitet häufig Hürden und Linien, die früher galten: Wenn einer am Boden lag, dann trat man nicht mehr zu. Das ist eine Situation, die sich auch projiziert auf Beamtinnen und Beamte, die für die Polizei tätig sind. Zum Klima der Gewalt in der Gesellschaft trägt aber auch die immer freizügigere Gewaltdarstellung in den Medien bei. Ballerspiele am Computer enthemmen ihre Nutzer. Gewaltverherrlichende Spielfilme lassen die Zuschauer allmählich abstumpfen. Und die täglich frischen Bilder der Gewalt im Fernsehen und in den Zeitungen senken die Hemmschwelle noch weiter. Es gab zwar schon immer Gewalt in der Gesellschaft, auch mit schwersten Verletzungen. Aber die Qualität hat sich geändert. Heute gibt es schon bei den geringsten Anlässen brutalste Übergriffe.«

Sicherheitsbeamte sind besorgt, dass sich bestimmte Bereiche in Städten zu sogenannten No-go-Areas entwickeln. Das sind Viertel, in denen sich Bürger nicht mehr unbesorgt aufhalten und frei bewegen können. Zwar geht die Straßenkriminalität insgesamt zurück. Doch gleichzeitig verzeichnen die Behörden eine immer größere Brutalität der Täter. Für die Entstehung solcher Viertel ist das eine Grundvoraussetzung. Die Angst vor gewaltsamen Übergriffen ist es nämlich, die Menschen davon abhält, bestimmte, in Verruf geratene Stadtviertel zu betreten. Treten solche Vorfälle häufiger auf, meiden die Menschen solche

Viertel oder verlassen nach Einbruch der Dunkelheit nicht mehr das Haus.

Meist geht es bei den »No-go-Areas« gar nicht um ein ganzes Viertel, sondern viel eher um einzelne Straßenzüge oder Plätze. Nach dem brutalen Angriff auf Jonny K. entbrannte eine Diskussion darüber, ob der Alexanderplatz in Berlin ebenfalls zu solch einer No-go-Area geworden sei. Touristen und Berlin-Besucher waren plötzlich in Sorge darüber, ob man sich dort überhaupt noch aufhalten könne. »Ist das nicht der Platz, wo sie den jungen Mann einfach so erschlagen haben?«, fragten viele. Gegen dieses Image seines Stadtzentrums muss Berlin nun ankämpfen. Anfang 2012 und damit noch Monate vor dem Angriff auf Jonny K. hatten sich Ladenbesitzer und Anwohner rund um den zentralen Platz bereits zur Initiative »Alex-Bündnis« zusammengeschlossen. Sie waren schon länger unzufrieden mit den Zuständen in unmittelbarer Nähe des Berliner Wahrzeichens. Immer wieder beklagen sich Passanten darüber, dass sie auf dem Platz angepöbelt werden. Das ließe sich noch verschmerzen. Problematisch wurde es, als sich der Ärger der Anwohner auch noch an den Zuständen in ihren eigenen Häusern entzündete. Dass Betrunkene die Hausflure für ihre Notdurft nutzen, ist dabei noch das Harmloseste, worüber sich die Anwohner beschwerten. Viele Mieter fürchten sich schlicht und ergreifend davor, dass nur wenige Meter von ihnen entfernt und damit direkt hinter ihrer Wohnungstür auf dem Hausflur Drogengeschäfte abgewickelt werden. Manche Bewohner wollen aus diesem Grund ihre Kinder nicht mehr alleine in den Hausflur ihres Wohnhauses gehen lassen. Die Wohnungsbaugesellschaft Mitte hatte zeitweise einen eigenen Wachschutz für ihre Häuser beauftragt.

Manche mögen das lächerlich finden. Und natürlich ge-

hören Skateboard-Fahrer am Alexanderplatz zum Lebens-
gefühl einer Großstadt ebenso dazu wie Graffiti an den
Hauswänden. Doch hier geht es um etwas anderes. Jeder Mensch hat
ein subjektives Sicherheitsbedürfnis. Die einen fühlen sich
in der S-Bahn schon von einem Mann mit einer Bierflasche
gestört. Andere würden etwas vermissen, wenn sie in Berlin nicht mehr das, was der Berliner »Fahrt-Bier« nennt,
trinken könnten. Die Polizei muss hier nicht den Tugend-
wächter spielen und beurteilen, was sich gehört. Sie muss
aber das erwähnte Sicherheitsbedürfnis eines jeden Menschen in einer Gesellschaft ernst nehmen.

Eine Grenze ist allerdings überschritten, wenn sich Sa-
nitäter und Feuerwehr plötzlich nicht mehr trauen, ohne
Polizeischutz ihre Arbeit auszuführen. Dazu trug im Dezember 2013 ein besetztes Haus an der Ohlauer Straße im
Berliner Stadtteil Kreuzberg bei. Regelmäßig war es an der
besetzten Gerhart-Hauptmann-Schule zu Messerstechе-
reien und Schlägereien gekommen. Als Mitte Dezember
bei der Rettungsstelle der Notruf einging, dass eine Frau
mit Bauchkrämpfen einen Notarzt braucht, wollten die
Retter der nahe gelegenen Feuerwache das Haus ohne Polizeischutz nicht betreten. Die Frau wurde schließlich von
Bewohnern hinausgetragen. Zeitgleich traf dann die Polizei ein (B.Z., 31.12.13).

Angesichts der Sparrunden bei der Polizei wird sich die
Lage in den kommenden Jahren eher noch zuspitzen. Ste-
phan Mayer, innenpolitischer Sprecher der Unionsfrak-
tion im Bundestag, hält die Folgen für die innere Sicherheit
für gravierend. »In zu vielen ländlichen Gebieten haben
Polizistinnen und Polizisten längst Seltenheitswert«, sagt
Mayer. Auch in den Großstädten sei es oft nicht besser.
Dort würden ganze Stadtviertel abgeschrieben und nur

selten kontrolliert, weil sich Polizeibeamte dorthin ohne Verstärkung nicht trauen. »Das kann so nicht weitergehen«, so der Innenexperte. »Es ist höchste Zeit, zu handeln und die Entwicklung umzudrehen.«

Das Verbrechen wird immer jünger

Jugendliche aus zerrütteten Familien sind besonders anfällig dafür, in das Verbrechermilieu abzugleiten. Häufig finden sie in der Gruppe einen Familienersatz. Bislang gibt es in Deutschland nicht genügend staatliche Programme, um diesen Kindern und Jugendlichen zu helfen und sie vor schwerwiegenden Fehlern zu bewahren. Eine weitere Erklärung für den Hang zur Kriminalität ist exzessives Schulschwänzen. Auch wenn es auf den ersten Blick erstaunlich wirken mag, gibt es hier einen Zusammenhang. Es ist eine Tatsache, dass Jugendliche, die in einem exzessiven Ausmaß die Schule schwänzen, dabei leicht in die Kriminalität abrutschen. Rainer Wendt, Bundesvorsitzender der Deutschen Polizeigewerkschaft, sagte dazu der BILD-Zeitung: »Schulschwänzen ist neben Gewalt in der Familie die Hauptursache für Jugendkriminalität. Der Staat muss hier hart durchgreifen, um präventiv zu handeln.« Fakt ist: Rund 200 000 der gut zwölf Millionen Schüler in Deutschland schwänzen täglich die Schule. Hier besteht also akuter Handlungsbedarf.

Häufig gehen Jugendliche in Gruppen gegen Gleichaltrige oder vermeintlich Schwächere vor. Große Sorge macht den Polizisten, dass die Jugendlichen dabei immer häufiger auch Waffen einsetzen. So ist es mittlerweile die Ausnahme, dass Jugendliche bei einem Straßenraub kein Messer dabeihaben oder mit der Faust auf ihr Opfer einschlagen. Auf den ersten Blick überraschend ist die Tatsache, dass Jugendliche für ihre Beutezüge belebte Plätze aussuchen, wie sie etwa vor Einkaufszentren zu finden sind, anstelle von verlassenen Seitenstraßen. Die Erfahrung gibt ihnen dabei leider recht. Denn im Menschengetümmel fällt es Passanten meist leichter, die Augen vor dem zu verschließen, was sich gerade neben ihnen abspielt. Nach Ansicht eines erfahrenen Kriminalkommissars findet gerade »eine Art Aufrüsten unter den Jugendlichen statt« (Berliner Morgenpost, 3. 5. 13). So seien Butterfly-Messer, Schlagringe und Teleskopschlagstöcke »stark verbreitet, und zwar nicht nur in Problemkiezen«.

An die Waffen zu kommen ist für die Jugendlichen nicht sonderlich schwierig. Entweder bitten sie Ältere darum, ihnen die gewünschte Waffe zu besorgen. Oder sie kaufen sie mit einer gefälschten Identität oder falschen Altersangabe im Internet. Damit geht einher, dass es die Jugendlichen mittlerweile offenbar ganz normal finden, diese Waffen zu besitzen und auch einzusetzen. Sie sprechen von ihren Raubzügen verharmlosend als »Abziehen« und sind stolz auf ihre Taten. Da sie viel zu wenig Widerstand und Gegenwind aus der Gesellschaft erfahren, verändert sich durch jede einzelne Tat aber auch ihr Unrechtsbewusstsein. Dass bei fast allen Taten ein Verstoß gegen das Waffengesetz vorliegt, ist ihnen egal. In 2013 gab es laut PKS genau 31 440 Straftaten gegen das Waffengesetz.

Die Polizei versucht, durch den frühen Kontakt mit Jugendlichen die Gewaltbereitschaft zu verringern. So gehen die Beamten in Schulen und Jugendzentren, um mit den Jugendlichen zu reden und ihnen bewusst zu machen, welche Folgen es haben kann, wenn sie mit einem Messer oder einer anderen Waffe auf jemanden losgehen. Darauf werden die Polizisten in speziellen Seminaren vorbereitet. Zudem gibt es operative Ermittlungsgruppen, die auf der Straße nach potenziell gewaltbereiten Jugendlichen Ausschau halten und sie beobachten. Sie halten sich meist in der Nähe der einschlägigen Treffpunkte auf. Dadurch können die Polizisten frühzeitig eingreifen und eine Eskalation der Gewalt verhindern.

Besonders groß ist das Risiko, unfreiwillig in eine gewaltsame Auseinandersetzung hineingezogen zu werden, auf Bahnsteigen. In einer Berliner U-Bahn-Linie hatte im Mai 2013 abends gegen acht Uhr ein 54-Jähriger beobachtet, dass es zwischen einem 14-Jährigen Jugendlichen und einem offensichtlich behinderten Mann zu einer verbalen Auseinandersetzung kam. Zwar konnte der Streit in der Bahn geschlichtet werden, doch auf dem Bahnsteig ging der Jugendliche erneut auf den Behinderten los. Als der 54-Jährige einschreiten wollte, kam es zu einem wilden Gerangel, und der Jugendliche verpasste ihm mit einem Messer einen 20 Zentimeter langen Schnitt quer über das ganze Gesicht und den Hals. Daraufhin flüchtete der Jugendliche. Dass er gefasst wurde, ist einem zehnjährigen Mädchen zu verdanken, das ihn später an einem anderen Bahnsteig wiedererkannte und die bereits ermittelnden Beamten auf ihn hinwies (B.Z., 25.5.13). Der Fall zeigt deutlich, dass Zivilcourage wichtig, aber eben immer auch mit einem persönlichen Risiko verbunden ist.

Keinesfalls soll hier der Eindruck entstehen, dass sich Zivilcourage nicht lohne. Allerdings sollte auch klar sein, wie schnell völlig Unbeteiligte mittlerweile zum Opfer eines Angriffs werden können. Und dass es hier kein geschicktes oder ungeschicktes Verhalten gibt. Es kann tatsächlich jeden treffen.

Nur so lässt sich auch der Fall eines Berliner Bundespolizisten erklären. Der 41-Jährige war im September 2012 kurz vor Mitternacht in Blankenfelde (Teltow-Fläming) in die S-Bahn in Richtung Berlin eingestiegen. Er war nicht im Dienst, als er eine Gruppe Jugendlicher darauf hinwies, dass in dem Zug das Rauchen verboten sei. Das genügte, um Opfer einer Gewaltattacke zu werden. Einer der Jugendlichen ging auf den Mann los und nahm ihn in den Schwitzkasten, so dass er sich nicht wehren konnte. Ein anderer aus der Gruppe schlug dem wehrlosen Mann daraufhin zweimal mit der Faust ins Gesicht. Zwar konnte der Polizist über den Notruf seine Kollegen informieren, als die Jugendlichen nach kurzer Zeit bereits wieder das Interesse an ihrem Opfer verloren hatten. Doch das brachte nichts. Obwohl die Fahndung sofort eingeleitet wurde, konnten die Täter im Dunkel der Nacht entkommen (Tagesspiegel, 1.10.12). Hätte es in der S-Bahn eine Videoüberwachung gegeben, wäre es vermutlich anders für die Angreifer ausgegangen.

Doch der Einsatz von Videokameras ist heftig umstritten. So hat unter anderem ausgerechnet die Gewerkschaft Deutscher Lokomotivführer (GDL) Bedenken, jeden S-Bahn-Wagen mit einer Videokamera auszustatten. Auch die meisten Betriebsräte lehnen dies ab. Sie fürchten, dass die aufgezeichneten Bilder auch dazu dienen könnten, um die Arbeit der Lokführer genau zu verfolgen, haben also Angst vor sozialer Videokontrolle an ihrem Arbeitsplatz.

Seit einigen Jahren erfasst die Polizei Jugendgruppengewaltdelikte gesondert in ihrer Statistik. Darunter versteht man Straftaten, bei denen mindestens zwei Täter im Alter von acht bis unter 21 Jahren beteiligt sind oder bei denen ein Einzeltäter eine Gruppe gezielt als Machtinstrument gegen sein Opfer einsetzt. Wie wichtig es ist, gegen dieses Phänomen vorzugehen, zeigt sich in der deutschen Hauptstadt. Dort ließ sich 2012 jeder vierte Straßenraub als Jugendgruppengewalt einordnen. Insgesamt hatte sich die Zahl der Raubüberfälle in Berlin von täglich fünf auf mehr als sechs in 2012 erhöht. Ein großes Defizit zeigt sich dabei insbesondere beim Umgang mit jugendlichen Intensivtätern. Zu dem Ergebnis kommt der Kriminologieprofessor Claudius Ohder aus Berlin. Von den rund 500 registrierten Intensivtätern in Berlin sind 80 Prozent Wiederholungstäter. Ihre Rückfallquote liegt bei 50 Prozent. In seiner Studie geht Ohder den Ursachen nach und kommt zu dem Schluss, dass die Jugendlichen oft nur unzureichend auf die Zeit nach dem Gefängnis vorbereitet werden. Zu selten wird ihr Umfeld aus Familien und Freunden mit einbezogen. Zudem fehle laut Ohder ein Verantwortlicher, der die Arbeit von Jugendamt, Justiz, Sozialämtern und anderen Behörden koordiniert und aufeinander abstimmt.

Dagegen haben sich die repressiven Maßnahmen, denen die Jugendlichen nach ihrer Freilassung ausgesetzt sind, nur als bedingt erfolgreich erwiesen. Besser wäre es, schon in der Untersuchungshaft mit den Tätern die Zeit danach vorzubereiten. Berlins Justizsenator Thomas Heilmann (CDU) brachte daher ein Feedback-System in der Justiz ins Gespräch, das es dort bislang nicht gibt (RBB-Abendschau, 31.10.12).

Dass die bestehenden Maßnahmen zur Eindämmung von Jugendkriminalität nicht ausreichen, zeigt unter anderem das Beispiel von Nidal R., der als auch »Mahmoud« bekannt wurde. Schon als Jugendlicher musste er wegen Raub, Körperverletzung und Bedrohung ins Gefängnis. Auch als Erwachsener gehört er noch zu den bekanntesten Intensivtätern Berlins. 2013 war der damals 31-Jährige in einen Unfall mit Fahrerflucht verwickelt. Dabei hat Nidal R. nicht einmal einen Führerschein. Das hielt ihn nicht davon ab, mit viel zu hohem Tempo in einem BMW 765 durch den Stadtteil Neukölln zu rasen. Als die Polizei auf das Fahrzeug aufmerksam wurde und den Wagen stoppte, legte der Fahrer den Rückwärtsgang ein, um zu fliehen. Das gelang, doch dabei donnerte das Auto in einen geparkten Ford. Den BMW fanden die Beamten übrigens später ein paar Straßen weiter, die Insassen hatten das Auto einfach stehen lassen und waren verschwunden (Berliner Morgenpost, 19.5.13). Sein Unrechtsbewusstsein und sein Hang zur Kriminalität haben sich seit seiner Jugend ganz offensichtlich nicht verbessert.

Der Deutschen liebster Sport und die Gewalt

Zu gewalttätigen Ausschreitungen kommt es in Deutschland regelmäßig, wenn bestimmte Fußballvereine gegeneinander antreten. Dass es sich hier um keine Randerscheinung handelt, zeigt folgende Statistik: In Deutschland ist die Arbeitszeit von jedem dritten Bereitschaftspolizisten nur mit gewaltbereiten Fußballfans ausgefüllt. Diese gehen aufeinander los oder beleidigen dunkelhäutige Spieler. So kam es etwa beim Aufeinandertreffen zwischen Hannover 96 und Dynamo Dresden im Oktober 2012 zu einer regelrechten Stadionschlacht. In den Fankurven brannten bengalische Leuchtfackeln. Anhänger beider Seiten kletterten über Absperrungen und liefen auf das Spielfeld. Dort prügelten sie aufeinander ein. Rund 1000 Polizisten waren im Einsatz, um das Chaos mit Wasserwerfern, Schlagstöcken und Pfefferspray wieder in den Griff zu bekommen. Viele Fans, die friedlich das Spiel verfolgen wollten, wurden von der Gewalt völlig überrascht und zu unfreiwilligen Opfern. Etliche mussten später vom Notarzt versorgt werden.

Bei den meisten Einsätzen kommen den Polizisten der Bereitschaftspolizei dabei die Kollegen von der Bundespolizei zu Hilfe. In der Saison 2011/12 begleiteten laut dem Jahresbericht der Bundespolizei insgesamt 97 688 Bundespolizisten knapp 3,3 Millionen Bahnreisende auf dem Weg zu oder von einem Spiel. Dabei kam es zu 380 sogenannten Brisanzbegegnungen mit insgesamt 2828 Straftaten. Dazu gehören Körperverletzung, Verstöße gegen das Sprengstoffgesetz, Beleidigung und Sachbeschädigung. Bereits ein Jahr später hatte sich die Lage noch weiter verschlimmert. In der Bundesligasaison 2012/13 musste die Bundespolizei 111 954 Beamte zur Begleitung der fast 3,5 Millionen bahnreisenden Fußballfans einsetzen. Ein Anstieg von 12,7 Prozent im Vergleich zum Vorjahr. Erstmals gab die Bundespolizei aufgrund der ständig steigenden Gewalt und Einsatzanforderungen beim Kampf gegen randalierende Fußballfans auch die Kosten für die Einsätze bekannt. Die Saison 2012/13 bescherte der Bundespolizei allein bei den Fußballspielen Einsatzkosten in Höhe von 38 Millionen Euro. Nicht eingerechnet sind die Kosten für verletzte und dadurch ausgefallene Polizeibeamte.

Dabei wird die Gewalt rund um Fußballspiele immer schlimmer. Nahezu an jedem Wochenende kommt es während der Bundesligasaison in und um die Fußballstadien zu brutalen Ausschreitungen. Gewaltbereite Fans verfeindeter Fußballclubs liefern sich dabei oft regelrechte Straßenschlachten. Auch in den Stadien selbst kommt es vermehrt zu Gewalt. Ultras, Hooligans und fanatische Vereinsanhänger gehen rücksichtslos aufeinander los. Ausbaden muss das in erster Linie die Polizei. Sie muss die Fußball-

schläger trennen und gerät dabei zwischen die Fronten.
Wie es dabei in den Stadien, in den Städten und den Fan-
zügen wirklich zugeht, wird deutlich, wenn betroffene Polizisten von ihren Erfahrungen mit Gewaltfans und den
Ausschreitungen im Stadion berichten.
Bereitschaftspolizist Michael H. (29)[*] rückt regelmäßig
zu Fußballspielen aus und begleitet gewaltbereite Fans von
den Bahnhöfen zu den Fußballspielen und wieder zurück.
Er muss dazwischengehen, wenn sie ausrasten. Michael H.
ist Teil einer Einsatzhundertschaft der Bereitschaftspolizei
und steht fast jede Woche an vorderster Front im Kampf
gegen die ausufernde Gewalt im Fußballstadion.

*»In den Fußballstadien herrscht Anarchie. Ultras und
Hooligans mischen sich dort jede Woche unter die friedlichen Fans und suchen die Gewalt. Sie kennen keine
Grenzen und wollen nur eins – sich prügeln! Ich kann
das beurteilen, denn ich bin seit sechs Jahren Bereitschaftspolizist und erlebe die Gewalt in und um die Fußballstadien in Deutschland bei fast jedem meiner Einsätze.*
*Die Fan-Gewalt ist ein riesiges Problem. Doch die Fuß-
ballvereine werden ihrer Verantwortung dafür nicht
gerecht. Anstatt genügend Geld in Sicherheit zu investieren, sparen sie in Wahrheit kräftig bei Ordnern und
Sicherheitspersonal ein und zahlen privaten Sicherheits-
diensten für ihre Arbeit im Stadion nur Hungerlöhne.
Natürlich wollen sich die privat engagierten Ordner
dann für diesen Mini-Lohn von Gewalt-Fans nicht ver-
prügeln lassen und schrecken davor zurück, gegen die
Gewalt-Chaoten richtig durchzugreifen.*

[*] *Name und Alter geändert*

Die meisten Ordner haben ja auch gar keine Ausbildung für solche Einsätze und sind für brenzlige Situationen nicht ausgerüstet. Streng genommen dürfen sie im Ernstfall auch gar nicht hart zupacken, sondern müssen sich dafür offizielle Hilfe holen. Richtig durchgreifen darf nur die Polizei! Und so schieben die Vereine den Schwarzen Peter für die Stadion-Sicherheit am Ende ausschließlich der Polizei zu.

Dabei endet unsere Verantwortung aber eigentlich vor der Stadion-Tür. Denn im Stadion selbst haben die Vereine das Hausrecht und tragen damit auch die Verantwortung für die Sicherheit der Spieler und der Fans.

Trotzdem müssen wir während der Bundesliga-Saison jede Woche ran, denn die Vereine sind mit der Gewalt ja überfordert und erwarten von uns, dass wir die Aggression eindämmen. Das gilt für die erste Liga genauso wie für die Regionalliga.

Das bedeutet für uns: Wir begleiten die Fans bei ihrer An- und Abreise in den Zügen, U- und S-Bahnen. Vor und nach dem Spiel sind wir in der Stadt unterwegs. Während der Spiele stehen wir dann mitten im Fanblock. Und wenn es schließlich kracht, dann greifen wir ein – und es kracht eigentlich immer …

Meistens geht es schon am Bahnhof los. Der Fan-Zug kommt an, und der harte Kern der gewaltbereiten Ultra- und Hooligan-Szene legt los. Fenster auf, Polen-Böller und brennende Leuchtfackeln fliegen raus. Immer in Richtung Polizei.

Gerade die Leuchtfackeln – auch Bengalos genannt – sind verdammt gefährlich. Die verbrennen mit einer Temperatur von über 1000 Grad und können zu schwersten Verletzungen führen. Da hilft auch keine feuerfeste Schutzkleidung.

Die Gegner der Fußball-Chaoten sind zwar eigentlich die Fans des anderen Vereins, aber natürlich müssen wir immer dazwischengehen und versuchen, die Lage zu deeskalieren. Das bedeutet, wir greifen uns die Rädelsführer und schlimmsten Fans, nehmen sie in Gewahrsam und versuchen dadurch die Lage wieder zu beruhigen. Das gelingt aber nicht immer.

Und wenn es schiefgeht, dann kommt es zu wahren Massenschlägereien. Dann gehen die Fans mit aller Gewalt und wie von Sinnen aufeinander los. Das kann überall – im Bahnhof, auf dem Weg durch die Stadt oder im Stadion – passieren.

Es gibt aber Einsätze, die sind noch extremer als der übliche Spieltag in der Bundesliga. Einer davon fand Anfang Dezember 2013 in Bielefeld statt.

Beim Spiel von Dynamo Dresden gegen Arminia Bielefeld ist die Lage völlig eskaliert. An dem Tag waren allein fünf Hundertschaften der Bereitschaftspolizei am Bahnhof eingesetzt, und trotzdem sind die Dynamo-Fans völlig durchgedreht.

Ich war dabei, als die Bereitschaftspolizei nur mit Mühe verhindern konnte, dass ein Teil der 3000 Dresdner Fans die Bahnhofshalle in Bielefeld stürmt.

Wir mussten Pfefferspray und Schlagstöcke einsetzen und die Dresdner Fans mit aller Gewalt zurückdrängen, um Schlimmeres zu verhindern. Die Reaktion ließ nicht auf sich warten. Die Fans warfen Polen-Böller, brennende Bengalos und Bierflaschen auf uns. Viele meiner Kollegen wurden verletzt.

Erst hinterher ist mir das ganze Ausmaß der Fan-Gewalt bei diesem Einsatz bewusst geworden. Während der Randale funktioniert man einfach nur und schützt sich und seine Kollegen vor den Übergriffen.

Bei dem Einsatz klauten Dynamo-Fans bei dem Gerangel mit der Polizei vier Pfefferspray-Pistolen. Später verletzten sie damit mehrere meiner Kollegen.

Wir eskortierten die Fans danach auch auf ihrem Weg in das Stadion. Unterwegs versuchten kleine Gruppen immer wieder, aus dem von uns flankierten Zug auszubrechen.

Einige schafften es auch und demolierten dabei einzelne Autos, überfielen einen Supermarkt und randalierten in einem Kino.

Auch im Stadion selbst ging es an dem Tag hoch her. Leuchtfackeln und Rauchbomben flogen durch die Gegend und immer wieder kam es zu Prügeleien.

Am Ende waren fast zwei Dutzend Polizisten verletzt. Aber nur drei Fans wurden im Gegenzug festgenommen. Da stimmt doch was nicht ...

Ich frage mich: Was geht da vor in den Köpfen von solchen Fans? Der Fußball ist ihnen in Wahrheit doch scheißegal. Es geht ihnen einzig und allein um Gewalt. Und ich habe den Eindruck, dass es ihnen völlig egal ist, ob sie bei ihren Gewaltorgien einen Polizisten schwer verletzen oder ihn am Ende sogar töten.

Was ich außerdem nicht verstehen kann, ist, dass die Politik uns bei solchen Einsätzen völlig im Stich lässt. In Nordrhein-Westfalen zum Beispiel dürfen Wasserwerfer zwar zur Abschreckung aufgefahren, aber nicht eingesetzt werden. Das war auch in Bielefeld der klare Tagesbefehl.

Die Politik will sich die Finger nicht schmutzig machen. Sie hat Angst vor schlechter Presse und will sich auch mit den Vereinen nicht anlegen.

Für uns bedeutet das: Die Vereine kassieren Millionen, wir kassieren die Prügel! Das muss sich ändern. Wir müssen konsequent gegen die Rädelsführer und gewalt-

bereiten Fans vorgehen, sonst ändert sich an dem Problem gar nichts.

Fan-Projekte und Dialoge sind nutzlos – eine klare Kante gegen Gewalt nicht!«

Wie es mit der Gewalt im Stadion aussieht, entscheidet sich oft schon im Vorfeld des Spiels. Denn ist die Stimmung in den Fankneipen oder Zügen erst einmal gekippt, lässt sich die Gewalt hinterher kaum mehr kontrollieren. Die Polizisten sind daher schon Stunden vor dem Spiel in den einschlägigen Kneipen, Bahnhöfen und Fan-Treffpunkten unterwegs, um einzelne gewaltbereite Personen zu identifizieren. Oft werden die Rädelsführer im Vorfeld der Spiele gezielt observiert. In manchen Fällen treten die Beamten aber auch ganz bewusst an die Person heran, um Präsenz zu zeigen und Stärke zu demonstrieren. Das reicht manchmal schon aus, um Krawallmacher bereits vor dem Spiel einzuschüchtern.

Ein großes Problem ist auch hier der übermäßige Alkoholkonsum schon vor oder während des Fußballspiels. Die Polizei drängt daher darauf, in den öffentlichen Verkehrsmitteln in Stadionnähe an den Spieltagen Alkohol strikt zu verbieten. Denn Alkohol wirkt wie ein Katalysator, der die unterschwellig vorhandenen Aggressionen der Fußballfans verstärkt. Zudem müssen die Stadionkontrollen verschärft und die Videoüberwachung ausgeweitet werden. Eigens für den Fantransport angemietete Züge sorgen ebenfalls für eine Entlastung der Einsatzkräfte. Diese könnten sogar in den typischen Farben des Fußballvereins gestaltet werden. Wenn dieser Waggon dann auch noch in Stadionnähe hält, wären die Fahrkarten hierfür sicher schnell verkauft.

Nachdem die Situation untragbar geworden war, re-

agierten der Deutsche Fußball-Bund (DFB) und der Liga-
verband (DFL) und ließen sich auf verschärfte Sanktionen
gegen gewaltbereite Fans ein. Dazu gehört unter anderem
ein verlängertes Stadionverbot. Bislang konnten Randalierer maximal drei Jahre aus der Sportarena verbannt werden. Nun soll dieses Verbot bis zu fünf Jahre lang verhängt
werden können. Dieses Höchstmaß soll entweder bei besonders schweren Ausschreitungen ausgereizt werden
oder wenn es sich bei den Fans um Wiederholungstäter
handelt, die bereits aktenkundig sind.

Für den Extremfall haben einige Innenminister den Vereinen bereits angedroht, sie an den Kosten für die Polizei-
einsätze zu beteiligen. Eine andere Möglichkeit wäre es,
Stehplätze im Stadion zu verbieten. Natürlich geht dadurch ein Stück Fußballfankultur verloren. Auch zwingt
man den einzelnen Fan dazu, für die Fehler anderer ge-
meinschaftlich zu leiden. Doch genauso wenig ist es für
Bereitschaftspolizisten zumutbar, sich regelmäßig an Wo-
chenenden zwischen betrunkene und randalierende Fan-
Horden werfen zu müssen, um die Gewalt einzudämmen.

Welche Probleme die europäische Integration
mit sich bringt

Da es innerhalb des Schengen-Raums der Europäischen
Union keine Grenzkontrollen mehr gibt, haben es Täter
aus dem innereuropäischen Ausland heute leicht, den Polizisten zu entkommen. Jeder vierte der insgesamt rund
2 Millionen Tatverdächtigen in Deutschland kommt aus
dem Ausland. Damit liegt laut PKS 2013 die Zahl der ausländischen Straftäter mit 538 449 Personen deutlich über

der Grenze von einer halben Million. Sie ist im Vergleich zum Vorjahr um 7,2 Prozent (2012: 502 390 Fälle) gestiegen. Das ist ein Anstieg um knapp vier Prozent. Gleichzeitig sank die Zahl der deutschen Straftäter um 2,3 Prozent. Für diese Entwicklung gibt es nach Ansicht von Kriminalexperten vor allem zwei Gründe: Einer ist das Wohlstandsgefälle. Auch wenn es viele Bewohner hierzulande anders wahrnehmen: Deutschland steht im Vergleich zu fast allen europäischen Nachbarländern wirtschaftlich sehr gut da. Die Beschäftigung ist höher als im Durchschnitt der EU. Zudem haben die Deutschen in den vergangenen Jahren ein beachtliches Privatvermögen angehäuft. Ende 2013 erreichte es laut Bundesbankangaben mit rund fünf Billionen Euro einen neuen Rekord. Rein rechnerisch besitzt jeder Deutsche ein Geldvermögen von mehr als 60 000 Euro. Immobilien und andere Wertgegenstände sind da noch nicht einmal mit eingerechnet. Aber es gibt eine Kehrseite der Medaille: Dieser Wohlstand lockt Täter aus dem Ausland an.

Der andere Grund ist der Wegfall der Grenzkontrollen. Unter den Ermittlern ist es unbestritten, dass vor allem aus Südosteuropa ganze Einbrecherbanden in Deutschland unterwegs sind. Dazu gehören Bulgarien, Rumänien und die Länder des ehemaligen Jugoslawiens. Abhilfe könnten zusätzliche Kontrollen verdächtiger Fahrzeuge in den Grenzregionen schaffen. Dass es, wie von dem damaligen Bundesinnenminister Friedrich im Kampf gegen illegale Zuwanderung schon einmal angedroht, in Deutschland notfalls tatsächlich wieder zur Einführung zeitweiliger Grenzkontrollen kommt, ist dagegen eher unwahrscheinlich. Zu groß wäre der Widerstand der anderen europäischen Staaten. Denn das Schengen-Abkommen sieht schließlich vor, dass EU-Bürger ohne Pass von einem Land in das nächste reisen können. Stichprobenartige Passkontrollen an der Grenze sind im Regelfall nur dann zulässig, wenn es einen bestimmten Grund, wie etwa ein politisches Großereignis oder auch ein wichtiges Gipfeltreffen von Politikern in dem betreffenden Land, gibt. Aus diesen Gründen bleibt der Polizei wenig anderes übrig, als ihre Präsenz in den betroffenen Regionen zu erhöhen. Doch genau das Gegenteil ist in den meisten Bundesländern derzeit der Fall. Verstärkte Kontrollen im Grenzbereich sind nicht die Regel, sondern eher die Ausnahme.

Die Polizei hat so kaum eine Chance gegen die Täter aus dem Ausland. Denn sie begehen überdurchschnittlich oft Straftaten, die einen hohen Organisationsgrad erfordern, wie es in der Statistik heißt. Dazu gehört unter anderem der Drogenhandel. Aber auch gegen die organisierte Bettelei sind die Polizisten weitgehend machtlos. Denn dahinter stecken mächtige Clans, die ihre Mitglieder in Bussen auf eine regelrechte Betteltour durch ganz Europa schicken. Diese Menschen betteln nicht, weil sie Hunger und sonst keine Chance auf ein Einkommen haben. Das mag zwar sehr wahrscheinlich in den meisten Fällen auch zutreffen. Aber der wahre Grund ist, dass sie von ihren Clanchefs gezwungen werden. Es ist eine besonders perfide Form der Abhängigkeit, in der sich diese Menschen befinden. Denn ihre Auftraggeber wissen ganz genau, wie sie das Mitleid der Menschen am besten ausnutzen. Sie schicken daher gezielt körperlich behinderte Menschen oder Frauen mit Babys zum Betteln. Oder sie geben ihnen einen Hund mit auf den Einsatz. Die Bettler werden mit Bussen morgens in die Stadt gefahren. Von dort verteilen sie sich auf dann verschiedene Plätze. Das gespendete Geld der Passanten dürfen sie nicht behalten, sondern müssen es abends abgeben, wenn sie mit dem Bus zurück in ihre Unterkunft gefahren werden. Diese sind oft in einem erbärmlichen Zustand. Die Wohnungen sind häufig überbelegt, als Rückzugsmöglichkeit steht jedem meist nur eine Matratze zu, die hygienischen Verhältnisse sind katastrophal. Strukturell unterscheidet sich die Zwangsbettelei nur wenig von der Zwangsprostitution.

Dieses Problem kann nur im Heimatland der Bettler gelöst werden. Deutschland muss Druck auf die Regierungen der betroffenen Länder ausüben, damit sie etwas gegen die Ausgrenzung und Perspektivlosigkeit ihrer armen Bevölkerungsgruppen unternimmt. Denn gegen die organisierte Bettelmafia aus den Ländern Südosteuropas ist die deutsche Polizei mit ihren Mitteln machtlos.

Neben den Zwangsbettelbanden schleusen dieselben kriminellen Hintermänner auch Diebesbanden in deutsche Städte. Sie beklauen Passanten dabei ganz systematisch. Den Dieben fallen dabei immer neue Tricks ein, mit denen sie an ihre Beute kommen. Einer der Tricks: Die Bettelfrau mit Ring. Sie läuft einer Passantin nach und tut so, als habe die Angesprochene den Ring verloren, und verwickelt sie so in ein Gespräch. Währenddessen greift die Komplizin der ahnungslosen Passantin in die Tasche und sucht nach Geld oder Handy. Ein weiterer Trick: Der Dieb mit dem Klemmbrett. Meistens sind es junge Männer. Sie laufen mit Klemmbrettern, an die sie fingierte Spendenlisten geheftet haben, durch die Fußgängerzone und suchen auf der Straße oder auch Bars, Kneipen und Cafés nach spendenbereiten Personen. Tatsächlich aber geht es den Kriminellen darum, den Betroffenen abzulenken, um ihn dann in der Zwischenzeit heimlich zu beklauen.

Meistens handelt es sich bei den Zwangsbettelbanden und organisierten Diebesbanden um Zuwanderer aus Südosteuropa. Dabei ist es bis heute umstritten, ob die Nationalität der Täter in der offiziellen polizeilichen Kriminal-statistik gesondert erfasst werden sollte oder ob stattdes-sen nicht besser ganz pauschal von »deutschen« und »nichtdeutschen« Tatverdächtigen gesprochen werden sollte. Diese Frage stellt die Polizei vor ein gehöriges Di-lemma. Die ursprüngliche Idee war es, eine Vorverurtei-lung bestimmter Bevölkerungsgruppen zu vermeiden. Doch was im Prinzip gut gemeint war, erschwerte die Ar-beit der Polizei. Denn nur wenn sie die Staatsangehörig-keit eines Täter kennen und in das System zur Erfassung von Straftaten mit eingeben, können die Ermittler im An-schluss bei der Auswertung der Daten auch gezielt Maß-nahmen einleiten. Das Thema ist heikel und bringt der Po-lizei regelmäßig den Vorwurf des Rassismus ein. Doch das ist nicht gerechtfertigt. Es erleichtert die Ermittlungsarbeit der Polizei ungemein, wenn sie etwa für die Erstellung von polizeilichen Lagebildern zu bestimmten Kriminalitätsfel-dern oder bei der Analyse von Verbrechensmustern auf die Nationalität der Täter zurückgreifen kann.

Ein Ermittler erklärt das Problem wie folgt: »Wir müs-sen wissen, mit welchem Milieu wir es zu tun haben, sonst laufen die Ermittlungen in die falsche Richtung. Das hat mit Vorurteilen nichts zu tun. Dabei geht es nur um rele-vante Fakten, die wir für unsere Arbeit brauchen.«

Es liegt an der Politik, darauf auch entsprechend zu re-agieren. Doch sie scheut, wie so oft, den öffentlichen Kon-flikt und will sich dem Vorwurf der Vorverurteilung be-stimmter Volksgruppen entziehen. Für sie ist es leichter, von den anonymen »nichtdeutschen Tatverdächtigen« zu sprechen, anstatt das Kind beim Namen zu nennen. Die Polizei hat hier erneut das Nachsehen.

Die Folgen der legalen Einwanderung

Immer mehr Flüchtlinge kommen nach Deutschland. 2014 wird die Zahl der Asylsuchenden im dritten Jahr in Folge stark ansteigen. Davor warnte jedenfalls bereits gleich zu Jahresbeginn das Bundesamt für Migration und Flüchtlinge (BAMF) in seiner Flüchtlingsprognose. Unabhängig vom persönlichen Leid der Flüchtlinge geht damit eine enorme zusätzliche Arbeitsbelastung einher, die vor allem die Beamten der Bundespolizei trifft. Doch das wird von der Politik ignoriert. Anstatt das wahre Ausmaß der illegalen Einwanderung offen zu benennen, wird eine nur bedingt aussagekräftige Zahl kommuniziert, die das Problem herunterspielt. Gleichzeitig entsteht für die Polizei eine enorme zusätzliche Arbeitsbelastung.

In dem Dokument des BAMF zur »voraussichtlichen Entwicklung der Asylbegehren« hieß es Anfang Januar: Für die nächsten Monate sei »mit einem hohen Zugang« von »monatlich 10 000–12 000 Erstantragstellern« zu rechnen. Das BAMF hielt daher schon im Januar 2014 »einen weiteren Anstieg für das gesamte Jahr 2014 auf ca. 140 000 Erst- und 20 000 Folgentragsteller für plausibel« – ein Plus von 28 Prozent im Vergleich zum Vorjahr. Die Flüchtlingsbehörde warnte deshalb auch vor einem möglichen Engpass bei Asylbewerberplätzen in Städten und Gemeinden und forderte die »für die Unterbringung von Asylbewerbern zuständigen Ministerien« auf, genug Plätze für die Bewältigung der Asylbewerberwelle zu schaffen. Dass die Zahlen nicht zu hoch gegriffen waren, zeigte sich schon wenige Monate später. So prognostizierte Bundesinnenminister Thomas de Maizière Mitte Mai für das Gesamtjahr noch deutlich höhere Zahlen. »Wenn die Entwicklung so weitergeht, rechne ich für 2014 mit rund 200 000 Asylbewerbern«, so der Minister in einem Zeitungsinterview (Welt am Sonntag, 18. 5. 14).

Zur Begründung des zu erwartenden Anstiegs der Flüchtlingszahlen in Deutschland hieß es in dem BAMF-Schreiben an die Innenministerien der Länder: »Innerhalb der EU hat die Attraktivität Deutschlands als Zielland 2013 weiter zugenommen.« Zudem drängten unvermindert viele Flüchtlinge aus Asien und Afrika nach Europa: »Der Migrationsdruck auf die EU-Außengrenzen im Süden und Südosten aus asiatischen und afrikanischen Staaten ist stark und wird im Laufe des Jahres 2014 wahrscheinlich weiter zunehmen.« Auch der Bürgerkrieg in Syrien könne dazu beitragen, dass immer mehr Flüchtlinge nach Deutschland kommen: »Auch hier ist weiterhin mit einer ansteigenden Zahl von Asylanträgen zu rechnen, da sich eine Lösung des bewaffneten Konflikts nicht abzeichnet.«

Als besondere Problemgruppe wertete das BAMF in seinem Schreiben die Flüchtlinge aus den sogenannten Westbalkan-Staaten (Serbien, Mazedonien, Kosovo sowie Bosnien und Herzegowina). Die »Zugangszahlen« aus diesen Staaten allein machten 2013 »ca. ein Viertel aller Erstantragsteller« aus. Bei den »Folgeantragstellern waren es mit 12 305 von insgesamt 17 443 sogar 70,5 Prozent aller Folgeanträge«. Und weiter: »Für eine Trendwende bei den Zugangszahlen aus den Westbalkan-Staaten gibt es derzeit keine Hinweise.« Die Tatsache, dass die Große Koalition die Westbalkan-Staaten zu »sicheren Herkunftsstaaten« erklären will, um die Asylzugänge von dort zu stoppen, zeigt, wie gravierend das Problem ist.

Auch in einem weiteren Schreiben zur »voraussichtlichen Entwicklung der Zugänge von Asylbegehrenden« warnte das BAMF dann Ende April 2014 davor, dass es im laufenden Jahr zu einem erheblichen Anstieg der Flücht-

lingszahlen in Deutschland kommen werde. Die Flüchtlingsbehörde machte den Trend dabei an den Asylerst-
anträgen im ersten Quartal 2014 fest: Demnach hatten im
Zeitraum von Anfang Januar bis Ende März 2014 32 949
Flüchtlinge Asylerstanträge in Deutschland gestellt – im
Vergleich zum Vorjahreszeitraum war das ein Anstieg um
72,6 Prozent (erstes Quartal 2013: 19 086 Asylerstanträge).
    Schon im Jahr 2013 war die Zahl der Asylsuchenden in
Deutschland sprunghaft angestiegen und hatte den höchsten Wert seit 14 Jahren erreicht. So stellten im Jahr 2013
insgesamt rund 127 000 Menschen Asyl in Deutschland.
Darunter waren 110 000 Erstanträge auf Asyl (2012: 65 000)
und 17 500 Folgeanträge auf Asyl (2012: 13 000) – eine Steigerung von 64 Prozent im Vergleich zum Vorjahr. An der
Spitze der Herkunftsländer der Erstantragsteller auf Asyl
standen 2013 in Deutschland: Russland (14 887 Personen,
+364,9 Prozent), Syrien (11 851, +91,1 Prozent) und Serbi-
en (11 459, +35,3 Prozent). Dahinter folgten: Afghanistan
(7735, +3,2 Prozent), Mazedonien (6208, +36,6 Prozent),
Iran (4424, +1,7 Prozent), Pakistan (4101, +20,2 Prozent),
Irak (3958, −26,0 Prozent), Somalia (3786, +204,6 Prozent)
und Eritrea (3616, +456,3 Prozent).
    Flüchtlinge werden in Deutschland nach einem be-
stimmten Verfahren, dem sogenannten Königsteiner
Schlüssel, auf das ganze Bundesgebiet verteilt. Er wird für
jedes Jahr entsprechend den Steuereinnahmen und der Bevölkerungszahl der Länder berechnet. Nordrhein-Westfalen (21,2 Prozent), Bayern (15,2 Prozent) und Baden-
Württemberg (12,9 Prozent) nehmen dabei die meisten
Asylbewerber auf.
    Die Quote bewilligter Asylgesuche lag aber 2013 nur bei
13,5 Prozent. 10 915 Antragsteller wurden als Flüchtlinge
nach der Genfer Konvention anerkannt. Die Quote der

Abschiebeverbote lag in dem Jahr bei 11,4 Prozent. Für 9213 Flüchtlinge wurde ein Abschiebeverbot verhängt, darunter vor allem für Syrer (5795 Personen). Mehr als 31 000 Anträge auf Asyl wurden 2013 abgelehnt. Problematisch ist dabei vor allem der Stau bei der Antragsbearbeitung durch die Bundesbehörden. Wie aus der Statistik für das Jahr 2013 hervorgeht, waren zum Jahresende fast 96 000 Anträge noch nicht entschieden, in der Mehrheit waren das Erstanträge (knapp 87 000).

Aber die Zahl, die niemand kommunizieren will, weil sie erheblichen sozialen Sprengstoff beinhaltet, ist die Zahl der »vollziehbar ausreisepflichtigen Personen«. Das sind alle Asylsuchenden, über deren Antrag bereits entschieden worden ist und die eigentlich auch ausreisen *müssten*, die aber tatsächlich immer noch nicht ausgereist *sind*.

Die Zahl der »vollziehbar ausreisepflichtigen Personen« in Deutschland lag Ende Dezember 2013 bei 131 598 Personen (2012: 118 347). Davon hatten 94 508 Flüchtlinge einen Duldungsstatus (2012: 85 344) – das bedeutet, dass es bei ihnen laut Asylgesetz also zu einer »vorübergehenden Aussetzung der Abschiebung« gekommen ist und sie zwar nicht rechtmäßig in Deutschland sind, jedoch nicht wegen illegalen Aufenthalts bestraft werden. Genau 37 090 Flüchtlinge waren Ende Dezember 2013 jedoch »unmittelbar ausreisepflichtig« (2012: 33 033), wurden aber ohne ersichtlichen Grund noch nicht abgeschoben.

»Deutschland ist zum Hauptzielland für illegale Einwanderer in Europa geworden. Das will aber niemand zugeben und abschieben will die Flüchtlinge aus Angst vor schlechter Presse auch niemand«, sagt ein hochrangiger Mitarbeiter des Bundesinnenministeriums. Das Abschieben ist Ländersache, es kostet Geld und sorgt für unschöne Fotos am Flughafen. »Die Innenminister der Länder wol-

len doch nicht sagen: ›Wir schieben heute mal zur Ab-
wechslung 37 090 Flüchtlinge ab!‹ Die sind doch sofort ihren Job los«, sagt der frustrierte BMI-Mitarbeiter.

In der Zwischenzeit steigt die Zahl der Flüchtlinge, die
nach Deutschland kommen, immer weiter an. Um der
Asyllage überhaupt Herr zu werden, setzte das Bundesinnenministerium seit Oktober 2012 immer wieder Bundespolizisten zur Bearbeitung der eingehenden Anträge ein.
Dass sich an dem Vorgehen etwas ändert, ist unwahrscheinlich.

Dabei war nicht nur problematisch, dass sich die meisten Beamten mit der Materie kaum auskannten, sie fehlten
natürlich auch an anderer Stelle. Und diejenigen mit Erfahrung in dem Bereich fehlten der Bundespolizei natürlich erst recht.

So verwundert es nicht, dass die Gewerkschaft der Polizei nach der Versetzung etlicher Bundespolizisten lautstark eine erhebliche Schwächung der für die illegale Migration zuständigen Inspektionen der Bundespolizei be-
klagte und eine sofortige Beendigung der Abordnungen an
das BAMF forderte. Zeitweise mussten nämlich bis zu
160 Bundespolizisten zur Verstärkung des BAMF Asylanträge bearbeiten.

Der Widerstand innerhalb der Bundespolizei gegen die
unfreiwillige Versetzung war entsprechend groß. Mittlerweile weicht das Bundesinnenministerium zur Bewältigung der Asylanträge auch auf Mitarbeiter aus dem Bun-
desverteidigungsministerium aus.

Wieso Armutseinwanderung uns alle betrifft

Das Problem der Armutseinwanderung nach Deutschland nimmt in den letzten Jahren verstärkt zu. Die Einwanderer kommen dabei häufig aus Mitgliedstaaten der EU, was bedeutet, dass sie für eine gewisse Zeit legal hier sind, in vielen Fällen aber gar nicht die Absicht haben, in ihre Heimatländer zurückzukehren. Stattdessen sind sie dauerhaft auf staatliche Unterstützung angewiesen. Das stellt die betroffenen Kommunen in Deutschland vor zum Teil erhebliche Probleme.

Eine verstärkte Zuwanderung gab es zuletzt vor allem aus Bulgarien und Rumänien. Seit dem EU-Beitritt der beiden Länder am 1. Januar 2007 kommen laut Zahlen des Bundesamtes für Statistik in Wiesbaden immer mehr Bürger aus diesen beiden Ländern nach Deutschland. Nach Einschätzung der deutschen Sicherheitsbehörden dürften die tatsächlichen Zuzugszahlen sogar noch deutlich höher liegen, denn viele melden sich gar nicht erst an und tauchen somit auch nicht in der offiziellen Statistik auf. Demnach sind zwischen 2007 und 2012 insgesamt rund 660 000 Bulgaren und Rumänen nach Deutschland gekommen. Zwischen 2010 und 2012 allein stieg die Zahl der Einwanderer aus beiden Ländern auf insgesamt 437 000 an. Vor dem EU-Beitritt, also zwischen 2003 und 2006, lag die Zahl der Zuwanderer aus beiden Ländern zwischen 31 000 und 37 000 pro Jahr.

Die Tatsache, dass es sich bei dem Zuzug um eine Armutszuwanderung handelt, lässt sich mit Zahlen der europäischen Statistikbehörde »Eurostat« belegen. Laut Angaben der Behörde lag der Anteil der sogenannten Armutsgefährdeten an der Gesamtbevölkerung in Bulgarien im Jahr 2011 mit 49 Prozent der Bevölkerung und in Rumänien mit 40 Prozent der Bevölkerung am höchsten in der EU. Der EU-Durchschnitt lag 2011 bei 24,2 Prozent, in Deutschland lag er bei 19,9 Prozent.

Das reale Wanderungspotenzial in Bulgarien und Rumänien, also die Zahl derer, die das Land wegen Armut tatsächlich auch verlassen, ist allerdings nach Berechnungen des Instituts für Arbeitsmarkt und Berufsforschung der Bundesagentur für Arbeit (BA) erheblich geringer. Bis zum 1. Januar 2014 war der Zugang von Bulgaren und Rumänen zum deutschen Arbeitsmarkt noch begrenzt. Seit dem 1. Januar gilt für die Bürger Rumäniens und Bulgariens allerdings die volle Arbeitnehmerfreizügigkeit innerhalb der EU. Seitdem dürfen sie in jedem anderen EU-Mitgliedstaat arbeiten, und wenn sie arbeitslos werden auch bleiben.

Bis zum 31. Dezember 2013 nutzen viele Rumänen und Bulgaren einen einfachen Trick, um die Beschränkungen beim Arbeitsmarktzugang zu umgehen. Sie konnten nur länger als drei Monate in Deutschland bleiben, wenn sie ein Gewerbe angemeldet hatten. Danach arbeiteten viele von ihnen scheinselbständig auf Werkvertragsbasis im Bau- und Reinigungsgewerbe und das ganz legal. Besonders beliebt waren Tätigkeiten als Bauhelfer im Trockenbau, als Fliesenleger, in der Haus- und Fensterreinigung oder als Verteiler von Werbeprospekten und Flyern in Fußgängerzonen. Dabei kam es vielfach zu kuriosen Gewerbeanmeldungen als »Public Relations Assistant«, der Flyer verteilt, und als »Construction Adviser«, der als Hilfsarbeiter auf deutschen Baustellen arbeitet.

Die wenigen verfügbaren offiziell gemeldeten Zahlen geben ein Gespür für die Dimension des Problems: 2011 gab es 45 000 Gewerbeanmeldungen durch Bulgaren und Rumänen. 2012 dann 52 000.

Zusätzlich zu dem Trick mit den Gewerbeanmeldungen nutzten viele Bulgaren und Rumänen noch eine Lücke im Sozialgesetz aus. Sie beantragten ganz legal Kindergeld, und konnten dieses dann sogar bis auf Hartz-IV-Niveau aufstocken. Das bekommen sie auch, wenn ihre Kinder gar nicht mit hergezogen sind, sondern noch in Bulgarien oder Rumänien leben. Für viele Politiker war damit das Maß voll. Innenexperte Stephan Mayer sagte: »Der Missbrauch von deutschen Sozialleistungen unter dem Deckmantel der Freizügigkeit in der EU muss gestoppt werden. Notfalls auch durch eine Änderung der europäischen Verträge.«

Doch dazu ist es bisher nicht gekommen. Im Gegenteil: Die Bundesagentur für Arbeit rechnet ab 2014 mit einem durchschnittlichen Zuzug von 120 000 bis 180 000 Menschen aus Bulgarien und Rumänien, die binnen eines Jahres nach Deutschland kommen. Da aber 2012 allein 186 000 Bulgaren und Rumänen nach Deutschland gekommen sind, dürften die Berechnungen der BA deutlich zu niedrig angesetzt sein.

Die Zuwanderung in die deutschen Sozialsysteme soll ein Ende haben. Deshalb hat Anfang des Jahres 2014 eine Expertengruppe im Auftrag der Bundesregierung Vorschläge zur Bekämpfung des Missbrauchs von Sozialleistungen durch Einwanderer aus anderen EU-Staaten erarbeitet und diese im März 2014 vorgelegt. Der sogenannte »Zwischenbericht des Staatssekretärsausschusses« fasst auf 133 Seiten die »Rechtsfragen und Herausforderungen« bei der Bekämpfung des Problems zusammen.

Fazit: »In den Jahren 2012 und 2013 hat sich die Zuwanderung aus Osteuropa sowie aus den von der Wirtschafts- und Finanzkrise besonders betroffenen südeuropäischen Ländern deutlich verstärkt.« Für den Anstieg macht der

Bericht drei Gründe verantwortlich: 1.) »das nach wie vor teilweise erhebliche Wohlstandsgefälle in der EU«; 2.) »der robuste Arbeitsmarkt und damit die wirtschaftliche Attraktivität Deutschlands«; und 3.) »eine Umlenkung von Wanderungsströmen aufgrund der Verschlechterung der ökonomischen Bedingungen in alternativen Zielländern (u. a. Italien und Spanien).«

Mit Blick auf die in die Kritik geratenen EU-Mitglieder Bulgarien und Rumänien hält der Bericht ein positives »Wanderungssaldo« für das Jahr 2012 fest. Das bedeutet: Es sind mehr Bulgaren und Rumänen nach Deutschland gekommen, als im gleichen Zeitraum wieder aus Deutschland in die beiden Länder zurückgezogen sind. Der »Wanderungsüberschuss« für Rumänien betrug 2012 demnach 48 809 und für Bulgarien 25 933. Und die Zahlen werden weiter steigen: »Auch die vorläufigen Zahlen der Wanderungsstatistik nach Herkunfts- und Zielländern deuten für die ersten neun Monate des Jahres 2013 auf ein anhaltend intensives Wanderungsgeschehen innerhalb der EU hin.« Das bedeutet, dass immer mehr Bulgaren und Rumänen nach Deutschland kommen.

Laut dem Zwischenbericht konzentriert sich das Problem der Armutszuwanderung von Rumänen und Bulgaren insbesondere auf sieben Großstädte in Deutschland: Duisburg, Dortmund, München, Berlin, Hamburg, Hannover und Offenbach. 200 Millionen Euro will die Bundesregierung den betroffenen Kommunen in den nächsten Jahren zur Bewältigung der Probleme zur Verfügung stellen.

Die CSU hatte im Streit um die Armutszuwanderung den Satz geprägt: »Wer betrügt, der fliegt.« Um die missbräuchliche Zuwanderung in die deutschen Sozialsysteme künftig zu verhindern, sieht der Zwischenbericht daher vor: (1) Zuwanderern, die bei uns gegen das Sozialrecht verstoßen, die Wiedereinreise zeitweise zu untersagen; (2) Falschangaben bei Aufenthaltsgenehmigungen unter Strafe zu stellen; (3) das Aufenthaltsrecht für EU-Bürger auf Arbeitssuche in Deutschland zu befristen; (4) Kindergeld-Zahlungen an die »Angabe der Steueridentifikationsnummer« zu knüpfen und durch Datenabgleich zu verhindern, dass »ein Kind mehrfach Kindergeld« erhält.

Unstrittig ist auch, dass die Zuwanderung aus Bulgarien und Rumänien neben einer Belastung für den Sozialstaat auch zu einem Anstieg der Kriminalität in Deutschland führt. Das belegt ein Blick in die Polizeilichen Kriminalstatistiken der vergangenen drei Jahre. Dabei ist vor allem die Kennzahl zu »nichtdeutschen Tatverdächtigen nach Staatsangehörigkeit« erhellend. Hier ist der Anteil von Bulgaren und Rumänen stark gestiegen. Für 2013 liegt die Zahl »nichtdeutscher Tatverdächtiger« aus Rumänien bei 39 410 und die Zahl der »nichtdeutschen Tatverdächtigen« aus Bulgarien bei 14 465 Personen. Auch die Polizeiliche Kriminalstatistik 2012 weist bereits 32 414 »nichtdeutsche Tatverdächtige« aus Rumänien und 13 347 »nichtdeutsche Tatverdächtige« aus Bulgarien aus. Im Jahr zuvor waren die Zahlen noch geringer: 2011 waren 26 438 Rumänen in Deutschland tatverdächtig und 10 960 Bulgaren.

Diese Zahlen sind seit 2007 erheblich gestiegen. Damals stammten 15 040 Tatverdächtige aus Rumänien und 3923 aus Bulgarien. Ihr Anteil an den »nichtdeutschen Tatverdächtigen« hat sich also von 3,9 Prozent in 2007 auf zehn Prozent in 2013 erhöht und damit nahezu verdreifacht.

Das stellt die Polizei sowie Städte und Gemeinde vor erhebliche Herausforderungen. Luft verschafften sich die deutschen Kommunen in einem internen Geheimpapier der öffentlichen Verwaltung vom Mai 2013, das eigentlich nicht an die Öffentlichkeit gelangen sollte. Darin wird vor den Folgen der hohen Zuwanderung von Bulgaren und Rumänen gewarnt.

Betroffen von der Armutseinwanderung sind laut Papier vor allem Großstädte: »Die Einwanderung von rumänischen und bulgarischen Staatsangehörigen konzentriert sich auf etwa ein Dutzend Städte im Bundesgebiet.« Dazu gehören unter anderem Duisburg, Dortmund, Berlin-Neukölln, Hannover, München, Mannheim, Offenbach und Frankfurt. Die Zuwanderungsexperten der deutschen Verwaltung warnen in dem Dokument explizit vor den Folgen für den »sozialen Frieden«, die diese unkontrollierte Zuwanderung nach sich zieht. Denn »eine sozialversicherungspflichtige Tätigkeit als Arbeitnehmer« komme aufgrund der »schlechten Bildungs- und Ausbildungssituation« sowie »fehlender und mangelhafter Sprachkenntnisse« für die allermeisten Zuwanderer aus beiden Ländern nicht in Betracht.

In dem Dokument, das den Stand der Entwicklungen bis zum Frühsommer 2013 zusammenfasst, heißt es: »Gleichwohl handelt es sich um eine Armutswanderung. Die soziale Lage insbesondere in den Bereichen Bildung und Arbeit, Gesundheit und Wohnen ist in Bulgarien und Rumänien in vielen Orten sehr problematisch, es gibt dort oft nicht einmal Strom und Wasser. Dies führt dazu, dass die Menschen auch äußerst prekäre Lebensverhältnisse und Dumping-Löhne als attraktiv ansehen. Das nutzen Schlepper, Vermieter und Abnehmer von Bau- und Reinigungsleistungen (in Deutschland, Anm. des Autors) aus, für die die Armut der Menschen ein Geschäftsmodell ist. Diese beuten nicht nur die Zuwanderer aus, sondern auch den sozialen Frieden.«

Die Polizeien des Bundes und der Länder müssen also im Zusammenhang mit der Armutseinwanderung nicht

nur die organisierte Kriminalität bekämpfen, sondern auch
die illegalen Machenschaften von Vermietern und Arbeit-
gebern, die die betroffenen Bulgaren und Rumänen aus-
beuten und damit Gesetze brechen. Das bindet Kräfte.
Aber die Armutseinwanderung und illegale Schleusung
von Bulgaren und Rumänen hat auch noch andere Folgen.
Laut dem internen Bericht der öffentlichen Verwaltung
kommt es in den meisten betroffenen Städten in Deutschland zu:

- »extremer Belegung von baufälligen, unbewohnbaren
  Liegenschaften mit illegalen Matratzenlagern«
- »Vermüllung bei diesen Liegenschaften (verdreckte In-
  nenhöfe, überfüllte Mülltonnen)«
- »verstärkten Beschwerden über lautstarke Menschenan-
  sammlungen zu frühen Morgenstunden«
- »großen Schwierigkeiten an Schulen mit schulpflichti-
  gen Kindern aus Bulgarien und Rumänien, die kein
  Wort Deutsch sprechen«
- »starken Beeinträchtigungen des Bürgerservices der
  Stadtverwaltung (lange Schlangen bei der Meldestelle
  und dem Gewerberegister; große Sprachprobleme aufgrund fehlender Deutschkenntnisse, zusätzliche Belastung der Dienststellen durch viele Antragsteller, die
  ohne Abmeldung unbekannt verziehen)«
- »Gefährdung des Erfolgs städtebaulicher Maßnahmen
  zur Aufwertung strukturschwacher Stadtteile durch Zustrom von besonders einkommensschwachen Zuwanderern«
- »Verlagerung von sozialen Integrationsmaßnahmen wie
  Deutsch- und Sprachförderung zu Lasten bereits länger
  hier lebender Menschen allein auf die neuen Zuwanderer«

• Besonders schlimm und ebenfalls von Bedeutung für die
  Polizei: Auch die illegale »Straßenprostitution« nimmt
  in vielen Städten wegen der Armutszuwanderung zu.

Als Beispiel für eine betroffene Großstadt sei hier auf die
Sachstandsbeschreibung von Frankfurt am Main verwiesen, die in dem internen Bericht skizziert wird: Dort
kam es zwischen September 2009 und dem September 2012
zu einer Verdreifachung der Zahl bulgarischer und ru-
mänischer Familien, die als Bedarfsgemeinschaften von
Hartz IV lebten. Zudem erhöhten sich die Fälle von illegaler Straßenprostitution und Zwangsräumungen von völlig
überbelegten Häusern in den Stadtvierteln Höchst, Bo-
ckenheim, Ostend und im Frankfurter Bahnhofsviertel.

Eindringlich schildert der Bericht die Auswirkungen
der Armutseinwanderung und die Gründe für die Räu-
mung: »Zum Teil hausten sechs Personen auf Matratzenlagern und in Stockbetten in einem Raum. Die Eigentümer
der Massenunterkünfte verstoßen gegen das Hessische
Wohnungsgesetz, das Mindeststandards vorschreibt.«

In allen Fällen muss die Polizei die Maßnahmen durchführen und ausbaden, was an anderer Stelle als Regelung
im Einwanderungsgesetz versagt. Dabei kommt es oft genug zu handfesten Auseinandersetzungen mit den Bewohnern der übersetzten Massenunterkünfte.

Als Konsequenz heißt es in dem internen Bericht der
öffentlichen Verwaltung: »Die Gefahrenabwehrbehörden
der Länder müssen in Zusammenarbeit mit den Polizei-
und Ordnungsbehörden des Bundes konsequent gegen
Rechtsverstöße im Zusammenhang mit der Zuwanderung
aus Bulgarien und Rumänien einschreiten.«

Alle diese Probleme gab es bereits, solange der Zugang
von Bulgaren und Rumänen zum deutschen Arbeitsmarkt

noch begrenzt war. Seit dem 1. Januar 2014 ist diese Hürde gefallen. Jetzt rechnen deutsche Politiker und die Polizei mit einer massiven Zunahme der Schwierigkeiten.

Wenn für die Arbeitnehmer aus Bulgarien und Rumänien die volle Freizügigkeit gilt und sie sich in jedem Land der EU niederlassen können, erwarten Sicherheitsexperten einen weiteren Zustrom. Das wird vor allem großen Städten wie Frankfurt, München, Mannheim und Dortmund zu schaffen machen. Dort befürchten die Finanzverwalter in den Rathäusern einen Anstieg der Sozialausgaben in zweistelliger Millionenhöhe.

Der Deutsche Städtetag warnte daher schon vor einem Ansehensverlust der Europäischen Union und einer Gefährdung des sozialen Friedens. Häufig melden die neuen Einwohner in den Stadtämtern kurzfristig ein Gewerbe an, um dann als Scheinselbstständige bestimmte Sozialleistungen wie etwa Kindergeld beantragen zu können. Besonders eklatant fällt das in für dieses Problem bereits bundesweit bekannten Vierteln wie dem Berliner Stadtteil Neukölln auf. Dort verzeichnete das zuständige Amt im März 2012 mehr als 2400 Gewerbe von Rumänen und Bulgaren, die sich auffälligerweise alle auf nur etwa 20 Gebäude in dem Viertel verteilten.

Die Diskussion über Ursachen der Armutseinwanderung und wie man sie am besten beheben kann, ist emotional hoch aufgeladen. Dabei darf man nicht vergessen, dass Deutschland eine besondere Verantwortung gegenüber den Sinti und Roma hat. Während des Nationalsozialismus wurden Sinti und Roma brutal verfolgt. Tausende starben in Konzentrationslagern. In Berlin erinnert seit 2012 ein Mahnmal an die während der NS-Zeit ermordeten Sinti und Roma. Viele Einwanderer aus Bulgarien und Rumänien gehören einer der beiden Volksgruppen an.

In ihren Herkunftsländern leben Sinti und Roma oftmals am Rande der Gesellschaft und fühlen sich dort diskriminiert. In seinem Bericht über die Lebensbedingungen der Sinti und Roma kam der damalige EU-Menschenrechtskommissar Thomas Hammarberg 2012 zu dem Schluss, dass sie in vielen südosteuropäischen Ländern nicht als menschenwürdig zu bezeichnen sind. Es ist daher auch verständlich, dass sie sich von dort auf den Weg in Länder wie Deutschland, Frankreich und Italien machen. Eine schnelle Lösung des Problems wird es nicht geben. Sie kann nur in enger Zusammenarbeit mit den Herkunftsländern erfolgen. Die Polizei ist mit den unmittelbaren Folgen der Armutseinwanderung jedenfalls überfordert. Bildungsprogramme wie Sprachkurse für Sinti- und Roma-Kinder und die Unterstützung bei der Wohnungssuche lindern die gesellschaftlichen Folgen des Zuzugs zwar, doch reichen sie alleine nicht aus.

Wie wir gewaltbereitem Islamismus begegnen müssen

Bei einer Kundgebung der rechtsextremistischen Partei Pro-NRW kam es im Mai 2012 erstmals zu größeren Straßenschlachten von gewaltbereiten Salafisten mit der Polizei. Mehrere Einsatzkräfte wurden schwer verletzt. Ein Polizist wurde gezielt mit Messerstichen attackiert. Solche Bilder war man in Deutschland bislang nicht gewohnt. Verfassungsschutzpräsident Hans-Georg Maaßen bezeichnete die brutalen Straßenschlachten als Novum in der Salafisten-Szene. Doch eins war danach völlig klar: Die deutschen Sicherheitsbehörden mussten sich auf einen neuen Gegner einstellen. »Wir dürfen nicht mehr in altbekannten Mustern denken«, sagte Maaßen mit Blick auf die Gewalt. Ein Polizist, der die Ausschreitungen selbst miterlebt hat, sprach von »nacktem Hass und Gewalt«, die er so noch nie zuvor erlebt habe (BILD, 7.5.12).

Für den damaligen Bundesinnenminister Hans-Peter Friedrich stellten diese Auseinandersetzungen eine »neue Dimension von Gewalt« dar, die Anlass zur Besorgnis gebe. Denn hier schaukelten sich zwei gewaltbereite Gruppen gegenseitig hoch. Die oft martialisch auftretenden Rechtsextremen von Pro-NRW provozierten mit ihren Aktionen – sie zeigten auf Demonstrationen vor Moscheen Mohammed-Karikaturen – Racheakte von islamistischen Einzeltätern oder kleinen Gruppen. Laut Friedrich war »eine Hemmschwelle für Gewalt nicht mehr feststellbar« (Spiegel Online, 23.4.13).

Die Salafisten sind eine radikal-islamische Gruppierung, die einen rückwärtsgewandten Ur-Islam predigt. Sie lehnen die westliche Demokratie ab und wollen einen islamischen Gottesstaat auf Basis der Scharia (eine Rechtsprechung, die dem Koran buchstabengetreu folgt) einführen. Die Scharia gilt ihnen als einzig legitime Staats- und Gesellschaftsform. Das arabische Wort »Salaf« bedeutet »Vorfahren«. Es kennzeichnet die fundamentalistisch-religiöse Prägung dieser muslimischen Splittergruppe, die sich gegen jede Form der Modernisierung des Islam wehrt.

Salafisten folgen einem strengen Kodex, tragen Bärte und lange, knöchelfreie Gewänder oder auch Hosen. Ihr Frauenbild ist stark diskriminierend. Sie müssen in Vollverschleierung auftreten und sind dem Mann in jeder Hinsicht untergeordnet. Mit ihrer Geisteshaltung geraten die Salafisten zwangsläufig in Konflikt mit dem Gesetz, da sie die freiheitlich-demokratische Grundordnung rundweg ablehnen.

Das eigentliche Problem mit den Salafisten ist aber ihre Militanz. Sie predigen den Heiligen Krieg gegen Ungläubige – also auch gegen die christliche Mehrheitsgesellschaft in Deutschland – und stellen ein Sammelbecken für gewaltbereite Islamisten dar. Laut dem Bundesamt für Verfassungsschutz sind fast alle Islamisten in Deutschland, die den Heiligen Krieg befürworten, zuvor mit dem radikalen Gedankengut des Salafismus in irgendeiner Form in Berührung gekommen. Das trifft unter anderem auch auf die terroristische »Sauerland-Gruppe« zu.

Aber es gilt erst recht für die mehr als 350 Personen (Stand: Juli 2014) mit Deutschlandbezug zu, die seit Beginn des Syrien-Konflikts in den Nahen Osten gegangen sind, um dort auf der Seite der islamistischen Rebellen gegen das Regime von Syriens Diktator Baschar al-Assad zu kämpfen. Vor allem nach ihrer Rückkehr – bis Ende Juni 2014 waren 100 deutsche »Heilige Krieger« aus Syrien in ihre Heimat zurückgekehrt – stellen sie für die deutschen Sicherheitsbehörden ein ernstzunehmendes Problem dar. 50 von ihnen gelten als sogenannte Gefährder, es handelt sich bei ihnen also um Personen, bei denen der Staatsschutz befürchtet, dass sie »politisch motivierte Straftaten von erheblicher Bedeutung« begehen könnten.

In der BILD-Zeitung warnte Verfassungsschutz-Chef Maaßen Anfang 2014 deshalb: »Die Islamisten könnten in Syrien weiter radikalisiert worden sein und eine militärische Ausbildung erhalten haben. Wir wissen, dass etwa ein Dutzend Rückkehrer vor Ort Kampferfahrung gesammelt hat. Damit wächst natürlich auch die Gefahr von terroristischen Handlungen in Deutschland. Daher gilt diesen Personen unsere volle Aufmerksamkeit.«

In Deutschland gab es Anfang Juni 2014 nach Angaben der Innenminister der Länder rund 6500 Salafisten. Das waren etwa 2000 mehr als noch Ende 2012. Sie gelten damit als die am schnellsten wachsende islamistische Gruppierung in Deutschland.

Salafisten üben vor allem auf junge Muslime eine starke Anziehungskraft aus. Die führenden Köpfe der Bewegung, wie etwa der frühere Boxer Pierre Vogel oder auch der Ex-Rapper Denis Cuspert (alias Deso Dogg), versuchen sich heute als Prediger fundamentalistischer Islamtheorien und radikalisieren ihre meist jugendlichen Anhänger durch Reden oder mit Hilfe von Propagandavideos im Internet. Cuspert ist inzwischen als »Heiliger Krieger« selbst nach Syrien ausgewandert und hat sich dort einer al-Qaida-nahen Rebellengruppe angeschlossen.

Vor den Straßenschlachten in Bonn im Mai 2012 galten Salafisten als »gewaltbereit«. Danach war klar: Sie sind *gewalttätig*. Für die Polizei bedeutet das eine besondere Herausforderung, weil die Ereignisse gezeigt haben, wie stark der Hass fanatisierter islamistischer Aktivisten auf den deutschen Staat und seine Repräsentanten wirklich ist. Sie müssen darauf gefasst sein, dass die Lage bei jeder Demonstration von oder gegen Salafisten eskaliert.

Hinzu kommt noch die latente Bedrohung durch mögliche salafistische Rückkehrer von den Schlachtfeldern in Syrien. Von ihnen geht künftig mit Sicherheit die größte Gefahr für die innere Sicherheit Deutschlands durch den gewaltbereiten Islamismus aus. Die salafistischen deutschen Syrien-Kämpfer sind ein sicherheitspolitischer Alptraum für Verfassungsschutz und Polizeibehörden: Sie wissen, wie man kämpft. Sie wissen, wie man Waffen bedient. Und sie wissen im Zweifelsfall auch, wie man Bomben baut.

Für die Polizei und andere Sicherheitsbehörden ist es extrem schwierig, die salafistische Szene in Deutschland zu infiltrieren. Einzige Möglichkeit ist und bleibt dabei der Einsatz von V-Leuten, also von bezahlten Informanten aus der Szene. Nur mit ihrer Hilfe lassen sich die Pläne der radikalen Islamisten überwachen. Ansonsten sind die Sicherheitsbehörden auf nachrichtendienstliche Mittel angewiesen. Dabei fehlt ihnen natürlich als wichtigste Maßnahme die Vorratsdatenspeicherung, über die an anderer Stelle dieses Buches noch zu sprechen sein wird.

Dass das Problem des gewaltbereiten Islamismus in Deutschland nicht kleiner, sondern eher noch größer werden könnte, belegen zwei Studien zu jungen Muslimen in Deutschland. Dabei weist die vom Bundesinnenministerium in Auftrag gegebene Frindte-Studie zu den Lebenswelten junger Muslime in Deutschland vom März 2012 nach, dass ein erheblicher Anteil jugendlicher Muslime in Deutschland den Staat ablehnt.

Die Studie belegt, dass innerhalb der befragten Gruppe deutscher und nichtdeutscher Muslime im Alter von 14 bis 32 Jahren eine erhebliche Subgruppe existiert, die als »streng religiös mit starken Abneigungen gegenüber dem Westen, tendenzieller Gewaltakzeptanz und ohne Integrationstendenz« bezeichnet werden kann. Diese Subgruppe umfasst bei den deutschen Muslimen ca. 15 Prozent der Befragten, und in der Gruppe der nichtdeutschen Muslime macht sie 24 Prozent aus. Sie alle lehnen den deutschen Staat ab, verweigern sich der Integration und sind gewaltbereit. Das alles trifft natürlich auch auf die Salafisten in Deutschland zu.

Ein ähnliches Ergebnis hatte schon im Februar 2009 eine Untersuchung zur Lebenssituation der türkischstämmigen Migranten in Nordrhein-Westfalen und Deutschland ergeben. Die Studie wurde damals vom Familienministerium in NRW in Auftrag gegeben. Sie kam zu dem Ergebnis, dass innerhalb der befragten Gruppe türkischstämmiger Migranten »ein Anteil von 14 Prozent in NRW und von 13 Prozent in Deutschland« existiert, »der als tendenziell segregiert einzustufen ist bzw. parallelgesellschaftliche Strukturen ausbildet.« Als Merkmale der Gruppe gelten dabei unter anderem, dass »kein Kontakt zu Deutschen und auch kein Wunsch danach besteht«.

Das ist eine gefährliche Tendenz. Und die Beamten des deutschen Inlandsgeheimdienstes beobachten mit Sorge, dass eine wachsende Zahl von Salafisten als gewaltbereit und latent gewalttätig eingestuft werden muss.

Einen eindrucksvollen Beleg für den gewaltbereiten Islamismus in Deutschland lieferte die Prügelattacke gegen ein Kamerateam des Fernsehmagazins »Report Mainz«. Der Vorfall zeigte eindrucksvoll, wie schwierig der Austausch mit Anhängern einer radikal-islamischen Strömung ist. Die Journalisten waren Anfang Juni 2013 für Dreharbeiten vor der Tauheed-Moschee in Offenbach unterwegs. Schon länger gab es das Gerücht, dass sich Mitglieder dieser Gemeinde in Deutschland heimlich darauf vorbereiten, im syrischen Bürgerkrieg zu kämpfen. Aus dem Grund hatten die Journalisten um ein Interview mit dem dortigen Imam gebeten und dies auch zugesagt bekommen. Als sie vor der Moschee auf ihn warteten, wurden sie von einer Gruppe junger Männer angegriffen und mit Faustschlägen und Fußtritten regelrecht verprügelt. Ein Journalist zog sich dabei eine Schädelprellung zu und musste vom Notarzt behandelt werden. Der Imam zeigte sich später angeblich von dem Vorfall »geschockt« (Die Welt, 10. 6. 13).

Kapitel 4

Was sich ändern muss

Es gibt genügend Lösungsvorschläge, wie man die Gesellschaft besser schützen kann. Doch sie gehen meist im politischen Streit unter. In so gut wie allen Bundesländern wirft die Opposition der amtierenden Regierung den Raubbau beim Personal in den Polizeistationen vor. Doch sobald die Politiker an der Macht sind, die zuvor noch so viel Verständnis für die Polizisten gezeigt haben, setzen sie den eingeschlagenen Weg fort. Auch im Bund sieht es nicht besser aus. Die Polizisten werden so zum Spielball der Politiker. Seit Jahren machen die Polizeigewerkschaften auf die Probleme aufmerksam. Doch ihr Ruf verhallt oft ungehört. Die Folgen hat die Gesellschaft zu tragen.

Laut dem Bundesvorsitzenden der Gewerkschaft der Polizei, Oliver Malchow, hat die Polizei bereits ihre Taktik geändert. Das gilt sowohl in der Stadt als auch auf dem Land. »Die Eigensicherung ist viel wichtiger geworden. Wo früher noch ein Beamter zu einer Prügelei in die Dorfdisko ausgerückt ist und die Lage vor Ort beruhigen konnte, müssen heute mehrere Streifenwagenbesatzungen oder Einsatzgruppen ausrücken«, sagt Malchow. »Denn oft verbünden sich die verfeindeten Parteien nämlich miteinander, wenn die Polizei anrückt und versucht, die Streithähne zu trennen. Sie gehen dann gemeinsam auf die Polizei los.« Darauf habe sich die Polizei inzwischen einsatztaktisch eingestellt, was aber zu einer Mehrbelastung der Beamten führt, die dann für andere Aufgaben nicht zur Verfügung stehen oder wegen der Einsatzplanung auf ihr

dienstfrei verzichten müssen. Dasselbe gilt natürlich auch
für Einsätze in der Stadt. Einsätze bei häuslicher Gewalt
enden laut dem GdP-Chef oft mit einem Angriff auf Polizisten, die gekommen sind, um den Streit zu schlichten.
»Darauf müssen die Beamten heute immer gefasst sein,
und sie müssen auch entsprechend agieren. Es mag para-
dox klingen, aber mit der steigenden Gewalt gegen Polizisten steigt auch das Misstrauen gegenüber der Polizei. Dieser wird schon im Vorfeld ihres Auftretens Gewalt unterstellt, und viele Menschen reagieren gereizt, aggressiv und
gewalttätig auf deren Einsätze. Das verunsichert und frustriert viele Beamte«, sagt Malchow. Ein Blick auf die Statistik zeigt, dass der Frust nicht unbegründet ist. Knapp ein
Viertel aller Polizeibeamten wurde 2012 Opfer einer Straftat. Wie in Kapitel 2 ausführlich dargestellt, wurden 2013
knapp 60 000 Polizeivollzugsbeamte Opfer einer Straftat.
In 3399 Fällen kam es dabei zu gefährlichen und schweren
Körperverletzungen. In 84 Fällen erfolgte versuchter Totschlag und in 22 Fällen sogar versuchter Mord. Die Zahlen
sprechen für sich.

An dieser Stelle muss man sich noch mal in Erinnerung
rufen, worum es hier eigentlich geht. Auf dem Spiel steht
der Schutz jedes Bürgers. Man muss gar nicht erst das Gesetz zur Gefahrenabwehr bemühen, um die Aufgabe der
Polizei in einfache Worte zu fassen: Sie soll die Menschen
und ihr Zuhause vor Gewalt schützen.

Wir wollen uns sicher fühlen

Wie aber kann man das Sicherheitsgefühl erhöhen, ohne in einem Überwachungsstaat zu landen? Dafür reicht oft allein schon die Präsenz der Polizisten aus. Denn die Straßenkriminalität lässt sich noch immer am besten durch mehr operative Fahndungsgruppen bekämpfen. Die Beamten müssen noch nicht einmal in ihrer Uniform sichtbar sein. Vielen Menschen genügt es schon, wenn sie wissen, dass sie etwa in Form einer kleinen Wachstation einen Ort haben, an den sie sich mit ihren Ängsten wenden können. So ist am Alexanderplatz seit dem tragischen Vorfall um Jonny K. eine mobile Wache im Einsatz. Dabei handelt es sich um ein großes Polizeifahrzeug, das auf dem Platz geparkt wird und die Polizisten vor Ort unterstützt.

Besonders gefährliche Gebiete, in denen es immer wieder zu Übergriffen kommt, müssen zu sogenannten Waffenverbotszonen erklärt werden. Solche Zonen gibt es seit 2007 in Hamburg und seit 2009 in Bremen. Wer sich dort aufhält, darf Waffen wie Pfefferspray, Elektroschockgeräte oder Taschenmesser nicht mit sich führen. Sogar Rasierklingen fallen unter dieses Verbot. Der Grund für die Verbotszone ist denkbar einfach: Sobald eine Waffe im Spiel ist, steigt automatisch die Gefahr, dass eine Auseinandersetzung eskaliert und für die Beteiligten zu lebensgefährlichen Verletzungen führt.

**Videoüberwachung als große Chance
für die Verbrechensaufklärung**

Immer wieder kommt es zu Überfällen und Gewaltverbre-
chen, bei denen die Täter nicht ermittelt werden können,
weil es außer dem Opfer keine Zeugen gibt. Kameras
könnten diesen Mangel abstellen. Doch die Videoüberwachung ist bis heute umstritten. Mit Ausnahme der Bahnhöfe und Flughäfen sind für die »öffentlichen Räume«
grundsätzlich die Länder zuständig. Das trifft vor allem
auf Parkanlagen, Plätze und öffentliche Straßen zu.

Wenn Gewalttäter wissen, dass sie gefilmt werden, wirkt
das abschreckend. Es wird nicht jedes Verbrechen verhindern. Aber die Erfahrung hat gezeigt, dass die Kriminali-
tätsrate sinkt, wenn an Brennpunkten Kameras installiert
werden. Zudem steigt die Aufklärungsquote.

Wie hilfreich die Kameras sein können, zeigte sich bei
der Fahndung nach den Bombenlegern in Boston. Dort
hatten im April 2013 zwei Terroristen einen Anschlag während des Marathons verübt. Drei Menschen kamen dabei
ums Leben, und 264 wurden verletzt, als die Schnellkoch-
topf-Bomben am Rande des Zieleinlaufs explodierten.
Nach wenigen Tagen war die Polizei den Attentätern bereits auf der Spur. Das wäre ohne die Aufzeichnungen aus
den Überwachungskameras nicht so schnell möglich gewesen. Doch mit Hilfe von Videoaufzeichnungen konnten
die Sicherheitsbeamten zwei auffällige Männer mit Müt-
zen und Rucksäcken identifizieren. Die Bundespolizei FBI
veröffentlichte Bilder der zwei Verdächtigen. Zahlreiche
Hinweise aus der Bevölkerung gingen daraufhin ein. Mit
Hilfe von Kameras und Gesichtserkennungssoftware
konnte das FBI den Aufenthaltsort der beiden Brüder
Dzhokhar und Tamerlan Tsarnaev ermitteln. Einer wurde

lebend gefasst, der andere wurde bei einem Schusswechsel tödlich verletzt.

Trotz des nachweislichen Erfolgs der Ermittler in Boston gibt es in Deutschland weiterhin viele Bedenken gegenüber der Videoüberwachung. Die Diskussion darüber läuft fast reflexartig ab. Die einen fürchten, dass sich die Bundesrepublik zu einem Überwachungsstaat entwickeln könnte, in der das staatliche Auge jeden Schritt der Bürger verfolgt. Die anderen argumentieren, dass Kameras im öffentlichen Raum helfen könnten, Verbrechen aufzuklären oder sie gleich ganz zu verhindern.

Die Befürworter verweisen auf den letzten großen Anschlagsversuch in Deutschland. Dieser fand am 10. Dezember 2012 in der ehemaligen Bundeshauptstadt Bonn statt. Auf Gleis eins des Hauptbahnhofs hatte ein Unbekannter eine blaue Sporttasche abgestellt. Doch der darin enthaltene Sprengsatz hatte eine Fehlzündung. Wie durch ein Wunder explodierte die Bombe nicht. Andernfalls hätte sie wohl eine verheerende Wirkung entfaltet und für ein Blutbad auf dem Bahnsteig gesorgt.

Am Anfang fehlte jeder Hinweis auf den Täter. Nur die Aufnahmen aus einem nahe gelegenen Fastfood-Restaurant brachten die Ermittler auf die entscheidende Spur. Allerdings fehlt das entscheidende Bild: Da die Kameras am Bahnsteig die Szene nicht gespeichert haben, ist nicht zu sehen, wie der Täter die Bombe am Bahnsteig abstellte.

Ganz anders hätten die Polizisten an den Fall herangehen können, wenn sie wie in Boston die Aufzeichnungen aus eigenen Sicherheitskameras gehabt hätten. Dabei geht es nicht um eine flächendeckende Videoüberwachung, sondern um Kameras im öffentlichen Personenverkehr, an belebten Orten und an Kriminalitätsschwerpunkten. Durch eine Echtzeitüberwachung könnten Einsatzteams der Polizei schnell vor Ort sein, wenn die Beamten auf der Kamera sehen, dass Passanten beklaut oder belästigt werden.

Dabei ist es nicht einmal erforderlich, dass ein Beamter oder Sicherheitsangestellter rund um die Uhr das Geschehen auf dem Bildschirm verfolgt. Durch Software kann festgestellt werden, ob sich Personen auffällig verhalten. Daraufhin wird ein Signal ausgelöst und ein Polizist sieht sich die Situation auf dem Bildschirm an. Er muss dann einschätzen, ob die aufgezeichnete Person möglicherweise auf eine Tatgelegenheit wartet. Die Beobachtungsintensität geht dadurch sogar zurück. Außerdem sinkt die Zahl der erforderlichen Beamten. Auf diese Weise könnte nämlich auch vermieden werden, dass wegen einer vergessenen Tasche am Bahnsteig gleich ein Polizeieinsatz ausgelöst wird, da es sich um einen Bombenanschlag handeln könnte.

Auch die Statistik spricht für eine Ausweitung der Videoüberwachung. So konnten zwischen Januar 2011 und Ende April 2012 durch die Videotechnik 3639 strafrechtliche Delikte entdeckt werden. Das geht aus einer Statistik des Bundesinnenministeriums hervor. 1230 Fälle sind demnach in diesem Zeitraum aufgeklärt worden. Gegner argumentieren hier, dass aus diesen Zahlen nicht hervorgeht, wie viele Fälle auch ohne die Aufzeichnungen aus den Kameras gelöst worden wären, aber die hohe Aufklärungsquote von über 30 Prozent spricht für sich.

In Deutschland sind derzeit 495 Bahnhöfe mit insgesamt 3800 Videokameras ausgestattet (Stand: April 2013). In 141 Bahnhöfen werden die Videobilder aufgezeichnet. Die Bundespolizei ist seit Jahren mit der Bahn im Gespräch darüber, ob diese Zahl ausreicht. So erhöhte sich 2013 die Zahl von Körperverletzungen in Zügen und auf Bahnhöfen um 600 auf 14 600 Fälle. Auch kam es zu 1200 Übergriffen auf Mitarbeiter der Bahn, ein Anstieg um ein Fünftel. Nach dem Anschlag auf den Marathon in Boston entschloss sich die Bahn jedenfalls zu einem Schritt in die richtige Richtung. Der Konzern kündigte im Juni 2013 an, in den kommenden fünf Jahren rund 40 Millionen Euro in den Ausbau der Videoüberwachung zu investieren. Auf zehn Jahre gerechnet, sollen es sogar 60 Millionen Euro sein. Bahnvorstand Gerd Becht betonte dabei, dass die Entscheidung gefallen sei, »obwohl den Sicherheitsbehörden keine Erkenntnisse zu konkreten Anschlagsplanungen gegen Bahneinrichtungen bekannt sind« (Süddeutsche.de, 2. 6. 13). Das mag durchaus korrekt sein. Doch darauf zu warten, dass dieser Fall eintritt, wäre sicherlich die falsche Alternative. Zumal die Bahn seit dem bereits beschriebenen Sprengstoff-Fund auf dem Bonner Hauptbahnhof Ende 2012 ohnehin unter wachsendem Druck stand.

Des Weiteren sprechen auch hier die Erfolge der Bundespolizei durch Videoüberwachung für einen verstärkten Einsatz dieser Technik. So konnten 2013 in Zügen und auf den Bahnanlagen des Bundes 1146 Straftaten mit Hilfe von stationärer Videotechnik aufgeklärt werden. Dabei handelte es sich vorwiegend um Gewaltdelikte (542 Fälle) und Diebstähle (261 Fälle). 740 Tatverdächtige wurden auf diese Weise ermittelt.

Dieter Romann, Präsident des Bundespolizeipräsidiums, plädierte nach der Veröffentlichung dieser Bilanz für einen Ausbau der Videoüberwachung in Zügen und auf den Bahnanlagen der Eisenbahnen des Bundes: »Über 1100 im Jahr 2013 im Bahnbereich des Bundes durch Videoüberwachung aufgeklärte Straftaten sprechen für sich.« (BILD, 19. 04. 2014)

Hoffnungen können sich mittlerweile auch die Taxifahrer machen. Zwar fehlt hier eine bundesweite Regelung. Doch in ersten Städten wie Frankfurt am Main haben sich die Fahrer mit ihrem Wunsch nach Kameras in den Taxen durchgesetzt. Bis zu 300 Überfälle auf Taxifahrer werden pro Jahr deutschlandweit erfasst. Die Dunkelziffer dürfte nach Einschätzung der Berufsgenossenschaft für Transport und Verkehrswirtschaft (BG Verkehr) sehr viel höher liegen, da »Arbeitsunfälle, also auch Überfälle, der Berufsgenossenschaft nur gemeldet werden müssen, wenn Versicherte getötet oder so verletzt werden, dass sie mehr als drei Tage arbeitsunfähig sind« (Abschlussbericht).

Besonders gefährdet sind Frauen und Fahrer, die nachts unterwegs sind. Eine Kamera könnte nach Ansicht vieler Fahrer potenzielle Täter abschrecken. Denn nach Angaben der BG Verkehr erfolgen die meisten Übergriffe spontan. Die Täter verfügen demnach über die grundsätzliche Bereitschaft, »Geld zu erpressen oder dem Taxifahrer Gewalt anzutun, je nachdem wie sich die Gelegenheit dazu ergibt«. Ein großangelegter Versuch zusammen mit dem Taxi-Ruf Bremen zeigte, dass diese Übergriffe weitgehend ausbleiben, wenn eine Kamera im Taxi installiert ist. Innerhalb eines Jahres ging die Zahl der Vorfälle dort deutlich zurück.

Datenschutzbeauftragte halten dagegen nichts davon, Taxis mit Kameras auszurüsten. Sie sehen dadurch die Privatsphäre der Fahrgäste gefährdet. Bei dem zwei Jahre dauernden Projekt in Bremen wurde versucht, darauf zu einzugehen. So durfte die im Vorderbereich des Fahrzeugs angebrachte Kamera nur alle 15 Sekunden ein Standbild machen und keinen Film mit bewegten Bildern drehen. Das Bild wurde anschließend 48 Stunden auf einem Server gespeichert und dann gelöscht. Der Fahrer hatte keinen

Zugriff auf die Aufnahmen. Sie konnten nur dann angefordert werden, wenn es zu einem Vorfall kam und der Täter identifiziert werden sollte. Die Taxifahrer setzen jedoch darauf, dass es schon allein durch das Vorhandensein einer Kamera gar nicht erst so weit kommt. Denn auf der Außenseite des Wagens weist ein Aufkleber darauf hin. In Bremen haben die Fahrer gute Erfahrungen mit den Kameras gemacht. Denn die Sorge fährt fast immer mit. Fast die Hälfte der befragten Taxifahrer gab an, Angst vor einem Überfall zu haben. Drei Viertel von ihnen fühlen sich unsicher, wenn sie nachts unterwegs sind. Wenig erstaunlich, wenn man bedenkt, dass 15 Prozent der Teilnehmer bereits überfallen wurden und 44 Prozent Kontakt mit gewalttätigen Fahrgästen hatten. Fast alle fühlten sich mit der eingebauten Kamera sicherer. Zwar wurden sie von den meisten Fahrgästen auf das Gerät angesprochen, doch kaum einer reagierte ablehnend. Ein Drittel hatte Bedenken wegen des Datenschutzes, doch nur acht Prozent der Fahrten wurden aus dem Grund abgelehnt.

In der Summe spricht alles für den vermehrten Einsatz solcher Kameras.

Datenspeicherung kann Leben retten

Der Kampf gegen Schwerverbrecher ist untrennbar mit dem Einsatz moderner Technik verknüpft. Das betrifft den Einsatz von Abhörtechnik genauso wie die Überwachung der Telekommunikation. Das ist in Zeiten von Edward Snowden und seinen Enthüllungen über das Ausmaß der Spähaktivitäten des amerikanischen Geheimdienstes »National Security Agency« (NSA) und des britischen »Government Communications Headquarters« (GCHQ) natürlich nur schwer vermittelbar.

Tatsache ist aber: Ohne Telekommunikationsüberwachung geht es nicht. Das trifft laut BKA-Ermittlern ganz besonders auf den Einsatz der Vorratsdatenspeicherung zu. Bei der Vorratsdatenspeicherung soll der »Provider«, also der Telefon-, Handy- und Internetanbieter (z. B. Deutsche Telekom, E-Plus, 1&1 Internet AG etc.) für einen bestimmten Zeitraum alle Telefon- und Computer-Verbindungsdaten eines Teilnehmers speichern. Die Inhalte von Telefongesprächen oder E-Mails werden dabei allerdings nicht erfasst. Ziel der Vorratsdatenspeicherung ist es, dass Telefon-, Handy- und Internetanbieter aufzeichnen, wer mit wem wann telefonisch oder per E-Mail Kontakt hatte. Es geht dabei nicht um die Inhalte der Gespräche oder E-Mails, sondern nur um die Verbindungsdaten, auch »Metadaten« genannt.

Ob die Vorratsdatenspeicherung in Deutschland eingeführt wird, ist noch offen. Der Europäische Gerichtshof (EuGH) kippte im April 2014 überraschend die entsprechende EU-Richtlinie. Die Massenspeicherung persönlicher Telefon- und Internetdaten ohne konkreten Verdacht ist seither in Europa nicht mehr erlaubt. Nach Ansicht des EuGH greife die Richtlinie zu sehr in die Privatsphäre der Bürger ein. Die Datenerhebung solle auf Fälle »schwerer Kriminalität« beschränkt werden.

Bis zu diesem Urteil mussten die EU-Staaten dafür sorgen, dass alle Telekommunikationsunternehmen ihres Landes die Verbindungsdaten von Privatleuten speichern. Dabei ging es meist um die Daten von Telefongesprächen und E-Mail-Korrespondenzen. Die Unternehmen speicherten unter anderem: Name und Anschrift des Teilnehmers, Rufnummer, Uhrzeit und Datum der Telefonverbin-

dung. Im Fall eines Mobilfunkgesprächs wurde zusätzlich
der Standort der Teilnehmer zu Gesprächsbeginn aufgezeichnet. Auch die Verbindungsdaten zu SMS-Nachrich-
ten (Telefonnummern von Sender und Empfänger), zur
Internetnutzung (IP-Adressen der Rechner) und zum
E-Mail-Verkehr (E-Mail-Adressen von Sender und Empfänger etc.) wurden von den Telekommunikationsunternehmen erfasst.

Laut BKA-Experten lassen sich schwerste Verbrechen
wie etwa der Handel mit Kinderpornografie, die Vorbereitung terroristischer Straftaten, zum Beispiel durch islamistische Extremisten wie die »Sauerland-Gruppe«, oder die
organisierte Internetkriminalität nur mit Hilfe der durch
die Telekommunikationsanbieter gespeicherten Verbindungsdaten aufklären und verhindern. Der Grund dafür
ist, dass hinter vielen dieser Verbrechen laut BKA-Experten
weitverzweigte Netzwerke von Kriminellen stecken, die es
zu erfassen gilt. So tauschen etwa Pädophile ihre illegalen
kinderpornografischen Filme und Fotos meist in »geschlossenen« Tauschbörsen im Internet aus, um der Möglichkeit der Strafverfolgung zu entgehen. Nur mit Hilfe
der Verbindungsdaten der Tauschbörsen-Nutzer kann die
Polizei bei solchen Verbrechen der Täter hinterher habhaft
werden und weitere Fälle von Kindesmissbrauch verhindern.

Vor dem Urteil gab es auch in Deutschland Bestrebun-
gen, die umstrittene EU-Richtlinie einzuführen. Trotz teils
heftiger Kritik. So hatte das Bundesverfassungsgericht in
Karlsruhe 2010 bereits mit einer ganz ähnlichen Begründung wie das EuGH die deutsche Regelung zur Vorratsdatenspeicherung gekippt und eine Neuregelung angemahnt.
Da sich die Umsetzung hinzog, drohten Deutschland vorübergehend sogar Strafzahlungen in Millionenhöhe.

Nun passiert wohl erst einmal gar nichts. Bundesjustiz-
minister Heiko Maas (SPD) sieht nach dem Urteil keinen
Grund mehr, »schnell einen Gesetzentwurf vorzulegen«.
Gegner der Vorratsdatenspeicherung sehen sich nun bestätigt, da sie in der Maßnahme einen massiven Eingriff in die
Freiheitsrechte der Bürger verstehen. Mit diesem Argu-
ment hatte sich auch die zuletzt amtierende liberale Justiz-
ministerin Sabine Leutheusser-Schnarrenberger mehrere
Jahre lang erfolgreich gegen ein neues Gesetz zur Speicherung von Verbindungsdaten zur Verbrechensbekämpfung
gewehrt.

Polizei und Sicherheitsexperten klagen hingegen immer
wieder darüber, dass ihnen das »schärfste Schwert zur Verbrechensbekämpfung« fehle. Unterstützung bekommen
sie von Bundesinnenminister Thomas de Maizière (CDU),
der anders als sein Amtskollege aus dem Justizministerium
weiterhin Handlungsbedarf sieht. Er drängt »auf eine ra-
sche, kluge, verfassungsmäßige und mehrheitsfähige Neuregelung«. Denn Fachleute seien sich einig, dass dieses
Mittel »zur Aufklärung schwerer Straftaten« notwendig
sei, so de Maizière.

Bis dahin hat die Polizei bei vielen Straftaten ganz eindeutig das Nachsehen. Sie kann zahlreiche Verbrechen
nicht aufklären, weil die Kommunikationsdaten der Täter
nicht mehr vorliegen. Eindrucksvoll belegt dies ein internes Fallarchiv des Bundeskriminalamts. Das Dokument
sammelt seit 2010 verschiedene Fälle der Polizeien des
Bundes (BKA und Bundespolizei) und der Länder (LKA
und Landespolizeien), die ohne Vorratsdatenspeicherung
nicht zu lösen waren. Geführt wird die Liste von der Abteilung KI 15 RETASAST, der »Rechtstatsachensammel-
und Auswertestelle« des Kriminalistischen Instituts des
BKA. Mit dem Datum vom 8. September 2011 umfasst das

Fallarchiv mit dem umständlichen Behörden-Titel »Stand der Sammlung herausragender Rechtstatsachen in Bund und Ländern zu den Auswirkungen des Urteils des Bundesverfassungsgericht zu ›Mindestspeicherfristen‹« 158 Seiten.

Die Fälle stammen aus mehreren Verbrechensbereichen und dokumentieren auf einem Formblatt mit drei auszufüllenden Feldern (1. »Allgemeine Angabe zur zuliefernden Stelle«, 2. »Art der Maßnahme« und 3. »Falldarstellung«), wie die Ermittlungen gelaufen und dann schließlich gescheitert sind. Hier sind exemplarisch ein paar Fälle aus der BKA-Sammlung dokumentiert. Bei allen drei Fällen wäre zur Strafverfolgung eine Mindestspeicherfrist für die Vorratsdaten von sechs Monaten nötig gewesen.

Fall 1: Das LKA Baden-Württemberg verweist auf einen Fall von »Anschlagsdrohung« aus dem Dezember 2009, der nach dem Richterspruch vom März 2010 nicht gelöst werden konnte.

Der Fall stellt sich wie folgt dar: »Seit dem 19. 12. 2009 verschickte ein unbekannter Täter über ein Briefzentrum mehr als 100 Briefe, adressiert an Schulen, Universitäten und Privatpersonen im gesamten Bundesgebiet, die jeweils eine Drohung mit einem Sprengstoffanschlag für den Fall der Nichtzahlung einer geforderten Geldsumme enthielten.

Als angeblicher Urheber der Briefe wird eine tatsächlich existente Person (nachfolgend Geschädigte) genannt, die jedoch aufgrund der durchgeführten Ermittlungen definitiv mit den Drohbriefen in keinerlei Verbindung zu bringen ist. Vielmehr besteht Grund zur Annahme, dass die Geschädigte von dem Briefschreiber in Misskredit gebracht werden soll.

Mit E-Mail vom 22. 4. 2010 trat der unbekannte Verfas-

ser mit der Geschädigten über deren Profil bei dem Netzwerk ›studiVZ‹ in Kontakt. Mit Schreiben vom 26. 4. 2010
wurde der Betreiber des Netzwerks ›studiVZ‹, VZnet
Netzwerke Ltd., gemäß Telemediengesetz um Mitteilung
der Bestandsdaten (u. a. der IP-Adresse des Absenders) gebeten. Nach deren Mitteilung konnte der Internet-Provi-
der, die Firma Vodafone/Arcor, festgestellt werden. Auf
telefonische Anfrage bezüglich der Feststellung des An-
schlusses bzw. Anschlussinhabers über die mitgeteilte IP-
Adresse teilte die Fa. Vodafone-Arcor mit, dass aufgrund
des BVerfG zur Vorratsdatenspeicherung ihrerseits diese
Daten nicht mehr gespeichert werden, da die Speicherung
der dynamischen IP-Adresse für Abrechnungszwecke
nicht erforderlich ist.

Somit ist die Feststellung des Urhebers der angeführten
E-Mail auf diesem Wege nicht mehr möglich.«

Fall 2: Das Polizeipräsidium München verweist auf den
Fall von einem »Drohanruf« aus dem Juni 2010, bei dem
die Strafverfolgung nach dem Urteil des Verfassungsge-
richts nicht möglich war.

Der Fall stellt sich wie folgt dar: »Am 5. 6. 2010 meldete
sich ein unbekannter Täter telefonisch bei einem Münch-
ner Verein mit religiöser Ausrichtung und eröffnete, dass
in den Vereinsräumlichkeiten demnächst eine Bombe explodieren werde. Nach entsprechender Absuche konnte
jedoch eine USBV nicht gefunden werden. Täterhinweise
waren nicht vorhanden, mit Ausnahme etwaiger Verkehrs-
daten. Nach entsprechender richterlicher Anordnung (Anregung vom 7. 6. 2010) teilten die Provider T-Mobile, Vodafone D2, E-Plus, O$_2$ Germany, HanseNet, M-Net und BT
Germany mit, dass prinzipiell Daten gespeichert werden,
für den abgefragten Zeitraum jedoch keine verfahrensrele-
vanten Daten vorlägen. Der fragliche Anruf erfolgte somit

mit an Sicherheit grenzender Wahrscheinlichkeit von den zwei verbleibenden angeschriebenen Providern (Deutsche Telekom und Vodafone Festnetz (ehemals Arcor). Diese teilten mit, dass seit dem Urteil des BVerfG die angefragten Daten nicht mehr gespeichert würden. Eine Ermittlung des Täters ist mithin nicht möglich.«

Fall 3: Die Abteilung Staatsschutz des Bundeskriminalamtes dokumentiert einen Fall von »Unterstützung einer terroristischen Vereinigung« vom August 2010, bei dem die Strafverfolgung ebenfalls wegen der fehlenden Verbindungsdaten nicht möglich war.

Der Fall stellt sich wie folgt dar: »Es werden Ermittlungen wegen des Verdachts der Unterstützung einer terroristischen Vereinigung im Ausland geführt. Diese richten sich gegen derzeit noch unbekannte Täter, bei denen es sich wahrscheinlich um deutsche Staatsangehörige handelt.

Diese sollen ausländische terroristische Vereinigungen, u. a. al-Qaida und die Islamische Bewegung Usbekistan (IBU), durch die Verbreitung von Propagandamaterial im Internet unterstützen bzw. um Mitglieder oder Unterstützer werben.

Zu einem für die Ermittlungen relevanten YouTube-Kanal hatte sich ein unbekannter Nutzer angemeldet, der identifiziert werden sollte. Daher wurde YouTube/Google um Übermittlung der dort vorliegenden Bestandsdaten zu diesem YouTube-Kanal gebeten. Nach Mitteilung der beim Login verwendeten IP-Adresse dieses Nutzers, die einem deutschen Provider zugeordnet werden konnte, wurde um Auskunftserteilung zu den Kundendaten gemäß § 113 Abs. 1 TKG i.V.m. §§ 161, 163 StPO gebeten. Darauf folgte die Auskunft, dass die Speicherfrist bereits abgelaufen und diesbezüglich keine Recherche mehr möglich sei.

Folglich konnten keine Hinweise auf die hinter dem relevanten YouTube-Kanal stehende Person erlangt und damit keine neuen Ermittlungsansätze gewonnen werden. Die Ermittlungen zur Identifizierung der derzeit noch unbekannten Täter sind daher erschwert.«

Während sich die meisten Sicherheitsbeamten über den Nutzen der Vorratsdatenspeicherung einig sind, bleibt dieses Vorhaben in Deutschland umstritten. Auf diese Weise geht wertvolle Zeit verloren, in der die Ermittler Hinweise aus Gründen eines überzogenen Datenschutzes nicht nutzen können.

Wir brauchen mehr Zusammenarbeit

Um die zunehmende Kriminalität aus dem Ausland einzudämmen, müssen Bundespolizei und die Einsatzkräfte der Länder enger zusammenarbeiten. Eine entsprechende Vereinbarung gibt es beispielsweise seit Mai 2013 in Sachsen. Dort sahen die Beamten keine andere Möglichkeit, um dem Drogenhandel aus Polen und Tschechien Einhalt zu gebieten. Nun fahren die Polizisten von Bund und dem Land Sachsen auf den grenzüberschreitenden Autobahnen gemeinsam Streife. Denn seit dem Wegfall der Passkontrollen erleben die Bürger in den Dörfern und Städten nahe der Grenze eine zunehmende Kriminalität. Durch die verstärkte Präsenz der Beamten sollen Einbrüche und Diebstähle zurückgehen.

Durch zusätzliche Kontrollen im Grenzgebiet soll auch der Zustrom illegaler Einwanderer gebremst werden. Wie in Kapitel 3 ausführlich dargelegt, steigt diese Zahl immer mehr an. Allein können die in der Grenzregion stationierten Beamten das gar nicht leisten. Die Bundespolizei rückt daher regelmäßig mit Hundertschaften an, um mehr Kontrollen durchzuführen. Dabei konzentrieren sie sich auf das Hinterland und halten sich nicht direkt an der Grenze selbst auf. Dort sind die Chancen für die Beamten besser, da die Schleuser nicht mehr unbedingt mit einem Zugriff rechnen. Dennoch ist es für die Beamten eine schwierige und mühsame Aufgabe. Meist sind die Schleuser nachts oder in den frühen Morgenstunden unterwegs, wenn der Berufsverkehr einsetzt. Die Beamten stehen oft stundenlang am Straßenrand oder an Autobahnauffahrten und beobachten den Verkehr. Wenn ihnen ein Fahrzeug verdächtig vorkommt, fahren sie nach, überholen und leiten den Wagen zu einem Kontrollpunkt. Dafür braucht man ein geschultes Auge, denn die Schleuser sind geschickt darin, nicht aufzufallen. Sie sind meist mit ganz normalen Autos unterwegs. Manchmal tarnen sie sich sogar, indem sie einen Reisebus auf eine vermeintliche Kaffeefahrt schicken oder das Logo einer Mitfahrzentrale auf einen Kleinbus kleben.

Zudem muss die länderübergreifende Zusammenarbeit verbessert werden. Hier gibt es bereits erfolgreiche Ansätze. So haben sich Berlin und Brandenburg zusammengetan, um gegen Einbruchsbanden vorzugehen. Die Gemeinsame Ermittlungsgruppe (GEG) besteht aus 14 Beamten. Sie haben zwischen 2005 und 2011 rund 1860 Fälle aufgeklärt. Dabei kam es vor allem darauf an, Banden auf die Spur zu kommen. So hat die GEG unter anderem eine deutsch-osteuropäische Gruppe gefasst, deren Mitglieder insgesamt 43 Einbrüche in mehreren Bundesländern durchgeführt hatten, bevor sie erwischt wurden (Berliner Morgenpost, 16.3.13).

Das Gleiche gilt für die Zusammenarbeit mit Nachbarstaaten. Wie sinnvoll dies sein kann, zeigt der neue Polizei-

vertrag zwischen Deutschland und Polen. Im Mai 2014
unterschrieben Bundesinnenminister Thomas de Maizière,
die Landesinnenminister an der Grenze zu Polen und der
polnische Innenminister Bartłomiej Sienkiewicz ein neues
Abkommen, das die Befugnisse der Polizisten auf beiden
Seiten der Grenze erweitert. Fortan darf ein deutscher Polizist einen Autodieb auch über die Landesgrenze hinaus
verfolgen und diesen dann später gemeinsam mit seinem
polnischen Kollegen festnehmen. Das Gleiche gilt für die
Polizisten aus Polen. Dies war bisher nicht ohne weiteres
möglich und für die Polizei bei der Verbrechensbekämpfung ein großer Nachteil. Ein vergleichbares Abkommen
soll laut Bundesinnenminister de Maizière auch mit Tschechien vereinbart werden, um den Drogenhandel zu bekämpfen.

Auch Polizei und Verfassungsschutz müssen enger ko-
operieren. So kann es von Vorteil sein, wenn künftige Mitarbeiter des Verfassungsschutzes verstärkt aus dem Polizeidienst abgeworben werden. Für die Polizisten wäre das
eine spannende Karriereoption, die sie motiviert und an-
spornt. Gleichzeitig hätte dies den positiven Nebeneffekt,
dass auf beiden Seiten das Verständnis für den anderen
Dienst steigt.

Ohne eine bessere Verzahnung der Sicherheitsbehörden
lässt sich die organisierte Kriminalität künftig nicht mehr
ausreichend bekämpfen. Zumal sie in immer mehr Bereiche unseres Alltagslebens eingreift. Das zeigt sich etwa
beim illegalen Zigarettenhandel. Oft bieten Verkäufer die
geschmuggelten Zigaretten stangenweise auf Parkplätzen
von Discountern an. Wer sie sieht, denkt, dass dadurch
allenfalls der Tabakindustrie Gewinne entgingen. Doch
das verharmlost dieses Geschäft. Die Verkäufer gehören in
aller Regel großen Banden an, die ihre Handelsgebiete mit

Gewalt gegeneinander verteidigen. Durch den Kauf von geschmuggeltem Tabak wird ein System unterstützt, das sich außerhalb des Rechtsstaats bewegt. Zudem entsteht Handel und Industrie durch die entgangenen Einnahmen ein Schaden von geschätzt 1,2 Milliarden Euro pro Jahr. Für den Staat bedeutet das rund vier Milliarden weniger an Steuern, die er nicht für Kindergärten, Schulen und Straßen zur Verfügung hat.

Besonders aktiv sind die Banden im Osten Deutschlands. In Brandenburg (64 Prozent) und Sachsen (56 Prozent) sind mehr als die Hälfte der gerauchten Zigaretten auf illegalem Weg erworben, das heißt, sie wurden nicht versteuert. Das ist deutlich mehr als der Bundesdurchschnitt, der bei rund einem Fünftel liegt (2010). Allerdings ist der Kampf gegen den Zigarettenschmuggel ein gutes Beispiel, um zu zeigen, wie viel die Zusammenarbeit aller Beteiligten bringen kann. So arbeitet beispielsweise der Hersteller Japan Tobacco International (JTI) eng mit den Sicherheitsbehörden zusammen. Grundlage ist eine auf 15 Jahre angelegte Vereinbarung zwischen JTI und der Europäischen Kommission. So werden unter anderem am Standort des Unternehmens in Trier Seminare für Zollbeamte durchgeführt, bei denen sie lernen, geschmuggelte Ware besser zu erkennen. Daran nehmen auch Kollegen aus dem Ausland teil. Denn den Zigarettenschmuggel können deutsche Sicherheitsbeamte alleine nicht eindämmen.

Vorsprung durch Technik

Durch die sogenannte DNS-Analyse, also der molekular-
biologischen Untersuchung von Spuren menschlichen Ge-
webes, konnten in den vergangenen Jahren zahlreiche Kri-
minalfälle und Straftaten aufgeklärt werden, bei denen die
Suche nach dem Täter ansonsten wohl ergebnislos geblieben wäre. Doch zu viele Untersuchungsanträge werden
nicht bearbeitet, da Fachkräfte fehlen. Tausende DNS-Pro-
ben bleiben liegen, da das Personal für die Auswertung
fehlt. Das vorhandene Budget muss daher dringend erhöht
werden, damit die Polizisten ihre Fälle zur Analyse auch
an externe Anbieter geben können. Knapp 1000 Euro kostet eine DNS-Analyse. In der eigenen kriminaltechnischen
Abteilung hat die Polizei ein System eingeführt, das die
Fälle der Wichtigkeit nach anordnet. Geht es um die Aufklärung schwerer Straftaten, wird die vorhandene DNS
schneller untersucht. Das führt jedoch dazu, dass unwich-
tigere Fälle liegen bleiben. Manchmal werden sie jahrelang
nicht bearbeitet. Dabei handelt es sich häufig um Einbrüche, Diebstahl und Raub. Nicht selten wird die Verjäh-
rungsfrist überschritten, bevor ein wichtiges Beweismittel
ausgewertet wird. Das ist ein Grund, weshalb es die Polizei bei der Aufklärung der Massenkriminalität so schwer
hat.

Mit den entsprechenden finanziellen Mitteln hätte die
Polizei auch endlich eine Chance, Massendaten zur Verbrechensaufklärung besser verarbeiten zu können. Dadurch ließen sich Zusammenhänge zwischen bestimmten
Tathergängen und Täterprofilen herausarbeiten und analy-
sieren. Während die amerikanischen Sicherheitsbehörden
dank moderner Software Fotos und Videos in Sekunden-
schnelle auswerten können, müssen in Deutschland Poli-

zisten oft erst noch ganz traditionell das vorhandene Material von Hand sichten und beurteilen.

Dabei wären die technischen Gegebenheiten längst vorhanden. Deutlich zeigte sich dies etwa beim NSU-Untersuchungsausschuss des Deutschen Bundestages. Geschätzt 80 000 Euro hätte die elektronische Auswertung der vorhandenen Akten gekostet, um eines der schlimmsten Verbrechen der Nachkriegszeit auszuwerten. Stattdessen entschied man sich für die vermeintlich kostengünstigere Variante, bei der Hunderte Polizisten und Juristen die Unterlagen durchgingen. Gleichzeitig nahm man eine höhere Fehlerwahrscheinlichkeit in Kauf, da die menschliche Aufnahmefähigkeit einfach begrenzt ist. Für den Bundesvorsitzenden der Deutschen Polizeigewerkschaft Rainer Wendt ist klar: »Die Polizei könnte erheblich schlagkräftiger und erfolgreicher sein, wenn sie nicht ständig von Politikern ausgebremst würde, denen ein ausgeglichener Haushalt wichtiger ist als wirksame Verbrechensbekämpfung!«

Einige Politiker haben das Problem mittlerweile erkannt und fordern ein Umdenken. Stephan Mayer, innenpolitischer Sprecher der Unionsfraktion im Bundestag, spricht sich für eine bessere Ausstattung der Polizei aus. »Eine gut ausgebildete, gut ausgerüstete und moderne Polizei ist unverzichtbar für ein freies und sicheres Leben in Deutschland«, sagt Mayer. Der CSU-Politiker fordert vor allem mehr Mittel: »Innere Sicherheit gibt es nicht zum Nulltarif. Und die Gelder, die für unseren Schutz in den letzten Jahren in die Hand genommen wurden, reichen bei weitem nicht mehr aus, um mit dem Verbrechen Schritt zu halten. Das Sparen muss ein Ende haben.« Allein in den vergangenen zehn Jahren habe sich die Anzahl der Polizistinnen und Polizisten in Deutschland um mehr als zehntausend

Beamte verringert. »Doch wenn wir eine hohe Einsatzbe-reitschaft im Kampf gegen das Verbrechen und mehr Poli-zeipräsenz vor Ort verlangen, dann müssen wir auch be-reit sein, dafür zu bezahlen«, so der Innenexperte. In mehreren Polizeistationen nutzen Beamte mittler-weile den Kurznachrichtendient Twitter. Zu den ersten ge-hörte die Polizei in Kaiserslautern. Sie verschickt nicht nur Stauwarnungen an ihre Follower, wie die Abonnenten der Twitter-Nachrichten heißen, sondern auch Informationen bei Großereignissen wie etwa Bundesligaspielen. Auf diese Weise kann sie die Bürger zeitnah über etwai-ge Störungen oder Gefahren informieren. Denn die Nach-richten gelangen direkt auf das Handy. Auch die Polizei in Dresden sucht über Twitter Zeugen nach Verkehrsunfällen und berichtet über ihre Ermittlungsarbeit. Weitere Polizei-stationen wollen nachziehen und haben Arbeitsgruppen dazu eingerichtet. Denn in einer Studie des Fraunhofer-Instituts für Angewandte Informationstechnik konnte der Nutzen von Twitter bei der Polizeiarbeit eindeutig nach-gewiesen werden. Die Experten werteten 6672 Twitter-Meldungen aus, die die Londoner Polizei während der Unruhen im Sommer 2011 versandt hatte. Damals war es nach dem Tod eines Familienvaters durch eine Polizeiku-gel zu mehrere Tage andauernden Ausschreitungen ge-kommen, bei denen Hunderte Randalierer festgenommen wurden. Sie hatten Läden geplündert und Scheiben in Wohnvierteln eingeschlagen. Über Twitter hielt die Polizei die verunsicherte Bevölkerung »zeitnah und direkt« auf dem Laufenden. Zudem konnten Gerüchte und Falsch-meldungen aufgeklärt sowie die Bevölkerung zur Mithilfe bewogen werden, so das Ergebnis der Studie. Die Innen-minister der Länder diskutieren inzwischen die Einfüh-rung einer bundeseinheitlichen Polizei-App für Smartphones, um die Kommunikation mit den Bürgern zu verbessern.

Einige Städte wie Berlin und Hamburg haben bereits das Katastrophen-Warnsystem »Katwarn« eingeführt und damit gute Erfahrungen gemacht. Dies könnte ein Modell für ganz Deutschland sein. Dabei bekommen die Bürger bei besonderen Gefahren wie Großbränden oder Ausschreitungen direkt von der Leitzentrale der Feuerwehr eine Nachricht per SMS oder als E-Mail. Dafür müssen sich die Bürger einmalig mit ihrer Postleitzahl und Mobilfunknummer bei dem System anmelden. Dadurch kann die Polizei Informationen gezielt an die Bürger verschicken, die davon betroffen sind. Das ist wirkungsvoller als eine Radioübertragung oder Lautsprecherwarnungen. Auch die Sirene geht im Großstadtlärm häufig unter, da sie einfach ignoriert wird.

Das Katwarn ersetzt zwar nicht den Polizisten vor Ort. Aber es ist eine kostengünstige und einfache Möglichkeit, um Bürger auf Gefahren hinzuweisen. Die Kosten für die Schulung der Mitarbeiter und den Server sind vergleichsweise gering. Der Erfolg hängt weitgehend davon ab, wie viele Menschen sich anmelden. Diese Zahl ist bislang noch zu niedrig. Auch muss sichergestellt sein, dass das Mobilfunknetz unter der Zahl der gleichzeitig verschickten Nachrichten nicht zusammenbricht.

Neue Technologien können sowohl Segen als auch Fluch für die Polizei sein. Auf die Gefahren, die durch die neue 3D-Drucktechnik entstehen können, wurde bereits in früheren Kapiteln ausführlich hingewiesen. Aber in ihrem vertraulichen Informationsblatt »Neue Technologien« zum Thema »›3D-Drucker‹ und ihre Bedeutung für die Polizei« weisen die Experten des Kriminalistischen Instituts des BKA ausdrücklich auch auf den »Nutzen für die

Polizei« hin, den die Drucker haben können. Dabei geht es vor allem um die Bereiche Forensik, Tatortrekonstruktion und die Anfertigung von Ersatzteilen.

Bei der Forensik ist dabei laut BKA etwa der »Einsatz im erkennungsdienstlich-forensischen Bereich, speziell zur Schädel- und Gesichtsweichteilrekonstruktion, denkbar.« Das bedeutet, dass im Nachgang eines Verbrechens oder nach dem Auffinden einer Leiche das Aussehen des Opfers schneller als bisher nachgestellt werden könnte. Auch bei der Sicherung von Spuren könnte die 3D-Drucktechnik helfen. So etwa beim »berührungslosen Abformen und Sichern von Eindruck- bzw. Abdruckspuren« oder beim Nachbilden einer Spur mit Hilfe eines »3D-Scans und dem anschließenden Ausdrucken der Spur bzw. des spurenverursachenden Gegenstands«.

Damit könnte Realität werden, was in Hollywoods Vorabendserien wie »Bones« oder CSI bereits vielfach durchgespielte Science-Fiction-Methoden sind.

Spannende Möglichkeiten bietet die 3D-Drucktechnik auch für die Tatortrekonstruktion der Polizei. Laut dem BKA-Papier könnten künftig »ausgedruckte, miniaturisierte 3D-Modelle die kriminalistische Hypothesenbildung und die Beweisführung, etwa vor Gericht, aber auch die Einsatzplanung operativer Kräfte unterstützen.« Dabei ist unter anderem daran gedacht, dass Tatorte oder Gebäude »foto- oder lasergrammetrisch eingemessen und anschließend (…) als 3D-Modell nachgebildet werden«.

Nach dem Vorbild der US-Streitkräfte, wo entsprechende Laborversuche offenbar bereits laufen, sieht das BKA künftig auch grundsätzlich die Möglichkeit, mit Hilfe von 3D-Druckern Ersatzteile anfertigen zu können. Ein wichtiger Vorteil läge dabei in der Möglichkeit der »schnelleren, unbürokratischeren und kostengünstigeren Herstellung fehlender Ausrüstungsgegenstände und Ersatzteile sowie in der Herstellung individueller Ausrüstungsgegenstände« nach den genauen Vorstellungen der Polizisten. Hier sind auch leichtere und flexible Körperprotektoren etwa für die Bereitschaftspolizei der Länder gemeint. Dazu sind laut BKA jedoch nur »professionelle 3D-Drucker« verwendbar, nicht die frei verkäuflichen Billigprodukte. Diese könnten die notwendigen »Anforderungen an Fertigungstoleranzen, Stabilität, Härte und Widerstandsfähigkeit wahrscheinlich nicht erfüllen«.

Die Polizei könnte 3D-Drucker und -Scanner also durchaus gewinnbringend einsetzen. Davon sollte sie unbedingt Gebrauch machen, benötigt dafür aber auch die entsprechenden Mittel.

Plädoyer für eine bessere Ausstattung der Einsatzkräfte

In Kapitel zwei wurde der Fall geschildert, bei dem ein junger Mann nach dem tödlichen Schuss eines Polizisten am Berliner Neptunbrunnen starb. Der Polizist musste das Leben seines Kollegen sichern und innerhalb von Bruchteilen einer Sekunde eine Entscheidung treffen. Der Mann könnte womöglich noch am Leben sein, wenn die Polizei ergänzend zu ihrer Ausrüstung standardmäßig Elektroschockpistolen erhalten würde.

Denn wie es anders hätte laufen können, zeigt ein SEK-Einsatz vom April 2009 in Berlin. Dort drohte ein 27-Jähriger, sich das Leben zu nehmen. Stark betrunken stand er vor seinem Haus, brüllte und hielt sich ein Teppichmesser an den Hals. Dabei wurde er von den Umstehenden sogar noch angestachelt. Als er immer wieder lautstark rief: »Wollt ihr Entertainment?«, antworteten viele mit »Ja«. Die von den Nachbarn alarmierten Streifenpolizisten konnten den Mann nicht beruhigen. Ein Spezialeinsatzkommando rückte an und beendete das Trauerspiel. Ein Beamter versetzte dem jungen Mann mit einem Taser einen Stromstoß. Die Beamten konnten sich daraufhin dem Mann nähern und ihn in die Psychiatrie eines Krankenhauses einliefern lassen (B. Z., 22. 4. 09).

Die Elektroschockpistole soll keine Alternative zur Schusswaffe sein, sondern als Hilfsmittel wie etwa der Schlagstock eingesetzt werden. Doch der Einsatz ist umstritten. Die Menschenrechtsorganisation Amnesty International stellte 2010 fest, dass allein in den vergangenen acht Jahren 334 Menschen in den USA durch den Einsatz von Taser-Waffen gestorben sind. In 90 Prozent der Fälle sei der Einsatz völlig unverhältnismäßig gewesen, da die betroffenen Menschen gar nicht bewaffnet waren. Unter ihnen sollen auch Kinder, schwangere Frauen und alte Menschen gewesen sein.

Beim Schuss eines Tasers werden kleine Metallnadeln an einem langen Kabel abgefeuert, die sich wenige Millimeter tief in die Haut bohren. Zwischen den Pfeilen fließt ein elektrischer Impuls, durch den sich die Muskeln zusammenziehen. Gleichzeitig tritt über das Nervensystem eine vorübergehende Lähmung ein. Der Schuss kann aus knapp acht Meter Entfernung abgegeben werden. Doch am zuverlässigsten funktioniert der Elektroschock aus einer Distanz zwischen ein bis zwei Metern. Eine Taser-Pistole kostet umgerechnet rund 1000 Euro.

Gegner von Tasern befürchten, dass die Waffen leicht missbraucht werden können. Denn der Stromstoß lässt sich hinterher nur schwer nachweisen. Gleichzeitig können dem Gegenüber extreme Schmerzen zugefügt werden. Allerdings befindet sich am Griff des Tasers eine Kamera, die beim Entsichern aktiviert wird. Dadurch wird der Einsatz aufgezeichnet, so dass ein etwaiger Missbrauch eines Beamten später nachgewiesen werden könnte. Bislang sind Taser in Deutschland in mehreren Bundesländern wie Bayern, Berlin, Hamburg und Sachsen-Anhalt zugelassen. Allerdings nicht für den Streifenpolizisten, sondern nur für die Beamten von Spezialeinsatzkommandos. In Großbritannien hat die Regierung bereits beschlossen, künftig mehr Taser einzusetzen. Auch in Österreich wurden die Sondereinheiten der Polizei nach einer sechs Jahre dauernden Probephase 2012 mit rund 200 Tasern ausgestattet.

Wehret den Anfängen

Der beste Schutz vor Verbrechen ist hinschauen, nicht wegschauen. Denn auch die Bürger selbst haben eine Verantwortung. So bietet die Polizei eine kriminalpolizeiliche Beratung an. Doch sie wird häufig nicht wahrgenommen. Dabei sollten die Bürger die Polizei entlasten, indem sie die Sicherheit ihres Eigentums nicht vernachlässigen. So ist der beste Schutz gegen Einbruch nach wie vor der aufmerksame Nachbar. So ungern man ihn auch sonst vielleicht hat: Es gibt nichts, was Einbrecher mehr abschreckt. Denn der Nachbar ist ja im Zweifel immer da. Die Polizei kann jedoch nicht an jedem Ort gleichzeitig sein.

Oft sind es die einfachsten Dinge, mit denen sich das Eigentum vor Verbrechen schützen lässt. Es lohnt sich, Verwandten oder Nachbarn einen Schlüssel dazulassen, wenn man mehr als ein paar Tage verreist. Wenn sie den Briefkasten leeren oder die Fenster hin und wieder öffnen, wirkt das Haus bewohnt. Den gleichen Effekt erzielen Zeitschaltuhren im Haus, mit denen die Beleuchtung und das Radio gesteuert werden können. Wenn Täter merken, dass sie nicht einfach in die Wohnung gelangen, sondern eine gesicherte Tür erst aufhebeln müssen, machen sie meist gleich wieder einen Rückzieher. Rund 40 Prozent aller versuchten Einbrüche werden nach Schätzungen der Polizei bereits noch während des Versuchs abgebrochen. Direkt vor dem Haus sollten keine Mülltonnen oder Gartenmöbel stehen, die von Einbrechern mit wenigen Handgriffen als Kletterhilfe genutzt werden können.

Zudem testen einige Bundesländer wie Bremen, Brandenburg und Sachsen zurzeit eine sogenannte künstliche DNS für Wertgegenstände. Dabei handelt es sich um ein zähflüssiges Gemisch, das an einer kleinen Stelle aufgetragen wird. Sobald die Flüssigkeit getrocknet ist, kann man die Markierung ohne UV-Licht nicht mehr erkennen. Erst unter dem Mikroskop lassen sich dann die sogenannten Mikropunkte und der darin enthaltene Code erkennen. Auf diese Weise kann der markierte Gegenstand eindeutig seinem Besitzer zugeordnet werden.

Etwa 70 Euro kostet so ein Set. Es kann für Fernseher, Fotokameras, Mobiltelefone, Autos, Bilder und im Prinzip jeden anderen Gegenstand verwendet werden, der seinem Besitzer wertvoll genug erscheint. Ob diese künstliche DNS wirklich hilft, Einbrüche zu bekämpfen, ist unter Sicherheitsexperten bislang umstritten. Zwar kann der wahre Besitzer nach einem Diebstahl leichter ermittelt werden, doch die abschreckende Wirkung einer solchen Markierung hält sich in Grenzen, da sie ja für das bloße Auge gar nicht zu erkennen ist.

Die Polizei braucht ein besseres Selbstbild

Die Polizei muss an ihrem Ruf als vertrauenswürdiger Ansprechpartner arbeiten. Sie darf nicht als anonyme Staatsmacht wahrgenommen werden, sondern muss, sooft es geht, das Gespräch mit den Bürgern suchen. Das machen die meisten Beamten auch gerne. Mehr als zwei Drittel aller Polizisten in Deutschland tragen freiwillig ein Namensschild. Das sollte auch in Zukunft kein Zwang sein, schafft aber gleich ein besseres Vertrauensverhältnis.

Die Ausbildung der Polizisten muss sich mehr daran orientieren, welche Kenntnisse in den kommenden Jahren gebraucht werden. Dazu gehören Kriminaltechniker und Spezialisten wie etwa IT-Forensiker, die sich gezielt um Betrugsfälle im Internet kümmern. Denn gerade bei der Bekämpfung der Kriminalität im Internet kommt es auf Schnelligkeit an. Die Auswertung der Computer- oder Handydaten darf sich nicht wochenlang hinziehen.

Die Polizei selbst muss sich bei der Auswahl ihrer Mitarbeiter flexibler zeigen. So gibt es nur sehr wenige IT-Experten, die sich nach Abschluss ihres Studiums für den Polizeidienst entscheiden. Hier muss sich die Polizei die Frage stellen, ob sie zwingend auf einem Hochschulabschluss besteht oder ob Studienabbrecher nicht auch eine Chance bekommen sollen. Zumal die Internetkriminalität schon allein aufgrund der technologischen Entwicklung in den kommenden Jahren weiter zunehmen wird.

Um das grenzüberschreitende Verbrechen wirksam einzudämmen und angesichts der zunehmenden Digitalisierung nicht den Anschluss zu verlieren, muss insbesondere die Kriminalpolizei dafür sorgen, auch in Zukunft genügend Bewerber zu mobilisieren. Dafür ist es nach Ansicht des Vorsitzenden des Bundes Deutscher Kriminalbeamter

(BdK), André Schulz, notwendig, bei den Kriminalpolizeien der Länder einen Direkteinstieg zu ermöglichen und an den entsprechenden Hochschulen Lehrstühle für Kriminalistik einzuführen. »Wir brauchen nicht nur Experten in den jeweiligen Fachgebieten wie Informatik, Physik oder Wirtschaft, sondern Kriminalbeamte, die auch bei komplexen Lagen die richtigen Schlüsse ziehen.« Hier sieht er die Polizei insgesamt in einem immer härteren Wettbewerb mit der Privatwirtschaft um die besten und fähigsten Mitarbeiter.

Polizisten brauchen einen besseren Rechtsschutz. Dadurch wird sicher gestellt, dass ihre Dienstehre gewahrt wird. So müssen Polizisten leichter als bisher in der Lage sein, gegen Beleidigungen, Verleumdungen und Diffamierungen vorzugehen. Die Notwendigkeit zeigte sich etwa, als im Internet ein gefälschtes Video auftauchte, in dem ein Polizist bei einer Demonstration von Salafisten eine verschleierte Frau angeblich intim berührte.

Solche Fälschungen müssen durch Unterlassungserklärungen künftig schneller aus dem Internet entfernt werden können. Zudem sollte den Beamten für Zivilklagen ein vom Staat bezahlter Behördenanwalt zur Verfügung stehen. Er kann die Polizisten unterstützen, wenn sie im Dienst verletzt wurden und den Täter auf Schadensersatz und Schmerzensgeld verklagen wollen. Da die Beamten in den meisten Bundesländern die Anwaltskosten selbst auslegen müssen, zögern viele vor diesem Schritt. Dagegen würde es oft schon helfen, wenn die Länder ihre Etats für den Rechtsschutz der Polizei anheben würden (BILD, 13.4.13).

Polizisten gestehen sich selbst kaum Schwächen zu. Das hat viel mit ihrem eigenen Selbstanspruch zu tun. Wer jeden Tag im Dienst mit den Abgründen der Gesellschaft zu tun hat, legt sich einen geistigen Schutzpanzer zu, um die Dinge nicht so sehr an sich heranzulassen. Theoretisch müssen Polizisten damit rechnen, dass sie im Einsatz jederzeit auf gewaltbereite Täter treffen können. Dagegen muss man nervlich gewappnet sein. Zu oft vermeiden es Polizisten, mit Kollegen über das Erlebte zu sprechen. Dabei würde dieser Austausch oft schon helfen, seelische Belastungen abzubauen und Stress zu verringern. Hier findet erst langsam ein Umdenken in den Polizeistationen statt. Diesen Prozess können in erster Linie die Führungskräfte beschleunigen. Sie müssen Burnout und seelische Belastung offen ansprechen und ihre Untergebenen über entsprechende Angebote informieren. In einigen Bundesländern wie etwa Hessen gibt es mittlerweile Stressmanagement-Seminare, wo die Polizisten lernen, innere Anspannungen abzubauen und sie nicht in ihr Privatleben zu übertragen.

So gibt es in Kassel einen »Raum der Ruhe«, in den sich Polizisten nach stressigen Einsätzen zurückziehen können. Vorgesetzte müssen ihren Mitarbeitern klarmachen, dass sie einen Erschöpfungszustand ernst nehmen müssen. Das ist kein Zeichen von Schwäche, sondern ein Warnsignal des Körpers. Sehr wichtig ist auch der Zusammenhalt im Team. Gerade an den seelisch stabileren Kollegen liegt es, die empfindlicheren nicht auszugrenzen, sondern zu unterstützen. Denn davon profitieren langfristig alle.

Schlusswort

In welcher Gesellschaft wollen wir leben?

Wie sehr die Sicherheit in Deutschland bedroht ist und wie wenig die Polizei dem bald noch entgegensetzen kann, haben die vorangegangenen Kapitel gezeigt. Am Ende muss jeder für sich selbst die Frage beantworten, in welcher Gesellschaft er leben möchte.

Die Familie von Jonny K. hat in ihm einen Sohn und einen Bruder verloren. Für die Eltern und die Schwestern ein unfassbares Leid. Wie sie den Gerichtsprozess seelisch überstanden haben, ist schwer zu begreifen. Dort mussten sie von Zeugen hören, dass die Angreifer auf den Kopf und Körper von Jonny K. eingetreten haben, »als wenn man gegen einen Fußball tritt«. Doch Jonnys Schwester Tina ging jeden Tag ins Gericht. »Ich wollte ihnen in die Augen sehen«, sagt sie, »ich wollte wissen, ob die ihre Tat bereuen.« Die Täter wurden schuldig gesprochen. Am Ende des Prozesses zeigte einer der Täter Tina K. als Geste der Verachtung seinen Mittelfinger. Die Verteidiger hatten gegen das Urteil Revision eingelegt. Für Tina K. ist das blanker Hohn. Denn bis zum endgültigen Richterspruch durften die Angeklagten frei herumlaufen. Sie konnten feiern gehen, sich verlieben und den Tag genießen – all das, was ihr Opfer Jonny K. nicht mehr kann.

»Ich kann nicht verstehen, warum die Täter besser geschützt werden als die Opfer. Jonny hatte keine Chance, ihnen zu entkommen, aber sie entkommen ihrer gerechten

Strafe täglich ein Stück mehr«, sagt Tina K. Erst knapp anderthalb Jahre nach der Tat bestätigte der Bundesgerichtshof im März 2014 die Gefängnisstrafen gegen die Angreifer als rechtmäßig.

Manche sind an so einer Erfahrung innerlich zerbrochen. Doch Tina hat einen anderen Weg gewählt. Sie will solch sinnlose Gewalt nicht hinnehmen. Ihr Bruder ist Opfer einer brutalen und völlig unerklärlichen Tat geworden. Seine Angreifer waren gerade mal so alt wie Jonny K. selbst. Tina K. kämpft dafür, dass anderen solch ein Schicksalsschlag erspart bleibt. Zunächst wollte sie gar nicht in die Öffentlichkeit gehen. Doch das änderte sich, als sie einen Artikel las, in dem ihr Bruder als das »Opfer vom Alexanderplatz« bezeichnet wurde. »Das war mein Weckruf«, sagt Tina K. »Das war kein anonymes Opfer, sondern mein Bruder. Und der hat einen Namen: Er hieß Jonny. Zwanzig Jahre alt, geboren am 7. April, spielte gerne Fußball, hörte gerne Musik, hatte gerade seine Fachabitur gemacht und nebenher als Barkeeper gejobbt. Er war ein herzlicher, lieber und ruhiger Mensch. Das war Jonny.«

Aus dem Grund hat sie den Verein »I am Jonny« gegründet. Damit setzt sie sich für mehr Toleranz und weniger Gewalt unter den Menschen ein. Sie will, dass wir in unserer Gesellschaft friedlich miteinander leben. Regelmäßig besucht sie Schulklassen, um mit den Kindern und Jugendlichen über die Hintergründe zu sprechen. Im Dezember 2012 bekam sie für ihren couragierten Einsatz den Medienpreis »Bambi«.

600 Menschen kamen zur Trauerfeier von Jonny K. Sein Tod hat die Berliner tief berührt. Noch Monate nach seinem Tod legten sie Blumen und Stofftiere an dem Ort nieder, an dem er zusammengeschlagen wurde. Seine Schwester sorgt dafür, dass er nicht vergessen wird. Am 7. April

2013, knapp ein halbes Jahr nach seinem Tod, wäre er
21 Jahre alt geworden. Tina K. organisierte an dem Tag
eine Geburtstagsparty mit verschiedenen Bands und
Tanzeinlagen für ihren toten Bruder im Berliner Admirals-
palast. Fast 1000 Menschen kamen zu der Feier »Stimmen
für unseren Bruder«, darunter Berlins Innensenator Frank
Henkel (CDU). Mit dem Erlös der Karten sollen Projekte
des Vereins finanziert werden.

Tina K. war überwältigt, wie viele Menschen zu der Feier gekommen waren. Sie will diesen Weg fortsetzen. Ein
Aphorismus des deutschen Philosophen Friedrich Nietz-
sche besagt: »Es gibt in der Welt einen einzigen Weg, auf
welchem niemand gehen kann außer Dir: Wohin er führt?
Frage nicht, gehe ihn.«

Danksagung

Dieses Buch wäre nicht zustande gekommen ohne die Hilfe und Unterstützung meiner Familie, meiner Freunde und wichtiger Informanten. Danken möchte ich an dieser Stelle zunächst jedoch besonders: Rebekka Göpfert und Stefan Ulrich Meyer dafür, dass sie an dieses Buch von Anfang an geglaubt haben. Ihre Anregung und Kritik waren ein wichtiger Ansporn.

In der Redaktion der BILD-Gruppe geht mein besonderer Dank an Kai Diekmann und Marion Horn, die mir dieses Projekt ermöglicht haben. Das Gleiche gilt für alle Kollegen, die mich durch zahlreiche Diskussionen zu dem Thema weitergebracht haben.

Bei Rainer Wendt, Oliver Malchow und André Schulz bedanke ich mich für ihre Offenheit und Unterstützung. Sie können namentlich erwähnt werden. Anders als die vielen Polizisten aus Bund und Ländern, mit denen ich im Laufe der Recherche gesprochen habe. Manche von ihnen tauchen als anonymer O-Ton in dem Buch auf. Andere haben mir dabei geholfen, Fakten zu bekommen und richtig einzuordnen. Ohne sie wäre dieses Buch nicht entstanden. Und sie wissen, wer gemeint ist.

Danken möchte ich ganz besonders auch einer Frau, die mich außerordentlich beeindruckt hat. Tina K. kämpft mit einem hohen persönlichen Einsatz dafür, dass das Schicksal ihres toten Bruders Jonny K. nicht in Vergessenheit gerät. Sie setzt sich mit ihrem Verein »I am Jonny« für mehr Mitgefühl, Zusammenhalt und Zivilcourage in unserer

Gesellschaft ein. Diese mutige Entscheidung hat mich tief beeindruckt, und ich danke ihr für ihre offenen Worte.

Zahlreiche Politiker und Mitarbeiter der deutschen Sicherheitsbehörden haben mich bei der Recherche für dieses Buch durch Studien, Daten und Gespräche unterstützt. Ihnen gilt ebenfalls mein besonderer Dank.

Literaturverzeichnis

Berufsgenossenschaft für Transport und Verkehrswirtschaft (BG Verkehr): *Abschlussbericht des Projekts »Überfallschutzkameras im Taxi« in Zusammenarbeit mit dem Taxi-Ruf Bremen;* Hamburg, 30. 7. 12

Fraunhofer-Institut für Angewandte Informationstechnik (FIT): *Social media and the Police – Tweeting Practices of British Police Forces during the August 2011 Riots;* Studie im Projekt COMPOSITE (Comparative Police Studies in the EU); Sankt Augustin, 30. 4. 13

Bundeszentrale für politische Bildung: *»Rechtsextremismus online 2012«;* durchgeführt von jugenschutz.net; Berlin, 9. 7. 13

Mobile Beratung gegen Rechtsextremismus Berlin (MBR): *Was man über Rechtsextremismus wissen sollte*

Landesamt für Verfassungsschutz Hessen: *Kennzeichen und Symbole der Rechtsextremisten;* Herausgeber: Landesamt für Verfassungsschutz Hessen; Wiesbaden, März 2012

Dieter Schäfer: *»Die Gewaltfalle: Gewalt gegen Polizei – Einsatzbewältigung«;* Mannheim, 23. 8. 13

Andreas Müller: *»Schluss mit der Sozialromantik! Ein Jugendrichter zieht Bilanz«;* Freiburg, 5. 9. 13

Agentur für soziale Perspektiven – ASP e. V.: *Versteckspiel: Lifestyle, Symbole & Codes von Neonazis und extrem Rechten;* Berlin, 2013

Kirsten Heisig: *Das Ende der Geduld. Konsequent gegen jugendliche Gewalttäter;* Freiburg, 2010

Deutsche Polizei; Zeitschrift der Gewerkschaft der Polizei; Herausgeber: Gewerkschaft der Polizei (GdP), Bundesvorstand, Berlin, 58.–62. Jahrgang (2009–2013), jeweils Nr. 1–12; 63. Jahrgang 2014, Nr. 1–5

Polizeispiegel; Herausgeber: Deutsche Polizeigewerkschaft im DBB

(DPolG), Bundesleitung, Berlin, 43.–47. Jahrgang (2009–2013), jeweils Nr. 1–12; 48. Jahrgang 2014, Nr. 1–5

COMPOSITE PROJECT; Comparative Police Studies in the EU; Projektkoordination: Gabriele Jacobs, Department of Organization and Personnel Management, Rotterdam School of Management (RSM), Rotterdam, Niederlande; www.composite-project. eu

Horst Döding, Dieter Schipper: *Polizeiliches Grundlagenwissen: Eine Einführung für Studienanfänger;* Hilden, 6. Auflage, 2010

Der Kriminalist; Fachzeitschrift des Bund Deutscher Kriminalbeamter; Herausgeber: Bund Deutscher Kriminalbeamter (BdK), Bundesgeschäftsstelle, Berlin, Jahrgang 2009–2013, jeweils Nr. 1–12; Jahrgang 2014, Nr. 1–5

Polizeiliche Kriminalstatistik (PKS); Herausgeber: Bundesministerium des Innern; Berlin, Jahrgang 2000–2013

KFZ-Kriminalität; Bundeslagebild; Herausgeber: Bundeskriminalamt, Wiesbaden, Jahrgang 2007–2012

Organisierte Kriminalität; Bundeslagebild; Herausgeber: Bundeskriminalamt, Wiesbaden, Jahrgang 2003–2012

Rauschgiftkriminalität; Bundeslagebild; Herausgeber: Bundeskriminalamt, Wiesbaden, Jahrgang 2008–2013

Cybercrime; Bundeslagebild; Herausgeber: Bundeskriminalamt, Wiesbaden, Jahrgang 2008–2012

Waffenkriminalität; Bundeslagebild; Herausgeber: Bundeskriminalamt, Wiesbaden, Jahrgang 2010–2012

Arbeitsbedingungen und Organisationsprofile als Determinanten von Gesundheit, Einsatzfähigkeit sowie von haupt- und ehrenamtlichem Engagement bei Einsatzkräften in Einsatzorganisationen des Bevölkerungsschutzes; Forschungsprojekt im Auftrag des Bundesministeriums des Innern (BMI) und des Bundesamtes für Bevölkerungsschutz und Katastrophenhilfe (BBK), Laufzeit 04/06–09/09; Projektleitung: Prof. Dr. Irmtraud Beerlage; Endbericht September 2009

Organisationsprofile, Gesundheit und Engagement in Einsatzorganisationen: Ausgewählte Ergebnisse; Bezirkspersonalrat Bundespolizei, Potsdam, 1. 9. 10

Abschlussbericht der Bund-Länder-Kommission Rechtsterrorismus; Bundesministerium des Innern, Ständige Konferenz der Innenminister und -senatoren der Länder, 30. 4. 13

Kriminalitätsfurcht, Strafbedürfnisse und wahrgenommene Kriminalitätsentwicklung: Ergebnisse von bevölkerungsrepräsentative Befragungen aus den Jahren 2004, 2006 und 2010; Kriminologisches Forschungsinstitut Niedersachsen e. V. (KFN), Hannover, Forschungsbericht Nr. 117, 2011

Befragung zu Sicherheit und Kriminalität in Niedersachsen: Bericht zu Kernbefunden der Studie; Landeskriminalamt Niedersachsen, Kriminologische Forschung und Statistik (KFS), Hannover, November 2013

Die Ängste der Deutschen 2013; Infocenter der R+V Versicherung; Wiesbaden, September 2013

Kooperative Sicherheit: Die Sonderpolizeien des Bundes im föderalen Staat; Bericht und Empfehlungen der Kommission »Evaluierung Sicherheitsbehörden«; Berlin, 9. 12. 10

Sicherheitsindustrie: Strategie 2030 – Vermögen und Leben in der nächsten Generation: Eine gemeinsame Studie des Hamburgischen Weltwirtschaftsinstituts (HWWI) und der Berenberg Bank; Hamburg, Juli 2008

Feindbild Polizei: Wie reden Rechtsextreme über die Polizei? Herausgeber: Ministerium des Innern des Landes Brandenburg; Potsdam, 2013

Claudius Ohder, Lorenz Huck: *»Intensivtäter« in Berlin; Hintergründe und Folgen vielfacher strafrechtlicher Auffälligkeit;* Berliner Forum Gewaltprävention, Nr. 26; Berlin, 2006

Claudius Ohder: *Intensivtäter in Berlin, Teil II; Ergebnisse der Befragung von »Intensivtätern« sowie der Auswertung ihrer Schulakten;* Berliner Forum Gewaltprävention, Nr. 33; Berlin, 2007

Claudius Ohder: *»Intensivtäter« in Berlin, Teil III; Haftverläufe und Ausblicke auf die Legalbewährung junger Mehrfachtäter;* Berliner Forum Gewaltprävention, Nr. 44; Berlin, 2011

Ordnung und Vernichtung: Die Polizei im NS-Staat; Katalog zur gleichnamigen Ausstellung; Herausgegeben von der Deutschen

Hochschule der Polizei; Münster, und Florian Dierl, Mariana Hausleitner, Martin Hölzl, Andreas Mix; 2011

James Q. Wilson, George L. Kelling: *Broken windows: The police and neighborhood safety;* The Atlantic Monthly; Boston, 1982

100 Jahre Bildungsarbeit in der Polizei: Katalog zur Dauerausstellung; herausgegeben von der Polizei-Führungsakademie; Münster, 2002

Janine Jager, Thimna Klatt, Thomas Bliesener: *NRW-Studie – Gewalt gegen Polizeibeamtinnen und Polizeibeamte: Die subjektive Sichtweise zur Betreuung und Fürsorge, Aus- und Fortbildung, Einsatznachbereitung, Belastung und Ausstattung*; Christian-Albrechts-Universität zu Kiel, Oktober 2013

Oliver Bruttel, Renate Köcher: *Generali Altersstudie 2013. Wie ältere Menschen leben, denken und sich engagieren;* Institut für Demoskopie Allensbach; Frankfurt am Main, 2012

Wolfgang Findte, Klaus Boehnke, Henry Kreikenbom, Wolfgang Wagner: *Lebenswelten junger Muslime in Deutschland;* herausgegeben von Bundesministeriums des Inneren; Berlin, März 2012.

Joachim Wagner: *Richter ohne Gesetz. Islamische Paralleljustiz gefährdet unseren Rechtsstaat;* Berlin, 2012